张向东◎著

民国作家的别材与别趣

生活·讀書·新知 三联书店

图书在版编目（CIP）数据

民国作家的别材与别趣／张向东著．—北京：生活·读书·新知三联书店，2017.4
ISBN 978－7－108－05898－0

Ⅰ．①民…　Ⅱ．①张…　Ⅲ．①作家－人物研究－中国－民国
Ⅳ．① K825.6

中国版本图书馆 CIP 数据核字（2017）第 059132 号

责任编辑　李　佳
装帧设计　康　健
责任校对　龚黔兰
责任印制　徐　方
出版发行　生活·讀書·新知 三联书店
（北京市东城区美术馆东街 22 号　100010）
网　　址　www.sdxjpc.com
经　　销　新华书店
印　　刷　北京铭传印刷有限公司
版　　次　2017 年 4 月北京第 1 版
2017 年 4 月北京第 1 次印刷
开　　本　635 毫米 × 965 毫米　1/16　印张 22.5
字　　数　252 千字　图 32 幅
印　　数　0,001－5,000 册
定　　价　49.00 元
（印装查询：01064002715；邮购查询：01084010542）

谨以此书献给我的三位导师：

张明廉、郭志刚、陈子善先生

本书为
西北民族大学学术著作出版基金
国家民委“中青年英才培养计划”
西北民族大学科研创新团队计划
资助项目

目　录

自 序

本书论述的对象，包括鲁迅、胡适、顾颉刚、罗家伦、易君左、丁玲、洪深和李健吾。他们身份各异，有的是学者，有的是作家，有的身兼数任；有的大名鼎鼎，有的鲜为人知。他们的人生轨迹，有的终老于大陆，有的飘零海外；其创作，或专注于经国大业，或倾心于个人兴趣，新旧杂陈，公私有别，诗文书画，众体兼擅……总之，难以一言以蔽之。

本书之所以称他们为“民国”作家而非“现代”作家，并非趋时附和近年“民国文学”研究的潮流，而仅仅是由于这里涉及的八位作家及其创作，难以“现代”二字囊括。我感慨于这八位作家多才多艺而又坎坷多舛的命运，故借严羽“别材”“别趣”的说法，来概括这八位作家鲜为人知的人生经历和个人兴趣、嘎嘎独造的艺术创作、特立独行的人格风范。一个作家留给文坛的形象和呈献给读者的作品，是其丰富的人生经历和多样才华的结晶，正如煤的形成，当时用了大量的木材，结果却是一小块。不了解一个作家复杂的人生轨迹和多样的兴趣爱好，就无法全面、深刻地理解并评价他及其作品。正是在这个意义上，我认为探究经典作家的身边“小事”和挖掘逐渐被文学史遗忘的“边缘”作家，既可补文学正史的“粗疏”，也可赋予文学研究以立体感和生命感。

本书的写作，前后历时十二年之久，是我在研究20世纪中国文学的过程中，对感兴趣的几位作家作品，或者他们身上别有情趣的某些方面研究心得的记录。既然研究的动机出于个人兴趣，在体例上也就不贪大求全，一人一事，或一人数事，全凭兴之所至，并受个人识见所限。虽然本书涉及很多作家的趣闻轶事，但我对这八位作家的作品评价、往事钩沉，都秉持严肃认真的科学态度，力求客观公正，以探究文学史的真相。

当然，限于本人的学识和能力，其中疏漏和错讹之处，在所难免，希望得到学界同人的批评指正。

张向东

2016年3月6日于兰州

鲁迅的多样才华

——从侠·鬼·画·戏看鲁迅精神世界的另一面

鲁迅给我的最初印象，来自于中学语文课本里的那些论战文章以及毛泽东对他的高度评价。我们常常看到的是作为文学家、思想家、革命家的鲁迅的启蒙的、革命的、战斗的、乐观的、人间的一面；而忽略了鲁迅的唯美的、颓废的、悲观的、个人主义的、非人间的一面。近年阅读周作人所作关于他长兄的几本书，如《鲁迅的故家》《鲁迅的青年时代》和《鲁迅小说里的人物》，修正了我的原有印象。使我方知除了文学家、思想家、革命家的鲁迅面具背后，其实还有一个活泼而又颓废的鲁迅。正如夏济安所说：

> 对他来说，要把自己的趣味和正在进行的历史性运动协调起来是困难的，但历史性运动显然并非鲁迅唯一关注的事。在他所面临的问题中至少还有另一个方面，那就是艺术和艺术家的诚实。要维护这种诚实就不得不违反某种历史潮流，必要时，甚至将以启蒙运动作为代价。
>
> …………
>
> 他在论战中采取的极端立场，他对进步、科学和启蒙的战斗的鼓吹，这是众所周知的，但这并不构成他个性的全部。如果不把他的好奇、他对自己所憎恶的事物同时又

怀着隐秘的渴望和爱恋等等估计在内，我们就不能正确估价他的天才。仅仅把鲁迅看作一个吹响黎明号角的天使，就会失去中国现代历史上一个极其深刻而带病态的人物。他确实吹响了号角，但他的音乐辛酸而嘲讽，表现着失望和希望，混合着天堂和地狱的音响。[1]

本章借鲁迅童年生活中的几种喜好，以呈现鲁迅童年生活中丰富多彩的一面，使我们看到一个作家在成长过程中，个性因素如何在外力因素的挤压下变形、隐逸；而这些被压抑的个人趣味又如何通过艺术的、个性的形式展现出来。

一、鲁迅的“尚侠”精神

“侠”这类人物，由于其行为不合社会规范，长期受人鄙视和嘲笑，但自司马迁称道他们“其行虽不轨于正义，然其言必信，其行必果，已诺必诚，不爱其躯，赴士之阸困，既已存亡死生矣，而不矜其能，羞伐其德，盖亦有足多者焉”，其行为和精神受到后人的普遍爱戴和崇拜。

司马迁及其后学对侠客精神的赞扬，影响到鲁迅自我人格的塑造。他在《汉文学史纲要》里这样描写司马迁的“侠客传”对世人的影响：

惟不拘于史法，不囿于字句，发于情，肆于心而为文，故能如茅坤所言：“读游侠传即欲轻生，读屈原、贾谊传即

〔1〕夏济安著，乐黛云译《鲁迅作品的黑暗面》，乐黛云编《国外鲁迅研究论集（1960—1981）》，北京：北京大学出版社，1981年，第370、374页。

欲流涕，读庄周、鲁仲连传即欲遗世，读李广传即欲立斗，读石建传即欲俯躬，读信陵、平原君传即欲养士”也。[1]

“侠”虽不为正统社会所接受，但因其行为给哭诉无门的下层民众实现公平正义的理想以幻想式的满足，所以在民间社会很受欢迎。鲁迅的喜好侠客，就是在这种文化环境中养成的。周作人说，鲁迅“家里原有藏书中间有一部任渭长画的《於越先贤像传》和《剑侠传图》”[2]。这些画传都是鲁迅童年时期描摹影写的对象。

鲁迅所受侠客言行的影响，必然潜移默化为他自己的行为方式，或至少是他心向往之的人生方式。这既表现在他童年的无意识行为中，也表现在他成年后的学术研究和文学创作中。

周作人在《鲁迅的青年时代·三味书屋》里说，鲁迅去三味书屋读书，当在1892—1898年。周作人记鲁迅在三味书屋外的事件：“我记得的都不是为的私事，确是路见不平，拔刀相助，所以闹了起来的。这第一次是大家袭击‘王广思的矮癞胡’。在新台门和老台门之间有一个旧家王姓，称‘广思堂’，一般称它作‘王广癞胡’，即是说身矮头秃有须罢了。一般私塾都相当腐败，这一个也是难免，痛打长跪极是寻常，又设有一种制度，出去小便，要向先生领取‘撒尿签’，否则要受罚，这在整饬而自由的三味书屋的学生听了，自然觉得可笑可气。后来又听哪一个同学说，家里有小孩在那里上学，拿了什么点心、‘糕干’或烧饼去，被查出了，算是犯了规，学生受责罚，点心则没收，自然是先生吃了吧？大家听了这报告，不禁动了公愤，由鲁迅同了几

〔1〕鲁迅《汉文学史纲要》，《鲁迅全集》第九卷，北京：人民文学出版社，2005年，第435页。

〔2〕周作人《鲁迅的青年时代》，石家庄：河北教育出版社，2002年，第17页。

个肯管闲事的商家子弟，趁放午学的时候，前去问罪，恰好那边也正放学，师生全不在馆，只把笔筒里的好些'撒尿签'全都撅折了，拿朱墨砚台翻过来放在地上，表示有人来袭击过了。这第一次比较的平稳过去，第二次更多有一点危险性，却也幸得无事。大约也在同一年里，大家又决议行动，去打贺家的武秀才。这贺家就住在附近的绸缎弄里，也不知道他是什么名字，只听说是'武秀才'，这便引起大家的恶感，后来又听说恐吓通行的小学生，也不知是真是假，就决定要去惩罚他一下。在一天傍晚放学之后，章翔耀、胡昌薰、莫守先等人都准备好了棍棒，鲁迅则将介孚公在江西做知县时，给'民壮'（卫队）挂过的腰刀藏在大褂底下带了去。大家像《水浒》里的好汉似的，分批走到贺家门口等着，不知怎的那天武秀才不曾出来，结果大家没有打得成。是偶然还是故意不出来的呢，终于未能清楚，但在两方面总都是很有好处的。"〔1〕

鲁迅由童年时期对"侠"的自发的模仿，发展为对改造国民性的一种自觉思考。在鲁迅早期所崇拜的"摩罗诗人"拜伦及其笔下的英雄身上，有着中国侠客的影子：

> 其非然者，则尊侠尚义，扶弱者而平不平，颠仆有力之蠢愚，虽获罪于全群无惧，即裴伦最后之时是已。……故怀抱不平，突突上发，则倨傲纵逸，不恤人言，破坏复仇，无所顾忌，而义侠之性，亦即伏此烈火之中，重独立而爱自繇，苟奴隶立其前，必衷悲而疾视，衷悲所以哀其不幸，疾视所以怒其不争，此诗人所为援希腊之独立，而

---

〔1〕《鲁迅的青年时代》，第24—25页。

终死于其军中者也。[1]

鲁迅在《伪自由书》中说他写杂文的动机时说："自然，其中也并不全是含愤的病人，有的倒是代打不平的侠客。"[2]

鲁迅的一生，不论是文学写作，还是社会活动，都在用他的生命诠释着侠客精神。

《铸剑》里替眉间尺复仇的黑衣人宴之敖，就是一个不计个人利害而善于复仇的侠客。他和眉间尺的对话最能道出他复仇的动机：

"你么？你肯给我报仇么，义士？"

"阿，你不要用这称呼来冤枉我。"

"那么，你同情于我们孤儿寡妇？……"

"唉，孩子，你再不要提这些受了污辱的名称。"他严冷地说，"仗义，同情，那些东西，先前曾经干净过，现在却都成了放鬼债的资本。我的心里全没有你所谓的那些。我只不过要给你报仇！

…………

"我一向认识你的父亲，也如一向认识你一样。但我要报仇，却并不为此。聪明的孩子，告诉你罢。你还不知道么，我怎么地善于报仇。你的就是我的；他也就是我。我的魂灵上是有这么多的，人我所加的伤，我已经憎恶了我自己！"[3]

---

〔1〕鲁迅《摩罗诗力说》,《鲁迅全集》第一卷，北京：人民文学出版社，2005年，第82页。

〔2〕鲁迅《伪自由书·前记》,《鲁迅全集》第五卷，北京：人民文学出版社，2005年，第5页。

〔3〕鲁迅《铸剑》,《鲁迅全集》第一卷，北京：人民文学出版社，2005年，第440—441页。

二、鲁迅的“鬼品店”

周作人《两个鬼的文章》说：“……以店而论，我这店是两个鬼品开的，而其股份与生意的分配究竟绅士鬼还只居其小部分，所以结果如此，亦正是为事实所限，无可如何也。”[1]鲁迅虽说最爱“无常”和“女吊”，但他的“店”何尝是两个鬼开的！鲁迅“店”中鬼魂众多——火烧鬼、淹死鬼、科场鬼、虎伤鬼、吊死鬼……形象各异——蓬头的，秃头的，瘦的，胖的，男的，女的，老的，少的……让人惊叹不已，故曰鲁迅的“鬼品店”。

日本学者对中国人的迷信鬼神的思想，早有体认。鲁迅在《藤野先生》里记到藤野对他这样说过：“我因为听说中国人是很敬重鬼的，所以很担心，怕你不肯解剖尸体。现在总算放心了，没有这回事。”日本学者丸尾常喜在《“人”与“鬼”的纠葛》[2]一书里，借“鬼”这一中国传统观念的象征物来考察鲁迅的国民性思考，给人颇多启发。

“鬼”在中国人的思想里根深蒂固，鲁迅在谈到六朝志怪小说时说：

> ……中国本来信鬼神的，而鬼神与人乃是隔离的，因欲人与鬼神交通，于是乎就有巫出来。巫到后来分为两派：一为方士；一仍为巫。巫多说鬼，方士多谈炼金及

〔1〕周作人《两个鬼的文章》，《过去的工作》，石家庄：河北教育出版社，2002年，第90页。

〔2〕［日］丸尾喜常著，秦弓译《“人”与“鬼”的纠葛》，北京：人民文学出版社，2006年。

求仙，秦汉以来，其风日盛，到六朝并没有息，所以志怪之书特多。[1]

另外，他在1936年9月，也就是逝世前一个月，谈到中国人对“鬼”的普遍信仰心理时说：

……谁都知道，我们中国人是相信有鬼（近时或谓之“灵魂”）的，既有鬼，则死掉之后，虽然已不是人，却还不失为鬼，总还不算是一无所有。不过设想中的做鬼的久暂，却因其人的生前的贫富而不同。穷人们是大抵以为死后就去轮回的，根源出于佛教。佛教所说的轮回，当然手续繁重，并不这么简单，但穷人往往无学，所以不明白。这就是使死罪犯人绑赴法场时，大叫“二十年后又是一条好汉”，面无惧色的原因。[2]

周作人也说过类似的话：“我觉得中国民众的感情与思想集中于鬼，日本则集中于神，故欲了解中国须得研究礼俗，了解日本须得研究宗教。”[3]有了周作人的这一论断，使我们由鲁迅对“鬼”的论述来检视其思想，不至沦为无稽之谈。

在鲁迅的笔下，“鬼”大概有以下几个层面的指涉：

其一，“鬼”作为我们死去的先人，它是我们无法摆脱的“传统”。

现在有一班好讲鬼话的人，最恨科学，因为科学能教道理明白，能教人思路清楚，不许鬼混，所以自然而然的成了

〔1〕鲁迅《中国小说史略（附录）》，《鲁迅全集》第九卷，北京：人民文学出版社，2005年，第317页。
〔2〕鲁迅《死》，《鲁迅全集》第六卷，北京：人民文学出版社，2005年，第632页。
〔3〕周作人《知堂回想录》（下），石家庄：河北教育出版社，2002年，第776页。

讲鬼话的人的对头。于是讲鬼话的人，便须想一个方法排除他。……据我看来，要救治这"几至国亡种灭"的中国，那种"孔圣人张天师传言由山东来"的方法，是全不对症的，只有这鬼话的对头的科学！——不是皮毛的真正科学！[1]

戊派的爱国论最晚出，我听了也最寒心；这不但因其居心可怕，实因他所说的更为实在的缘故。昏乱的祖先，养出昏乱的子孙，正是遗传的定理。民族根性造成之后，无论好坏，改变都不容易的。法国 G. Lebon 著《民族进化的心理》中，说及此事道（原文已忘，今但举其大意）——"我们一举一动，虽似自主，其实多受死鬼的牵制。将我们一代的人，和先前几百代的鬼比较起来，数目上就万不能敌了。"我们几百代的祖先里面，昏乱的人，定然不少：有讲道学的儒生，也有讲阴阳五行的道士，有静坐炼丹的仙人，也有打脸打把子的戏子。所以我们现在虽想好好做"人"，难保血管里的昏乱分子不来作怪，我们也不由自主，一变而为研究丹田脸谱的人物：这真是大可寒心的事。[2]

1924 年 9 月 24 日，鲁迅在给他的学生李秉忠的信里说："我自己总觉得我的灵魂里有毒气和鬼气，我极憎恶他，想除去他，而不能。我虽然竭力遮蔽着，总还恐怕传染给别人。"[3]

1926 年，在《坟》的后记里他又这样说："但自己却正苦于背了这些古老的鬼魂，摆脱不开，时常感到一种使人气闷的沉重。

〔1〕鲁迅《随感录三十三》,《鲁迅全集》第一卷，北京：人民文学出版社，2005 年，第 314、318 页。

〔2〕鲁迅《随感录三十八》,《鲁迅全集》第一卷，北京：人民文学出版社，2005 年，第 329 页。

〔3〕鲁迅《鲁迅全集》第十一卷，北京：人民文学出版社，2005 年，第 453 页。

就是思想上，也何尝不中些庄周韩非的毒，时而很随便，时而很峻急。”〔1〕

将传统比作缠绕我们的“鬼魂”这一说法，不限于鲁迅。毛泽东在“文革”前夕批评当时的文化部是“帝王将相部、才子佳人部”，或者“外国死人部”。作为新文化运动主将的胡适，他在1927年将自己受到质疑的“整理国故”工作比喻为“捉妖”与“打鬼”：

> 我披肝沥胆地奉告人们，只为我十分相信“烂纸堆里有无数无数老鬼，能吃人，能迷人，害人的厉害胜过柏斯德发现的种种病菌，只为我自己自信虽然不能杀菌却颇能‘捉妖’‘打鬼’”。〔2〕

其二，“鬼”的世界是幻想中能够“圆梦”的世界。在这个意义上讲，鲁迅是希望真有所谓的转世轮回，只有那样，心灵才能得到救赎。

《伤逝》中的涓生觉得若真的有地狱和鬼魂，他才可以消除内心的悔恨和悲哀：

> 我愿意真有所谓鬼魂，真有所谓地狱，那么，即使在孽风怒吼之中，我也将寻觅子君，当面说出我的悔恨和悲哀，祈求她的饶恕；否则，地狱的毒焰将围绕我，猛烈地烧尽我的悔恨和悲哀。
>
> 我将在孽风和毒焰中拥抱子君，乞她宽容，或者使她快意……。〔3〕

---

〔1〕鲁迅《写在〈坟〉后面》，《鲁迅全集》第一卷，北京：人民文学出版社，2005年，第301页。

〔2〕胡适《整理国故与“打鬼”》，《胡适全集》第三卷，合肥：安徽教育出版社，2003年，第146—147页。

〔3〕鲁迅《伤逝》，《鲁迅全集》第二卷，北京：人民文学出版社，2005年，第133页。

1931年，当鲁迅的几个挚友遇难后，他在《无题》诗里这样写道：

惯于长夜过春时，挈妇将雏鬓有丝。
梦里依稀慈母泪，城头变幻大王旗。
忍看朋辈成新鬼，怒向刀丛觅小诗。
吟罢低眉无写处，月光如水照缁衣。

这里称死去的友人为“新鬼”，意即鲁迅是希望他们还存在于另一世界。

其三，“鬼”代表了一种和现存世界不一样的“异端”世界。这“异端”世界虽非完美，却是鲁迅摆脱现实的唯一出路。鲁迅由于被族人的流言所中伤，他不得不离开故乡，他说这是“走异路，逃异地，去寻求别样的人们”，这所谓“别样的人们”，即是他所谓的“魔鬼”：

> 但是，那里去呢？S城人的脸早经看熟，如此而已，连心肝也似乎有些了然。总得寻别一类人们去，去寻为S城人所诟病的人们，无论其为畜生或魔鬼。〔1〕

在《失掉的好地狱》中，那一魔鬼“美丽，慈悲，遍身有大光辉”，显然作者将它人格化，他认为人类夺得“地狱”的统治权，“是人类的成功，是鬼魂的不幸……”。这位“魔鬼”在给作为“人”的“我”讲述了鬼魂们如何失去“好地狱”的故事后，他显然并不像经常寻找“替代”的女吊那样羡慕“还阳”，而是说：“是的，你是人！我且去寻野兽和恶鬼……。”〔2〕

〔1〕鲁迅《琐记》，《鲁迅全集》第二卷，北京：人民文学出版社，2005年，第303页。
〔2〕鲁迅《失掉的好地狱》，《鲁迅全集》第二卷，北京：人民文学出版社，2005年，第205页。

其四，鲁迅借对“鬼”的评价，表现他对“国民劣根性”的思考和对现实的批判。

> 灶君升天的那日，街上还卖着一种糖，有柑子那么大小，在我们那里也有这东西，然而扁的，像一个厚厚的小烙饼。那就是所谓“胶牙饧”了。本意是在请灶君吃了，粘住他的牙，使他不能调嘴学舌，对玉帝说坏话。我们中国人意中的神鬼，似乎比活人要老实些，所以对鬼神要用这样的强硬手段，而于活人却只好请吃饭。[1]

在鲁迅看来，国人对于鬼神的态度，其实是国民劣根性的无意识表现：

> 中国人的对付鬼神，凶恶的是奉承，如瘟神和火神之类，老实一点的就要欺侮，例如对于土地或灶君。待遇皇帝也有类似的意思。君民本是同一民族，乱世时“成则为王败则为贼”，平常是一个照例做皇帝，许多个照例做平民；两者之间，思想本没有什么大差别。所以皇帝和大臣有“愚民政策”，百姓们也自有其“愚君政策”。[2]

其五，是理想的“国民性”代表，是鲁迅心仪的人格模范。

在鲁迅关于国民性的思考中，“怎样才是最理想的人性”是一个核心的问题。鲁迅构造理想国民性的参照，一是“别取新声于异邦”，二是萃取中国民族传统，即他自己所说的“外之既不后于世界之思潮，内之仍弗失固有之血脉，取今复古，别立新宗”。对民族传统的发掘，既指向那些已被承认的“中国的脊梁”，也包括

〔1〕鲁迅《送灶日漫笔》，《鲁迅全集》第三卷，北京：人民文学出版社，2005年，第263页。

〔2〕鲁迅《谈皇帝》，《鲁迅全集》第三卷，北京：人民文学出版社，2005年，第268页。

那些隐没在民间小传统当中的优秀因子。鲁迅说："历史上都写着中国的灵魂，指示着将来的命运，只因为涂饰太厚，废话太多，所以很不容易察出底细来。正如通过密叶投射在莓苔上面的月光，只看见点点的碎影。但如看野史和杂记，可更容易了然了，因为他们究竟不必太摆史官的架子。"〔1〕所以，鲁迅常从野史、杂记中发掘那些被正统思想所遮蔽或压抑的理想精神人格。

鲁迅一生谈论最多、最仰慕的有两个"鬼"："无常"和"女吊"。这是他对"鬼"的正面评价，寄托着鲁迅理想中的"国民性"。

鲁迅对"无常"的喜爱之情，常溢于言表：

> 他不但活泼而诙谐，单是那浑身雪白这一点，在红红绿绿中就有"鹤立鸡群"之概。只要望见一顶白纸的高帽子和他手里的破芭蕉扇的影子，大家就都有些紧张，而且高兴起来了。人民之于鬼物，惟独与他最为稔熟，也最为亲密，平时也常常可以遇见他。〔2〕

"无常"曾因同情一个鬼魂，暂放他还阳半日，不料被阎王责罚。于是"无常"从此不再宽纵了——哪怕你铜墙铁壁！哪怕你皇亲国戚！鲁迅之所以喜爱"无常"，一方面是"无常"富有人情味，另一方面是他"知过守法"。鲁迅说他："何等有人情，又何等知过，何等守法，又何等果决，我们的文学家做得出来么？"〔3〕

> 他们——敝同乡"下等人"——的许多，活着，苦着，被流言，被反噬，因了积久的经验，知道阳间维持"公理"的只有一个会，而且这会的本身就是"遥遥茫茫"，于是乎

〔1〕鲁迅《忽然想到》，《鲁迅全集》第三卷，北京：人民文学出版社，2005年，第17页。
〔2〕鲁迅《无常》，《鲁迅全集》第二卷，北京：人民文学出版社，2005年，第277页。
〔3〕鲁迅《门外文谈》，《鲁迅全集》第六卷，北京：人民文学出版社，2005年，第102页。

势不得不发生对于阴间的神往。人是大抵自以为衔些冤抑的；活的“正人君子”们只能骗鸟，若问愚民，他就可以不假思索地回答你：公正的裁判是在阴间！

想到生的乐趣，生固然可以留恋；但想到生的苦趣，无常也不一定是恶客。无论贵贱，无论贫富，其时都是“一双空手见阎王”，有冤的得伸，有罪的就得罚。然而虽说是“下等人”，也何尝没有反省？自己做了一世人，又怎么样呢？未曾“跳到半天空”么？没有“放冷箭”么？无常的手里就拿着大算盘，你摆尽臭架子也无益。对付别人要滴水不羼的公理，对自己总还不如虽在阴司里也还能够寻到一点私情。然而那又究竟是阴间，阎罗天子、牛首阿旁，还有中国人自己想出来的马面，都是并不兼差，真正主持公理的脚色，虽然他们并没有在报上发表过什么大文章。当还未做鬼之前，有时先不欺心的人们，遥想着将来，就又不能不想在整块的公理中，来寻一点情面的末屑，这时候，我们的活无常先生便见得可亲爱了，利中取大，害中取小，……一切鬼众中，就是他有点人情；我们不变鬼则已，如果要变鬼，自然就只有他可以比较的相亲近。……因为他爽直，爱发议论，有人情，——要寻真实的朋友，倒还是他妥当。[1]

如果说“无常”代表的是富于人情味而又善于秉公执法、维持正义的国民性，那么，“女吊”则代表的是复仇和反抗精神。

鲁迅在《女吊》一文开首即引王思任的话说：“会稽乃报仇雪耻之乡，非藏垢纳污之地！”这说明他是非常赞赏他的故乡在戏

〔1〕《无常》，《鲁迅全集》第二卷，第278—279、281、282页。

剧里所创造的这个“带复仇性的，比别的一切鬼魂更美，更强的鬼魂”。说它作为“横死的鬼魂而得到‘神’的尊号的，我还没有发见过第二位，则其受民众之爱戴也可想”。鲁迅笔下的“女吊”确是“强”而且“美”的：

……大红衫子，黑色长背心，长发蓬松，颈挂两条纸锭，垂头，垂手，弯弯曲曲的走一个全台。

……石灰一样白的圆脸，漆黑的浓眉，乌黑的眼眶，猩红的嘴唇。听说浙东的有几府的戏文里，吊神又拖着几寸长的假舌头，但在绍兴没有。不是我袒护故乡，我以为还是没有好；那么，比起现在将眼眶染成淡灰色的时式打扮来，可以说是更彻底，更可爱。不过下嘴角应该略略向上，使嘴巴成为三角形：这也不是丑模样。假使半夜之后，在薄暗中，远处隐约着一位这样的粉面朱唇，就是现在的我，也许会跑过去看看的，但自然，却未必就被诱惑得上吊。她两肩微耸，四顾，倾听，似惊，似喜，似怒，终于发出悲哀的声音，慢慢地唱道：“奴奴本身杨家女，呵呀，苦呀，天哪！……”

鲁迅的激赏“女吊”，主要是因其强烈的复仇性：

自然，自杀是卑怯的行为，鬼魂报仇更不合于科学，但那些都是愚妇人，连字也不认识，敢请“前进”的文学家和“战斗”的勇士们不要十分生气罢。

…………

而且中国的鬼还有一种坏脾气，就是“讨替代”，这才完全是利己主义；倘不然，是可以十分坦然的和他们相处的。习俗相沿，虽女吊不免，她有时也单是“讨替代”，忘记了复仇。[1]

鲁迅对“女吊”的描写，在鲁迅笔下的人物形象之中，堪称精彩绝伦。色彩上黑、红、白三色的强烈对比，突出了其“更彻底”的个性和“更可爱”的形象，她们虽为“孤魂厉鬼”，但却反衬出我们活人的丑陋和懦弱、健忘、顺从。所以，“女吊”与其说是一个活在他记忆中的“鬼魂”，不如说她是鲁迅理想中的“国民”。“鲁迅无疑背负着某种鬼魂，……对于其中的一部分，他甚至隐藏着一种秘密的爱恋。他对目连戏鬼魂形象的态度就是一种偏爱。很少有作家能以这样大的热忱来讨论这些令人毛骨悚然的主题。……他看到这些鬼魂可怕的外形中富于魅力的另一面，并使之富于情趣。他让他的幻想围绕这一主题自由飞翔，非常幽默地想要发现我们是否有理由来热爱这些鬼魂。他以生动的想象唤回了他们的生命。将他们热情地展览于读者之前。”[2]

鲁迅对于鬼魂世界的迷恋和富于想象力的表达，一是受童年时期的阅读影响，如《三国演义》《西游记》《封神榜》《聊斋志异》《绿野仙踪》《义妖传》等；二是源于他天性中充沛的想象力；三是为逃避现实的残酷和冷漠而寻找精神的安慰。

三、鲁迅的美术思想与美术评论

与他的文学活动及其实绩相比，鲁迅一生在美术领域里的创造并不算出色。但我们并不能因此否认鲁迅这方面的才华。

〔1〕鲁迅《女吊》，《鲁迅全集》第六卷，北京：人民文学出版社，2005年，第637—642页。
〔2〕夏济安著，乐黛云译《鲁迅作品的黑暗面》，乐黛云编《国外鲁迅研究论集(1960—1981)》，北京：北京大学出版社，1981年，第375—376页。

鲁迅从童年起就表现了对绘画的强烈兴趣，而且这种兴趣一直保持到生命的最后时刻。我们从他不多的画作和美术评论中，依然可以看到他这一方面惊人然而被压抑了的才华。笔者在此并非要全面检视鲁迅的美术生涯（王观泉的《鲁迅美术系年》、王锡荣的《画者鲁迅》对此已做了详尽的钩沉和梳理），而是要强调鲁迅在20世纪二三十年代的美术活动和早年艺术兴趣之间的关系，并指出鲁迅的美术活动中也存在着“公”与“私”的张力关系，尤其通过鲁迅对美术的个人趣味，一窥其老到而精湛的艺术眼光。

（一）早年的绘画经历

鲁迅在童年时期对绘画就表现了浓厚的兴趣。他在《狗·猫·鼠》里记到“年画”等民间绘画艺术给他留下的深刻印象：

> 我的床前就贴着两张花纸，一是“八戒招赘”，满纸长嘴大耳，我以为不甚雅观；别的一张“老鼠成亲”却可爱，自新郎、新妇以至傧相、宾客、执事，没有一个不是尖腮细腿，像煞读书人的，但穿的都是红衫绿裤。〔1〕

童年鲁迅由对绘画的自发的兴趣走向了自觉的追求，他在《阿长与〈山海经〉》里说：

> 我那时最爱看的是《花镜》，上面有许多图。他说给我听，曾经有过一部绘图的《山海经》，画着人面的兽，九头的蛇，三脚的鸟，生着翅膀的人，没有头而以两乳当作眼

〔1〕 鲁迅《阿长与〈山海经〉》《鲁迅全集》第二卷，北京：人民文学出版社，2005年，第243页。

睛的怪物，……可惜现在不知道放在那里了。

…………

此后我就更其搜集绘图的书，于是有了石印的《尔雅音图》和《毛诗品物图考》，又有了《点石斋丛画》和《诗画舫》。《山海经》也另买了一部石印的，每卷都有图赞，绿色的画，字是红的，比那木刻的精致得多了。这一部直到前年还在，是缩印的郝懿行疏。木刻的却已经记不清是什么时候失掉了。[1]

周作人对鲁迅童年时期的绘画兴趣和经历也多有记载。

《鲁迅的青年时代·避难》：

大舅父那里的这部《荡寇志》因为是道光年代的木刻原版，书比较大，画像比较生动，像赞也用篆隶真草各体分书，显得相当精工。鲁迅小时候也随意自画人物，在院子里矮墙上画有尖嘴鸡爪的雷公，荆川纸小册子上也画过"射死八斤"的漫画，这时却真正感到了绘画的兴味，开始来细心影写这些绣像。恰巧邻近杂货店里有一种纸可以买到，俗名"明公（蜈蚣）纸"，每张一文制钱，现在想起来，大概是毛边纸的一种，一大张六开吧。鲁迅买了这明公纸来，一张张的描写，像赞的字也都照样写下来，除了一些楷书的曾由表兄延孙帮写过几张，此外全是由他一人包办的。这个模写本不记得花了多少时光，总数约有一百页吧，一天画一页恐怕是不大够的。我们可以说，鲁迅在皇甫庄的这个时期，他的精神都用在这件工作上，后来订

〔1〕《阿长与〈山海经〉》，《鲁迅全集》第二卷，第254、255页。

成一册，带回家去，一二年后因有同学见了喜欢，鲁迅便出让给他了。延孙那里又有一部石印的《毛诗品物图考》，小本两册，原书系日本冈元凤所作，引用《诗经》里的句子，将草木虫鱼分别的绘图列说，中国同时有徐鼎的《品物图说》，却不及这书的画得精美。这也给了鲁迅一个刺激，引起买书的兴趣来。[1]

《鲁迅的青年时代·买新书》：

鲁迅（避难）回家后所买第一部新书，大概是也应当是那两册石印的《毛诗品物图考》，……后来所买的同类书籍中记得有《百将图》，只可惜与《百美新咏》同样的显得单调，《二十四孝图》则因为向来讨厌它，没有收集，直到后来要研究它，这才买到了什么《百孝图》等。上边忘记说，家里原有藏书中间有一部任渭长画的《於越先贤像传》和《剑侠传图》，在小时候也觉得它画得很别致，很是爱好。这之后转入各种石印画谱，但是这里要说的先是一册木刻的，名叫《海仙画谱》，又称《十八描法》……[2]

《鲁迅的青年时代·影写画谱》：

买到的画谱，据我所记得的，有《芥子园画传》四集，《天下名山图咏》《古今名人画谱》《海上名人画稿》《点石斋丛画》《诗画舫》，《晚笑堂画传》木版本尚有流传，所以也买到原本，别的都是石印新书了。有几种旧的买不到，从别人处借了来看，觉得可喜，则用荆川纸蒙在书上，把

---

〔1〕《鲁迅的青年时代》，第14—15页。

〔2〕同上书，第16—17页。

它影写下来。这回所写的比以前《荡寇志》要进一步，不是小说的绣像，而是纯粹的绘画了。这里边记得很清楚的是马镜江的两卷《诗中画》，他描写诗词中的景物，是山水画而带点小人物，描起来要难得多了。但是鲁迅却耐心地全部写完，照样订成两册，那时看过的影像觉得与原本所差无几，只是墨描与印刷的不同罢了。第二种书，这不是说次序，只是就记忆来说，乃是王冶梅的一册画谱。王冶梅所画的有梅花石头等好些种，这一册是写意人物，画得很有点别致……。第三种所画又很有点特殊的，这既非绣像，也不是什么画谱，乃是一卷王磐的《野菜谱》，原来附刻在徐光启的《农政全书》末尾的。〔1〕

周作人认为鲁迅这一时期对绘画的浓厚兴趣，与他后来的艺术活动大有关系："鲁迅小时候喜爱绘画，这与后来的艺术活动很有关系的，但是他的兴趣并不限于图画，又扩充到文字上边去……。"〔2〕"鲁迅小时候喜欢画画，在故家前院灰色矮墙上曾画着尖嘴鸡脚的一个雷公，又在小本子上画过漫画'射死八斤'，树下地上仰卧一人，胸前插着一支箭，这八斤原是比鲁迅年长的一个孩子，是门内邻居李姓寄居的亲戚，因为在小孩中间作威作福，所以恨他。鲁迅的画没有发达下去，但在《朝花夕拾》后记里，有他自画的一幅活无常，可以推知他的本领。在别方面他也爱好图画，买了好些木刻石印的画谱，买不到的便借了来，自己动手影画。……这些修养，与他后来作木刻画运动总也是很有关联的吧。"〔3〕

〔1〕周作人《鲁迅的青年时代》，石家庄：河北教育出版社，2002 年，第 18—19 页。
〔2〕同上书，第 20 页。
〔3〕同上书，第 42 页。

1907年夏，鲁迅与留日的许寿裳、周作人、袁文薮在东京筹办文艺杂志《新生》，这份杂志虽然没有办成，但鲁迅已为《新生》搜集了插画资料，包括英国画家瓦支（1817—1904）的《瓦支画集》和俄国画家威列夏庚（1824—1904）的画作。《新生》第一期封面画《希望》就选自《瓦支画集》。

（二）鲁迅一生主要的美术活动

1. 鲁迅1912年5月到北京教育部任职后，即参加了当年教育部主办的“夏期讲习会”讲演，题为《美术略论》。

2. 1913年3月至1914年5月负责筹办了中国第一次儿童绘画展览，并选送作品赴巴拿马参加展览。

3. 鲁迅晚年在上海的十年里，主办木刻讲习班，开展览会，成立出版社（朝华社），出版画集，是他一生美术活动最为活跃和辉煌的时期。这一时期经他编辑、翻译出版的画集、画论大约如下：

《近代木刻选集·一》作《小引》和《附记》，1929年。

《近代木刻选集·二》作《小引》和《附记》，1929年。

《蕗谷虹儿画选》作《小引》并翻译画诗十一首，1929年。

《比亚兹莱画选》作《小引》，1929年。

《新俄画选》作《小引》，1930年。

《梅菲尔德木刻〈士敏土之图〉》作《序》，1930年。

《北平笺谱》作《序》，1933年。

《引玉集》作《后记》，1934年。

《木刻纪程》作《小引》，1934年。

《十竹斋笺谱》作《说明》，1934年。

《〈死魂灵〉百图》作《小引》，1935年。

《凯绥·珂勒惠支版画选集》作《序目》，并请美国女作家史沫特莱作《序》，1936年。

《近代美术思潮论》（日本板垣鹰穗作）译全文，1929年。

《夏娃日记》（马克·吐温小说，莱勒孚木刻插图集）作《小引》，1931年。

《一个人的受难》（比利时麦绥莱勒木刻集）作《序》，1933年。

《〈母亲〉木刻画集》（苏联亚历克舍夫木刻）作《序》，1934年。

《无名木刻集》作《序》，1934年。

《苏联版画集》作《序》，1936年。

由这并不完全的统计可以看出鲁迅晚年为美术尤其是版画和木刻所耗费的精力与心血。

（三）鲁迅的美术思想和美术评论

1. 鲁迅的美术思想，是随着时代的变迁而变化的，他早期比较看重美术的审美因素，而晚年则转向反抗斗争的一面，但其核心是强调对人的内在生命力，即人格精神的表现。

鲁迅最早谈及美术的文字见于1907年的《摩罗诗力说》："由纯文学上言之，则以一切美术[1]之本质，皆在使观听之人，为之兴感怡悦。文章为美术之一，质当亦然，与个人暨邦国之存，无所系属，实利离尽，究理弗存。"[2]这种脱离了实利的纯美论，与鲁迅此时对西方物质主义的批评和对人的"主观之内面精神"的张扬相一致。

---

〔1〕鲁迅此处所用"美术"一词为art的汉译，即艺术，此后鲁迅所用"美术"均为此义，与今天之"美术"含义不同。

〔2〕《摩罗诗力说》，《鲁迅全集》第一卷，第73页。

民国成立后，鲁迅作为教育部社会教育司的职员，他对中国的美术建设有了更系统、更全面的思考。他虽不否认当时被普遍认可的“致用”美术观，但仍坚持美术是“以与人享乐为臬极”的：

> 主美者以为美术目的，即在美术，其于它事，更无关系。诚言目的，此其正解，然主用者则以为美术必有利于世。傥其不尔，即不足存。顾实则美术诚谛，固在发扬真美，以娱人情，比其见利致用，乃不期之成果。[1]

而且他还提出了美术的传播和美术家的培养，即普及问题：“播布云者，谓不更幽秘，而传诸人间，使与国人耳目接，以发美术之真谛，起国人之美感，更以冀美术家之出世也。”[2]这与“藏之名山，传诸后世”的思想相较，确实是颇具现代意识的眼光。

许寿裳认为鲁迅的“战斗精神”其一为“艺术的精神”（其余为道德的、科学的精神），这所谓“艺术的精神”，就是强调美术必须含有作者高尚的人格与进步的思想：

> 美术家固然须有精熟的技工，但尤须有进步的思想与高尚的人格。他的制作，表面上是一张画或一个雕像，其实是他的思想与人格的表现。令我们看了，不但欢喜赏玩，尤能发生感动，造成精神上的影响。
>
> 我们所要求的美术家，是能引路的先觉，不是“公民团”的首领。我们所要求的美术品，是表记中国民族知能

---

〔1〕鲁迅《儗播布美术意见书》，《鲁迅全集》第八卷，北京：人民文学出版社，2005年，第73页。

〔2〕同上。

最高点的标本，不是水平线以下的思想的平均分数。[1]

鲁迅一生都在呼唤“争天拒俗”的摩罗诗人，晚年的他，由于中国社会现实的日益严酷和他处身环境的险恶，鲁迅更加强调美术的反抗斗争精神。但鲁迅并不是从狭隘的集团利益出发，而是从人道主义的立场出发，要求表现人类普遍的善与恶、生与死、爱与仇、光明与黑暗的角力。

鲁迅为珂勒惠支顽强的抗争意志和深广的慈爱所感动，多次著文称道这位伟大的现代女性艺术家：

> 只要一翻这集子，就知道她以深广的慈母之爱，为一切被侮辱和损害者悲哀，抗议，愤怒，斗争；所取的题材大抵是困苦，饥饿，流离，疾病，死亡，然而也有呼号，挣扎，联合和奋起。……凯绥·珂勒惠支的作品，和里培尔曼不同，并非只觉得题材有趣，来画下层世界的；她因为被周围的悲惨生活所动，所以非画不可，这是对于榨取人类者的无穷的“愤怒”。“她照目前的感觉，——永田一修说——描写着黑土的大众。她不将样式来范围现象。时而见得悲剧，时而见得英雄化，是不免的。然而无论她怎样阴郁，怎样悲哀，却决不是非革命。她没有忘却变革现社会的可能。而且愈入老境，就愈脱离了悲剧的，或者英雄的，阴暗的形式。”
>
> 而且她不但为周围的悲惨生活抗争，对于中国也没有像中国对于她那样的冷淡：一九三一年一月间，六个青年

〔1〕鲁迅《随感录四十三》，《鲁迅全集》第一卷，北京：人民文学出版社，2005年，第346页。

作家遇害之后，全世界的进步的文艺家联名提出抗议的时候，她也是署名的一个人。[1]

如果将鲁迅和珂勒惠支的人格精神做一比较，就会发现他们有很多相同之处：身处绝境而反抗不已，为被侮辱与被损害者鸣不平。正是有这样的心灵契合，鲁迅对珂勒惠支的评价才是真正的夫子自道：

> 这里面是穷困，疾病，饥饿，死亡……自然也有挣扎和争斗，但比较的少；这正如作者的自画像，脸上虽有憎恶和愤怒，而更多的是慈爱和悲悯的相同。这是一切"被侮辱和被损害的"的母亲的心的图像。[2]

2. 鲁迅的美术评论，富于强烈的主体精神，且无门户之见，显示了他开阔的艺术视野。

鲁迅评论他人的作品，往往能将自己的生命体验投入其中，以强烈的情感体验震撼读者。鲁迅对珂勒惠支的版画《牺牲》的理解，即寄寓着他对柔石死难的无限悲愤：

> 可是在中国，那时是确无写处的，禁锢得比罐头还严密。我记得柔石在年底曾回故乡，住了好些时，到上海后很受朋友的责备。他悲愤的对我说，他的母亲双眼已经失明了，要他多住几天，他怎么能够就走呢？我知道这失明的母亲的眷眷的心，柔石的拳拳的心。当《北斗》创刊时，我就想写一点关于柔石的文章，然而不能够，只得选了一幅珂勒

---

〔1〕鲁迅《珂勒惠支版画选集序目》，《鲁迅全集》第六卷，北京：人民文学出版社，2005年，第487—488页。

〔2〕鲁迅《写于深夜里》，《鲁迅全集》第六卷，北京：人民文学出版社，2005年，第518页。

图一　凯绥·珂勒惠支木刻画《牺牲》

惠支夫人的木刻，名曰《牺牲》，是一个母亲悲哀地献出她的儿子去的，算是只有我一个人心里知道的柔石的记念。〔1〕

我屡次读到此处，都要潸然泪下。柔石的死难，不仅使鲁迅“失掉了很好的朋友”，也使“中国失掉了很好的青年”，鲁迅的“悲愤”里包含着如此博大的同情与慈爱，除了以如下这首诗抒写他的悲愤和对“牺牲”了儿子的母亲的同情外，他还因为柔石生前也是凯绥·珂勒惠支版画的“勤恳的绍介者”，所以这幅《牺牲》就成了鲁迅一个人对于柔石的无言的纪念。

惯于长夜过春时，挈妇将雏鬓有丝。
梦里依稀慈母泪，城头变幻大王旗。
忍看朋辈成新鬼，怒向刀丛觅小诗。
吟罢低眉无写处，月光如水照缁衣。

〔1〕鲁迅《为了忘却的记念》，《鲁迅全集》第四卷，北京：人民文学出版社，2005年，第501页。

《牺牲》即木刻《战争》七幅中之一，刻一母亲含悲献她的儿子去做无谓的牺牲。这时正值欧洲大战，她的两个幼子都死在战线上。

然而她的画不仅是“悲哀”和“愤怒”，到晚年时，已从悲剧的，英雄的，暗淡的形式化蜕了。

所以，那盖勒批评她说：K. Kollwits之所以于我们这样接近的，是在她那强有力的，无不包罗的母性。这漂泛于她的艺术之上，如一种善的征兆。这使我们希望离开人间。然而这也是对于更新和更好的“将来”的督促和信仰。[1]

正是因为鲁迅对柔石母亲痛失爱子有着切肤之痛，他才对这幅来自遥远国度的作品有如此深刻的理解。

1936年1月28日，鲁迅为《凯绥·珂勒惠支版画选集》所写的序中介绍《妇人为死亡所捕获》（亦名《死和女人》）时这样说：

图二　凯绥·珂勒惠支木刻画《妇人为死亡所捕获》

〔1〕鲁迅《珂勒惠支木刻〈牺牲〉说明》，《鲁迅全集》第八卷，北京：人民文学出版社，2005年，第350页。

“死”从她本身的阴影中出现，由背后来袭击她，将她缠住，反剪了；剩下弱小的孩子，无法叫回他自己的慈爱的母亲。一转眼间，对面就是两界。“死”是世界上最出众的拳师，死亡是现社会最动人的悲剧，而这妇人则是全作品中最伟大的一人。

鲁迅对受难、牺牲和死亡主题的表现在现代作家中是无与伦比的。他的小说和散文诗很好地证明了这一点。鲁迅对死亡的深刻理解和杰出表现，一方面是因为死亡本身所具有的神秘和魅力所引起的人类的好奇，世界上最伟大的作家似乎多对此充满探究的热情；但对鲁迅来讲，早年丧父的经历和黑暗现实对于生命的威胁，促使他不断思考它。1926年，鲁迅将他最早的一本文集命名为《坟》，即意味着鲁迅此时已意识到死亡不断逼近的事实：“在我自己，还有一点小意义，就是这总算是生活的一部分的痕迹。所以虽然明知道过去已经过去，神魂是无法追蹑的，但总不能那么决绝，还想将糟粕收敛起来，造成一座小小的新坟，一面是埋藏，一面也是留恋。”〔1〕

鲁迅从1934年12月病后，身体状况逐渐恶化，1936年初以来，更是为肺病所困扰，虽然他在婉拒萧三等安排他去苏联疗养的建议时说：“我五十多岁了，人总要死的，死了也不算命短，病也没那么危险。”〔2〕但我以为鲁迅此时已分明感受到自己即将为死亡“捕获”，所以才有这样真切的感受，而且热衷谈论“死”的话题。

〔1〕鲁迅《坟·题记》，《鲁迅全集》第一卷，北京：人民文学出版社，2005年，第4页。

〔2〕胡愈之、冯雪峰《谈有关鲁迅的一些事情》，转引自《鲁迅年谱》第四卷，北京：人民文学出版社，2000年（增订版），第311页。

1936年9月，鲁迅去世前一个月，他意识到自己的生命无多，对于死亡的“豫想”，使他又想起了珂勒惠支。他引史沫特莱对珂勒惠支的评论说：

> 她早年的主题是反抗，而晚年的是母爱，母性的保障，救济，以及死。而笼照于她所有的作品之上的，是受难的，悲剧的，以及保护被压迫者深切热情的意识。
>
> “有一次我问她：‘从前你用反抗的主题，但是现在你好像很有点抛不开死这观念。这是为什么呢？’用了深有所苦的语调，她回答道，‘也许因为我是一天一天老了！’……”[1]

鲁迅一再反顾珂勒惠支的“死亡”主题时，肯定和他对“死”的深切感受与思考有关。他说：“我那时看到这里，就想了一想。算起来：她用‘死’来做画材的时候，是一九一〇年顷；这时她不过四十三四岁。我今年的这‘想了一想’，当然和年纪有关，但回忆十余年前，对于死还没有感到这么深切。”[2]

读鲁迅的美术评论，如读声情并茂的诗文，正如周作人所说：“批评是主观的欣赏而不是客观的检察，是抒情的论文而不是盛气的指摘。”[3]但鲁迅更为杰出的方面，在于他眼光的高超、见解的精深和言语的简洁，用他自己评论别人作品的词语说就是“力透纸背”，这有他的评论作证。

> 格斯金（Arthur J．Gaskin），英国人。他不是一个始简

---

〔1〕《死》，《鲁迅全集》第六卷，第631页。

〔2〕同上。

〔3〕周作人《自己的园地旧序》，《苦雨斋序跋文》，石家庄：河北教育出版社，2002年，第20页。

图三　格斯金《大雪》

单后精细的艺术家。他早懂得立体的黑色之浓淡关系。这幅《大雪》的凄凉和小屋底景致是很动人的。雪景可以这样比其他种种方法更有力地表现，这是木刻艺术的新发见。《童话》也具有和《大雪》同样的风格。[1]

凯亥勒（E′mile Charles Carle′gle）原籍瑞士，现入法国籍。木刻于他是种直接的表现的媒介物，如绘画，蚀铜之于他人。他配列光和影，指明颜色的浓淡；他的作品颤动着生命。[2]

鲁迅在引介西洋美术的同时，也不忽视具有东方神韵的日本近代美术。他说："但对于沉静，而又疲弱的神经，Beardsley 的线究竟又太强烈了，这时适有蕗谷虹儿的版画运来中国，是用幽婉之笔，来调和了 Beardsley 的锋芒，这尤合中国现代青年的心，

〔1〕鲁迅《〈近代木刻选集〉（2）附记》，《鲁迅全集》第七卷，北京：人民文学出版社，2005 年，第 353 页。

〔2〕同上书，第 353—354 页。

图四　凯亥勒《"泰伊斯"插画》

所以他的模仿就至今不绝。"[1] 下面这幅画就是出自《艺苑朝华》第1期第2辑，后面的短诗也为鲁迅所译。

宵　星

昨夜的祈祷时，倚身树上，
便眼泪盈盈，
仿佛在悲怀中流尽了。

泪盈盈追想母亲的
面影时，在夜天上，

---

〔1〕鲁迅《〈蕗谷虹儿画选〉小引》，《鲁迅全集》第七卷，北京：人民文学出版社，2005年，第353页。

图五　蕗谷虹儿《宵星》

许是母亲的瞳仁巴，

那颗星微笑着消隐了。

鲁迅虽然是革命的艺术家，但他的艺术眼光并不狭隘。他知道艺术有它自身的标准。鲁迅对唯美的，甚至颓废的美术都能有精当批评。李欧梵1980年参观上海鲁迅故居时发现：“在上海大陆新村鲁迅的旧居里挂了几幅画。会客室挂画三幅：油画《读〈呐喊〉》，剪纸和木刻《太阳照在贫民窟上》；二楼鲁迅的卧室里北墙上挂日本友人秋田义画的油画《海婴生后十六月》，镜台上放着三幅木刻：苏联毕柯夫的《拜拜诺瓦》、德国两幅——《入浴》与《夏娃与蛇》，作者未详。”

李对此颇感好奇，他说：“鲁迅晚年提倡木刻运动，这是众人皆知的事实，然而更使我好奇的是：他在自己的卧室里（如果当

图六　鲁迅藏德国版画《苏珊娜入浴》

年的摆饰至今未动的话）却放着三张以女人为主题的木刻，其中两幅绘的还是裸体的女人！……这三幅画，似乎和楼下会客室的较有社会意义的画在情调上形成强烈的对比，不禁触动我的研究灵感，使我得到一个初步的看法：我认为鲁迅一生中在公和私、社会和个人两方面存在了相当程度的差异和矛盾，如果说他在为公、为社会的这条思想路线上逐渐从启蒙式的呐喊走向左翼文学和革命运动的话，他在个人的内心深处，甚至个人的艺术爱好上，似乎并不见得那么积极，那么入世。甚至有时还带有悲观和颓废的色彩。”〔1〕

那么，我们看鲁迅是如何评价比亚兹莱这位颓废而唯美的艺术家的：

〔1〕 李欧梵著，尹慧珉译《铁屋中的呐喊》，长沙：岳麓书社，1999年，第235—236页。

这九十年代就是世人所称的世纪末。他是这年代底独特的情调底唯一的表现者。九十年代底不安的，好考究的，傲慢的情调呼他出来的。

比亚兹莱是个讽刺家，他只能如Baudelaire描写地狱，没有指出一点现代的天堂底反映。这是因为他爱美而美的堕落才困制他；这是因为他如此极端地自觉美德而败德才有取得之理由。有时他的作品达到纯粹的美，但这是恶魔的美，而常有罪恶底自觉，罪恶首受美而变形又复被美所暴露。[1]

其实，关于颓废艺术的意义，鲁迅早在1921年针对人们对阿尔志跋绥夫《赛宁》的批评就做出了他的解释：

批评家以为一本《赛宁》，教俄国青年向堕落里走，其实是武断的。诗人的感觉，本来比寻常更其锐敏，所以阿尔志跋绥夫早在社会里觉到这一种倾向，做出《赛宁》来。人都知道，十九世纪末的俄国，思潮最为勃兴，中心是个人主义；这思潮渐渐酿成社会运动，终于现出一九〇五年的革命。约一年，这运动慢慢平静下去，俄国青年的性欲运动却显著起来了；但性欲本是生物的本能，所以便在社会运动时期，自然也参互在里面，只是失意之后社会运动熄了迹，这便格外显露罢了。阿尔志跋绥夫是诗人，所以在一九〇五年之前，已经写出一个以性欲为第一义的典型人物来。

---

〔1〕鲁迅《〈比亚兹莱画〉小引》，《鲁迅全集》第七卷，北京：人民文学出版社，2005年，第356页。

> 这一种倾向，虽然可以说是人性的趋势，但总不免便是颓唐。赛宁的议论，也不过一个败绩的颓唐的强者的不圆满的辩解。阿尔志跋绥夫也知道，赛宁只是现代人的一面，于是又写出一个别一面的绥惠略夫来，而更为重要。[1]

在鲁迅看来，“颓废”和“抗争”正是现代人的两个方面。

四、鲁迅与戏

鲁迅在文学之外的个人爱好中，与他一生对于美术的兴趣相较，他对戏的爱好在成年以后发生了逆转。勾勒鲁迅一生的戏剧活动，分析鲁迅对戏剧态度转变的各种原因，有助于我们理解鲁迅的艺术趣味与社会现实之间复杂错综的关系。

鲁迅童年时代对于故乡所演各种地方戏和迎神赛会的痴迷，那是众所周知的。他童年时有一次家人租了一艘“三道明瓦窗”的大船，准备了丰盛的饭菜、茶炊、点心，到离家六十里开外的东关看“五猖会”，鲁迅说“这是我儿时所罕逢的一件盛事”。

童年时的鲁迅不仅爱看戏，还曾参与演出绍兴地方常演的“目连戏”：

> 在薄暮中，十几匹马，站在台下了；戏子扮好一个鬼王，蓝面鳞纹，手执钢叉，还得有十几名鬼卒，则普通的孩子都可以应募。我在十余岁时候，就曾经充过这样的义勇鬼，爬上台去，说明志愿，他们就给在脸上涂上几笔彩

---

〔1〕鲁迅《译了〈工人绥惠略夫〉之后》，《鲁迅全集》第十卷，北京：人民文学出版社，2005年，第182页。

色，交付一柄钢叉。待到有十多人了，即一拥上马，疾驰到野外的许多无主孤坟之处，环绕三匝，下马大叫，将钢叉用力的连连刺在坟墓上，然后拔叉驰回，上了前台，一同大叫一声，将钢叉一掷，钉在台板上。我们的责任，这就算完结，洗脸下台，可以回家了，但倘被父母所知，往往不免挨一顿竹篠（这是绍兴打孩子的最普通的东西），一以罚其带着鬼气，二以贺其没有跌死，但我却幸而从来没有被觉察，也许是因为得了恶鬼保佑的缘故罢。[1]

鲁迅在《呐喊》的末篇《社戏》里详细记叙了他童年时对于故乡所演地方戏的迷恋，以致这种记忆不时蛊惑他，使他在成年以后两次到北京戏园中看戏，希望重温童年的美好记忆，但都败兴而归，而且在北京的第二次看戏成了他与中国戏的“告别之夜”，从此他在精神上与中国戏“天南地北”了。

鲁迅说他从1902年到1922年的二十年时间里，前十年没有看戏的意思和机会，只在后十年看过两回中国戏。这后十年正是鲁迅对中国戏的态度发生转变的时期。分析鲁迅对中国戏的态度由迷恋到厌恶而决绝的转变是一件颇有意思的事情，其中有许多含混的问题需要一一厘清。

（一）中国戏与外国戏

鲁迅在《社戏》中所述二十年中所看中国戏仅有两回，而且都令他生厌，那么这二十年中他看过几次外国戏？观感又如何呢？

首先，鲁迅此处的记忆是有误的，仅1912年6月10日至12

〔1〕鲁迅《女吊》，《鲁迅全集》第六卷，北京：人民文学出版社，2005年，第639页。

日，鲁迅作为教育部职员专门赴天津考察戏剧，其间两次去看中国旧戏：1912年6月10日，“午后与齐君宗颐赴天津，寓其族人家，夕赴广和楼考察新剧，则以天阴停演，遂至丹桂园观旧剧”。1912年6月11日，“午后赴天乐园观旧剧。夜仍至广和楼观新剧，仅一出，曰《江北水灾记》，勇可嘉而识与技均不足。余皆旧剧，以童子为之，观者仅一百卅余人”。[1]鲁迅此次去天津考察戏剧，是他作为教育部社会教育司的职员职权范围内的例行公事，未必抱着什么审美期待，所以也就没有什么特别深刻的印象。如果说鲁迅此前对中国戏的观感是个人的、感性的，而鲁迅从此则开始了他对中国戏剧革命的自觉而又理性的思考。

据周作人回忆，鲁迅留日期间，也是看过几回戏的：“他自己说在仙台时常常同了学生们进戏馆去‘立看’，没有座位，在后边站着看一、二幕，价目很便宜，也很好玩。在东京没有这办法，他也不曾去过，只是有一回，大概是一九〇七年春天，几个同乡遇着，有许寿裳、邵明之、蔡谷清夫妇等，说去看戏去吧，便到春木町的本乡座，看泉镜花原作叫作《风流线》的新剧。……还有一次是春柳社表演《黑奴吁天录》，大概因为佩服李息霜的缘故，他们二三人也去一看，那是一个盛会，来看的人实在不少，但是鲁迅似乎不很满意，关于这事，他自己不曾说什么。他那时最喜欢伊勃生（《新青年》上称为‘易卜生’，为他所反对）的著作，或者比较起来以为差一点，也未可知吧。新剧中有时不免有旧戏的作风，这当然也是他所不赞成的。”[2]

五四文学革命中的戏剧革命发生于1918年，先有6月15日

〔1〕鲁迅《鲁迅全集》第十五卷，北京：人民文学出版社，2005年，第5页。
〔2〕周作人《鲁迅的故家》，石家庄：河北教育出版社，2002年，第313—314页。

《新青年》四卷六号的“易卜生专号”，接着在10月15日《新青年》五卷四号上有胡适、傅斯年、欧阳予倩、宋春舫、张厚载等新旧两派的正面交锋，由此确立了“打倒中国旧戏，建设西洋式新剧”的中国戏剧发展道路。这一思路的萌芽，早在清末已经出现，这跟第一代留学生所受西洋戏剧的直接影响有关，我们在鲁迅身上也能看到这一变化。鲁迅对中国旧戏态度的变化正是他将中国戏与西洋戏比较的结果。鲁迅虽在五四戏剧革命中并未公开表达明确的看法，但至少在废除旧戏（尤其是京戏）这一点上，他与文学革命的主流意见是一致的，鲁迅在《社戏》里也说得很明确。周作人在五四文学革命时极力主张废除中国的旧戏，[1]并说对于京剧的态度，他们兄弟二人是一致的。[2]这说明正是有了“洋戏”这个“他者”提供的参照，才使得中国戏在鲁迅心目中的形象逐渐负面化了。

鲁迅在《社戏》里解释他对中国戏的态度的变化时，这样说：

> 但是前几天，我忽在无意之中看到一本日本文的书，可惜忘记了书名和著者，总之是关于中国戏的。其中有一篇，大意仿佛说，中国戏是大敲，大叫，大跳，使看客头昏脑眩，很不适于剧场，但若在野外散漫的所在，远远的看起来，也自有他的风致。我当时觉着这正是说了在我意中而未曾想到的话，因为我确记得在野外看过很好的好戏，到北京以后的连进两回戏园去，也许还是受了那时的影响哩。[3]

---

〔1〕周作人《论中国旧戏之应废》，《新青年》五卷五号，1918年11月15日。

〔2〕周作人说：“对于京剧的看法是仁者见仁智者见者，难得一致，但是我个人，在这里却是与著者的意见相同，至少是毫不感觉兴味的。”见周作人《鲁迅小说里的人物》，石家庄：河北教育出版社，2002年，第171页。

〔3〕鲁迅《社戏》，《鲁迅全集》第一卷，北京：人民文学出版社，2005年，第589页。

（二）京戏与地方戏

鲁迅说他二十年间所看两回戏是中国戏，其实这里的中国戏仅指“京戏”，而他在后文回忆的却是绍兴的“地方戏”。在鲁迅的心里，存在着类似官府与民间、士大夫与老百姓、正人君子与愚民等的对立，前者代表权势、教条、虚伪，而后者则是创造、自由和素朴而又真实的生命的所在。鲁迅正是在此意义上将京戏与地方戏作区别对待的。

周作人也认同鲁迅将京戏和地方戏对立起来的看法：“鲁迅在他的《社戏》这一篇小说里，竭力表扬野外演出的地方戏，同时却对于戏园里做的京戏给予一个极不客气的批评。”[1]

鲁迅对社戏、迎神赛会和目连戏的神往，这和它们本身所具有的狂欢性是分不开的，这里神人共处，人鬼不分，生死、贫富的界限消失了，人们获得身心的彻底解放与自由。鲁迅早在1907年即对当时甚嚣尘上的功利主义和肤浅的科学主义观念提出批评：

> 若在南方，乃更有一意于禁止赛会之志士。农人耕稼，岁几无休时，递得余闲，则有报赛，举酒自劳，洁牲酬神，精神体质，两愉悦也。号志士者起，乃谓乡人事此，足以丧财费时，奔走号呼，力施遏止，而钩其财帛为公用。嗟夫，自未破迷信以来，生财之道，固未有捷于此者矣。夫使人元气黮浊，性如沉垄；或灵明已亏，沦溺嗜欲，斯已耳；倘其朴素之民，厥心纯白，则劳作终岁，必求一扬其精神。故农则年答大戬于天，自亦蒙庥而大嵩，稍息心体，备更服劳。

〔1〕周作人《知堂回想录》（上），石家庄：河北教育出版社，2002年，第187页。

今并此而止之，是使学轭下之牛马也，人不能堪，必别有所以发泄者矣。况乎自慰之事，他人不当犯干，诗人朗咏以写心，虽暴主不相犯也；舞人屈申以舒体，虽暴主不相犯也；农人之慰，而志士犯之，则志士之祸；烈于暴主远矣。[1]

鲁迅是在张扬人的个性与精神自由的层面上肯定地方戏的。日本鲁迅研究专家丸尾喜常认为："鲁迅的这种认识正是以他在幼年、少年时代对赛会与目连戏等的亲切体验为心理文化背景的。"[2]所以，五四文学革命期间，当他人（包括他的弟弟周作人）异口同声，攻伐旧戏的迷信、鬼神思想时，鲁迅不和众嚣，洞烛幽隐，坚持了他独立的判断和思考。

鲁迅虽不满意旧戏，但不是笼统地去批评旧戏，而是批评那些已经失去生命活力的旧戏——京戏。鲁迅一再表达他对京戏的不满和厌恶，就是为此。20 世纪 30 年代，当梅兰芳代表的"梅派"京剧成为"俗人的宠儿"时，鲁迅终于发声道：

士大夫是常要夺取民间的东西的，将竹枝词改成文言，将"小家碧玉"作为姨太太，但一沾着他们的手，这东西也就跟着他们灭亡。他们将他从俗众中提出，罩上玻璃罩，做起紫檀架子来。教他用多数人听不懂的话，缓缓的《天女散花》，扭扭的《黛玉葬花》，先前是他做戏的，这时却成了戏为他而做，凡有新编的剧本，都只为了梅兰芳，而且是士大夫心目中的梅兰芳。雅是雅了，但多数人看不懂，

〔1〕鲁迅《破恶声论》，《鲁迅全集》第八卷，北京：人民文学出版社，2005 年，第 31—32 页。
〔2〕［日］丸尾喜常著，秦弓译《"人"与"鬼"的纠葛》，北京：人民文学出版社，2006 年，第 34—35 页。

不要看，还觉得自己不配看了。

…………

他未经士大夫帮忙时候所做的戏，自然是俗的，甚至于猥下，肮脏，但是泼剌，有生气。待到化为“天女”，高贵了，然而从此死板板，矜持得可怜。看一位不死不活的天女或林妹妹，我想，大多数人是倒不如看一个漂亮活动的村女的，她和我们相近。〔1〕

与死板板的京戏相较，鲁迅所喜欢的绍兴地方戏，则具有民间的活力和特色：

绍兴戏的特色是说白全用本地口音，也不呀呀的把一个字的韵母拼命的拉长了老唱，所以一般妇老都能了解，其次是公开演唱，戏台搭在旷野上或河边，自由观看。〔2〕

（三）现实与记忆

鲁迅论及戏剧时的另一心理错位是，他所论“京戏”多指向现实，而绍兴地方戏则指向童年记忆。

作为启蒙者的鲁迅，他对京戏和地方戏的不同态度肯定包含着他对中国戏剧发展道路的理性思考；但作为文学家的鲁迅，过去看戏的经历也是他重要的情感记忆，现实的苦闷和失望使他回到过去，寻找心灵的慰藉：

我有一时，曾经屡次忆起儿时在故乡所吃的蔬果：菱角、罗汉豆、茭白、香瓜。凡这些，都是极其鲜美可口

---

〔1〕鲁迅《略论梅兰芳及其他（上）》，《鲁迅全集》第五卷，北京：人民文学出版社，2005年，第609—610页。

〔2〕周作人《鲁迅小说里的人物》，石家庄：河北教育出版社，2002年，第173页。

的；都曾是使我思乡的蛊惑。后来，我在久别之后尝到了，也不过如此；惟独在记忆上，还有旧来的意味存留。他们也许要哄骗我一生，使我时时反顾。[1]

周作人认为在杭州随侍祖父的潘姨太影抄《二进宫》剧本，伯升叔每星期往城南去看粉菊花，都含有他们对于北京的“乡愁”；那么，对于客居北京或上海的鲁迅来说，绍兴的地方戏则是他的“乡愁”——“真的，一直到现在，我实在再没有吃到那夜似的好豆，——也不再看到那夜似的好戏了”。所以，鲁迅对旧戏的批判，隐含着他的现实苦闷；而记忆中的绍兴戏，则成了他避开现实的寄托。

（四）戏里与戏外

鲁迅不论是对京戏的厌恶，还是对绍兴地方戏的赞美，多指演戏的环境（剧场的所在、灯光、座位是否舒适、环境安静与否），而非演戏本身的优劣。

鲁迅在《社戏》里写到他两次在北京看戏的失望经历，其实并未涉及演剧本身的思想或技艺问题。鲁迅两次看京戏都未到终场便离去，主要是因为“冬冬喤喤”的嘈杂，坐凳的不适，看客的拥挤等，使他觉得“在戏台下不适于生存了”。出了戏园，他马上觉得“夜气很清爽，真所谓‘沁人心脾’，我在北京遇着这样的好空气，仿佛这是第一遭了”。他看社戏，闻到的是“两岸的豆麦和河底的水草散发出来的清香”，听到的是使他心静的婉转而悠扬的横笛，看到的戏台“飘渺得像一座仙山楼阁”，吃到的是让他终生难忘的罗汉豆。

正如前文所说，鲁迅所谓演戏、看戏，重要的是“使观听之

〔1〕鲁迅《〈朝花夕拾〉小引》，《鲁迅全集》第二卷，北京：人民文学出版社，2005年，第236页。

人，为之兴感怡悦”[1]，身心得到舒展。所以鲁迅非常重视看戏的环境和观众是否得到了精神愉悦。鲁迅的弟弟周作人曾有专文谈到目连戏这种自娱自乐的性质：

吾乡有一种民众戏剧，名“目连戏”，或称曰《木连救母》。每到夏天，城坊乡村醵资演戏，以敬鬼神，禳灾厉，并以自娱乐。……演戏的人皆非职业的优伶，大抵系水村的农夫，也有木工瓦匠舟子轿夫之流混杂其中，临时组织成班，到了秋风起时，便即解散，各做自己的事去了。[2]

鲁迅之所以肯定地方戏，就在于它的民众性。而民众的参与，首先在于参与演出，其次还在于看戏的环境是否能让观众得到身心的解放。对于“社戏”的观众来说，演戏本身或许并不重要，而重要的是这一仪式给予观众的狂欢与享受：

坐在船里的人可以看戏，也可以不看戏，只在戏台下吃糕饼水果和瓜子，困倦时还不妨走到中舱坐着或躺下，这实在比坐什么等的包厢还随意自在，而且又是多么素朴。这固然是水乡的特别情状，便是在城里和山乡，那样方便的船是没有了，但自由去来还是一样，在空地上即使锣鼓喧天，也只觉得热闹而不喧扰，这好处反正也正是一样的。[3]

通过以上分析可以看出，鲁迅对于中国戏与外国戏、京戏与（绍兴）地方戏、演戏与看戏等对立项中所做的不同选择或倚重，表现出鲁迅基于童年情感记忆和早年“纯文学观”而获得的独异思考。

---

[1] 鲁迅《摩罗诗力说》，《鲁迅全集》第一卷，北京：人民文学出版社，2005年，第73页。

[2] 周作人《谈龙集》，石家庄：河北教育出版社，2002年，第79页。

[3]《鲁迅小说里的人物》，第174页。

鲁迅学医的四个动机

关于鲁迅，我们都知道他是弃医从文的。而弃医从文的原因是他认识到改变国民的精神比医治他们的身体病苦更重要。这一点对作为文学家的鲁迅和我们认识鲁迅都是非常重要的。

但是，目前我们对鲁迅学医的动机，只关注鲁迅在《呐喊》自序里讲的两个原因，至于有没有其他更私人化的动机，至少在鲁迅生前还没人去探讨这个问题。

鲁迅逝世后，许寿裳 1936 年 12 月 17 日在北平大学女子文理学院所做的演讲中谈到鲁迅学医的动机，除了（甲）“恨中医耽误了他的父亲的病”和（乙）“确知日本明治维新是大半发端于西医的事实”两点以外，鲁迅还对于一件具体的事实起了宏愿，也可以说是一种痴想，就是：

> （丙）救济中国女子的小脚，要想解放那些所谓“三寸金莲”，使恢复到天足模样。后来，实地经过了人体解剖，悟到已断的筋骨没有法子可想。这样由热望而苦心研究，终至于断念绝望，使他对于缠足女子的同情，比普通人特别来得大，更由绝望而愤怒，痛恨赵宋以后历代摧残女子者的无心肝，所以他的著作里写到小脚都是字中含泪的。例如：

（1）见了绣花的弓鞋就摇头。《朝花夕拾·范爱农》

（2）“至于缠足，更要算在土人的装饰法中，第一等的新发明了。……可是他们还能走路，还能做事；他们终是未达一间，想不到缠足者好法子。……世上有如此不知肉体上的苦痛的女人，以及如此以残酷为乐，丑恶为美的男子，真是奇事怪事。”《热风·随感录四十二》

（3）小姑娘六斤新近裹脚，“在土场上一瘸一拐的往来”。《呐喊·风波》

（4）讨厌的“豆腐西施”，“两手搭在髀间，没有系裙，张着两脚，正像一个画图仪器里细脚伶仃的圆规”。《呐喊·故乡》

（5）爱姑的“两只钩刀样的脚”。《彷徨·离婚》

（6）“……女人的脚尤其是一个铁证，不小则已，小则必求其三寸，宁可走不成路。”《南腔北调集·由中国女人的脚，推定中国人之非中庸，又由此推定孔夫子有胃病》〔1〕

另外，许寿裳回忆说：

……（鲁迅）赤足时，常常盯住自己的脚背，自言脚背特别高，会不会是受着母亲小足的遗传呢？〔2〕

1941年，孙伏园在鲁迅逝世五周年纪念会的演讲中说：

（丁）鲁迅先生决定学医，与这个家庭情境亦有关系。自然事情不是那么简单，只说鲁迅先生学医的原因，我们

〔1〕许寿裳《鲁迅的生活》，《挚友的怀念——许寿裳忆鲁迅》，石家庄：河北教育出版社，2001年，84—85页。

〔2〕许寿裳《亡友鲁迅印象记》，《挚友的怀念——许寿裳忆鲁迅》，石家庄：河北教育出版社，2001年，第10页。

现在至少已有三说……，据我所知，还有一说是由于牙痛。鲁迅先生十四五岁时患牙痛。告于家中长者，得到的答复是："不害羞，还亏你自己说得出来！"从此他便忍痛不说，默默地自己研究，这是一件什么秘密。等到略见梗概，方知旧社会传统的"无知识"的可怕，而新医学之值得研究。这一说，鲁迅先生生前和我谈过。[1]

我们看《从胡须说到牙齿》，知道这确切的原因，他说：

我从小就是牙痛党之一，并非故意和牙齿不痛的正人君子们立异，实在是"欲罢不能"。听说牙齿的性质的好坏，也有遗传的，那么，这就是我的父亲赏给我的一份遗产，因为他牙齿也很坏。于是或蛀，或破，……终于牙龈上出血了，无法收拾；住的又是小城，并无牙医。那时也想不到天下有所谓"西法……"也者，惟有《验方新编》是惟一的救星；然而试尽"验方"都不验。后来，一个善士传给我一个秘方：择日将栗子风干，日日食之，神效。应择那一日，现在已经忘却了，好在这秘方的结果不过是吃栗子，随时可以风干的，我们也无须再费神去查考。自此之后，我才正式看中医，服汤药，可惜中医仿佛也束手了，据说这是叫"牙损"，难治得很呢。还记得有一天一个长辈斥责我，说，因为不自爱，所以会生这病的；医生能有什么法？我不解，但从此不再向人提起牙齿的事了，似乎这病是我的一件耻辱。如此者久而久之，直至我到日

〔1〕孙伏园《鲁迅先生的少年时代——在先生逝世五周年纪念会讲》，《鲁迅先生二三事——前期弟子忆鲁迅》，石家庄：河北教育出版社，2001年，73页。

本的长崎，再去寻牙医，他给我刮去了牙后面的所谓“齿袱”，这才不再出血了，化去的医费是两元，时间是约一小时以内。

我后来也看看中国的医药书，忽而发见触目惊心的学说了。它说，齿是属于肾的，“牙损”的原因是“阴亏”。我这才顿然悟出先前的所以得到申斥的原因来，原来是它们在这里这样诬陷我。到现在，即使有人说中医怎样可靠，单方怎样灵，我还都不信。自然，其中大半是因为他们耽误了我的父亲的病的缘故罢，但怕也很挟带些切肤之痛的自己的私怨。[1]

我们以为以往考察鲁迅学医的动机，非常重视鲁迅自己在《呐喊》自序里讲的这两点：（1）救治像我父亲似的被误的病人的疾苦；（2）战争时候便去当军医，一面又促进了国人对于维新的信仰。这是确实的，那一代知识分子，面临亡国灭种的危急，救亡图存不是他们故作姿态，而是时势逼迫的反应，入情入理。

但同时，还有更隐蔽的动机，有时甚至连他们自己未必都意识得到。同样是救亡图存，有人选择军事、造船、路矿，有人选择法政理化，有人选择农林医学。宏大志愿的背后，每个人都有自己的“隐私”。

对于鲁迅，他母亲给他包办的“小脚”夫人朱安，是他的一块心病。他无奈地接受了这桩包办婚姻，但远在日本时，写信叫家人通知朱安“放脚”。可见“缠足”与否对于鲁迅婚姻选择的重要，难怪他后来连带怀疑自己的脚面高是遗传自他母亲的小

---

〔1〕鲁迅《从胡须说到牙齿》，《鲁迅全集》第一卷，北京：人民文学出版社，2005年，第263—264页。

脚。我们对于这一点不必感到夸张。看看差不多同时代的大人物蔡元培，1900年5月，他的原配夫人王昭病逝后，为蔡氏做媒的接踵而至。蔡元培曾提出并坚持五个择偶条件：一、女子须不缠足者；二、须识字者；三、男子不纳妾；四、男死后，女可再嫁；五、夫妇如不合，可离婚。可见，“天足”与否在清末知识分子择偶标准中的分量之重。年纪稍小的胡适，也是在他离开家乡去上海读书前，他母亲给他包办了婚姻。他在赴美留学之后，致信母亲和江冬秀询问“放足”的进展情况。这些事实说明，因母亲替他包办的“小脚”未婚妻而产生的“救济中国女子小脚”的愿望，应是鲁迅学医的动机之一。至于由牙痛而带给他的“切肤之痛”，更促使鲁迅由对中医的怀疑而去学习西方的医学。

综上所述，鲁迅的学医动机里，包含了诸多因素，可以说是为人为己，公私兼顾。以往我们感觉鲁迅太伟大了，是因为我们忽略或有意剔除了鲁迅之所以成为鲁迅的那些庸常因素，而过于放大了他“伟大”的一面。对于鲁迅学医动机的这些鲜为人知的因素的挖掘，一方面可以使我们看到一个平常的、有人间气的鲁迅，另一方面，可以使我们理解为什么鲁迅作品中有那么多关于疾病的题材。

“救救孩子”还是“救救父亲”

可是东方发白，人类向各民族所要的是“人”，——自然也是“人之子”。

——鲁迅《随感录四十》

因为我们中国所多的是孩子之父；所以以后是只要“人”之父。

——鲁迅《随感录二十五》

从20世纪初，中国现代文学史上第一篇白话小说——鲁迅的《狂人日记》——发出“救救孩子”的呐喊，到“文革”结束时，刘心武在《班主任》中呼吁“救救被‘四人帮’坑害了的孩子”，再到近年来关于加强青少年思想道德建设问题的一再讨论，说明将近一个世纪以来，“救救孩子”的历史任务并未完成。为什么“救救孩子”的历史任务如此艰难？“救救孩子”这一命题是否还存在一个未必自明的前提：谁来救孩子？谁有资格救孩子？对这些问题的思考使我常常想起阅读鲁迅小说时的种种体验和困惑：鲁迅是中国历史上第一个喊出“救救孩子”的人，但他的小说中几乎没有被救的孩子，他小说中的孩子不是病死，就是备受摧残和折磨，或者做毫无意义的“看客”。鲁迅小说对孩子命运的描写阴暗而绝望，实在让人感到一种难以言说的沉重和震惊。他在《狂人日记》中发过这样的疑问："没有吃过人的孩子，或者还有？救救孩子……"但在他的第三篇小说《药》中的小栓却偏偏就是一个吃人的孩子，而且是在他父亲的帮助下"吃人"的，尽管小栓自己还是难免一死。这不就证明了"狂人"的断言："有了四千年吃人履历的我，当初虽然不知道，现在明白，难见真的人！"鲁迅为什么不给他笔下的孩子一条生路呢？鲁迅小说中孩子的"病"和"死"，究竟有着哪些深层的象喻和指向呢？他在发出"救救孩子"的呐喊时，是怎样思考其解救之道的呢？

综观鲁迅思想发展的历程，可以看出，"救救孩子"是他"立人"思想的一个有机组成部分。只有把他"救救孩子"的呐喊放到他关于改造国民性的思想体系中去，才能全面地理解其深刻内涵和实现途径。"救救孩子"作为现代文学反对封建礼教吃人的主题，虽然是在1918年他的第一篇白话小说中提出来的，但鲁迅对这一问题的思考由来已久。从在仙台医专时对"幻灯片事件"的思考，到1907年写的《文化偏至论》中"立人"思想的形成，始终贯穿着鲁迅对国人的精神、个性的观察和思考。他说："是故将生存两间，角逐列国是务，其首在立人，人立而后凡事举；若其道术，乃必尊个性而张精神。"[1]鲁迅终其一生的精神探索和文学创作，都没有偏离这一主线。他"救救孩子"的呐喊及其对孩子"病因"的分析、判断，对"人"之父的呼唤，都显示了他的深刻和远见。

本文试图通过对鲁迅小说中孩子和父亲形象的分析，并与他早期论文中关于这一问题的理性思考进行互证，来解读其小说中

〔1〕鲁迅《文化偏至论》,《鲁迅全集》第一卷，北京：人民文学出版社，2005年，第58页。

孩子和父亲形象中所隐含的以“个性”和“精神”为内涵的“立人”思想、国民性批判、启蒙和自我启蒙等问题。

一、鲁迅小说中的孩子和父亲

在鲁迅的全部三十四篇小说（文言小说《怀旧》,《呐喊》十四篇,《彷徨》十一篇,《故事新编》八篇）中，有十七篇描写了孩子的各种生存境况及其父子关系，现将这十七篇小说中的孩子及其相关内容列表如下：

小说名称	孩子姓名	孩子的角色	孩子的命运	孩子的父亲
《怀旧》	“余”	受害者	未知	未交代
《狂人日记》	“一伙小孩子”	“看客”	未知	未交代
《孔乙己》	“我和邻舍孩子”	“看客”	未知	未交代
《药》	小栓	“吃人者”、患者	病死	华老栓
《明天》	宝儿	患者	病死	已死
《风波》	六斤	受害者	裹脚	七斤
《故乡》	“我”、宏儿、水生、少年闰土	快乐的孩子	“我”和宏儿：离开故乡。水生：未知。少年闰土：“辛苦麻木”的中年闰土	“我”的父亲：已死。水生之父：中年闰土。少年闰土之父：我家一个短工（即“忙月”）
《兔和猫》	“孩子们”	快乐的孩子	未知	
《鸭的喜剧》	“孩子们”	快乐的孩子	未知	仲密
《社戏》	“我”和双喜、桂生、阿发等	快乐的孩子	未知	未交代
《祝福》	阿毛	受害者	被狼吃掉	贺老六（病死）
《幸福的家庭》	“孩子”	受害者	未知	“幸福的家庭”的幻想者
《肥皂》	学程、秀儿、招儿	受害者	未知	四铭
《长明灯》	“孩子们”	“看客”	未知	未交代

续表

小说名称	孩子姓名	孩子的角色	孩子的命运	孩子的父亲
《示众》	卖馒头的胖孩子、戴小布帽的小学生、戴硬草帽的学生、老妈子抱着的孩子	“看客”	未知	未交代
《孤独者》	大良、二良、街上看见一个很小的小孩	“看客”	未知	房东
《铸剑》	眉间尺	复仇者	为父报仇而自杀	已死

通过对鲁迅以上十七篇小说的分析，有以下几个特别显著的特点值得深思。第一是小说中描写的孩子数量之多。在鲁迅的全部三十四篇小说中，虽然以孩子为主角的只有《怀旧》《社戏》《铸剑》三篇，但那些大量的看起来似乎不经意的对孩子生存境况的描写，在他的整个小说中所占如此多的分量，说明他对孩子命运的关切和思考。第二是孩子命运之悲惨和前途之暗淡。除了《故乡》《兔和猫》《鸭的喜剧》《社戏》中的孩子以外，其余不是在街头巷尾充当小“看客”，就是备受父亲和私塾老师的折磨，或者丧命。第三是小说中“父亲”之麻木可憎。鲁迅的这十七篇小说中几乎没有一个“合格”的父亲，即鲁迅所说的“‘人’之父”或“觉醒的人”。

（一）孩子

鲁迅小说中的孩子，大致可以分为这样四类：第一类是在《狂人日记》《孔乙己》《长明灯》《示众》《孤独者》中描写的小“看客”们。他们要么远远地站在“狂人”前面，同赵贵翁一样铁青着脸，叽叽喳喳地议论“狂人”；要么就分食了孔乙己的碟子里那几颗茴香豆，在笑声里走散，然而也忘记了曾经给予他们

“快乐”的孔乙己（《孤独者》中的大良、二良也是此类）；要么以能给《长明灯》中那个“疯子”头上暗暗地放上两片稻草叶为乐；再要么就拥挤在老“看客”们的腿前胯下，兴致勃勃地观赏“囚犯”。这类小“看客”们点缀在那些老“看客”中间，那种强烈的猎奇心态虽然不失为一种儿童天性的流露，但那种在“狂人”身前身后探头探脑的举动总是令人心里不快。况且就他们在观赏别人时的那种麻木冷漠、毫无同情心而言，又何尝不是那些老“看客”们的绝佳传人。鲁迅在批判国民的劣根性时也没有忽视表现在孩子身上的这些可怕的惰性“遗传”。我们甚至也能感觉到鲁迅在描写这些孩子的那些举动时，那隐藏不露的憎恶和愤怒。然而，鲁迅描写这些小“看客”的用意绝不止于此。如果说“狂人”作为启蒙者，他深知那些老“看客”们因为已经吃了人而不可救药。“但是小孩子呢？那时候，他们还没有出世，何以今天也睁着怪眼睛，似乎怕我，似乎想害我。这真教我怕，教我纳罕而且伤心。”[1]“狂人”怕什么呢？是什么教他“纳罕而且伤心”呢？这些疑问在时隔一年之后的《药》中，鲁迅自己做了回答，那就是启蒙者不但不被理解，而且要被他所救的人吃掉的悲剧命运。然而让“狂人”更为伤心和困惑的是，这些还未吃过人的、唯一有希望被救的孩子们，何以也“想害我”呢？“狂人”思考所得的结果，在小说中有两处基本一致的表述。一是“我明白了。这是他们娘老子教的”！二是“他的年纪，比我大哥小得远，居然也是一伙；这一定是他娘老子先教的。还怕已经教给他儿子了；所以连小孩子，也都恶狠狠的看我”。这里，“狂人”在

〔1〕 鲁迅《狂人日记》，《鲁迅全集》第一卷，北京：人民文学出版社，2005 年，第 45 页。

探索孩子的“病因”时，无疑是将症结指向了他们的父亲。我以为这就是《狂人日记》在提出“救救孩子”的命题时，思考得更为深刻的地方。第二类是《怀旧》《药》《明天》《风波》《祝福》《幸福的家庭》《肥皂》《铸剑》八篇小说中的“受害者”孩子形象。他们有的（如《怀旧》中的“余”、《风波》中的六斤、《幸福的家庭》中的“孩子”,《肥皂》中的学程、秀儿、招儿）从精神到肉体备受摧残，有的（如《药》中的小栓、《明天》中的宝儿、《祝福》中的阿毛、《铸剑》中的眉间尺）干脆丧命。鲁迅给他小说中的孩子安排这样一个阴冷而绝望的结局，颇值得我们深思。不用说小栓和宝儿是病死的，即使就这十二篇小说中的全部孩子而言，那也是一种病态的生活。“病”和“死”成了他小说中孩子生存状态的一个整体象征。从这个意义上说，鲁迅的这些小说不也是在揭出孩子们身上的病苦，以引起疗救者的注意吗？想一想《怀旧》中的那个连在梦里都要遭打的孩子，以练八卦拳为“庭训”的学程，或者捧着十八个铜钉的饭碗，在土场上一瘸一拐的六斤……，我们就没有理由不相信他们长大以后不又是一个个四铭、九斤老太、七斤嫂和中年闰土。这就是鲁迅所说的生命的“停顿”、近似“灭亡的路”。[1]第三类是《故乡》中的“我”、宏儿、水生、少年闰土和《兔和猫》《鸭的喜剧》《社戏》中的“快乐的孩子们”。这些“快乐的孩子们”，是鲁迅小说中唯一天性未泯的一群。他们看见小兔子就“笑得响”，发现蝌蚪生了脚就高兴。他们陶醉于百草园的草虫鸣鸟、水乡月夜的渔火、罗汉豆，他们幻想着戏台上出现“蛇精”“跳老虎”……。这类

〔1〕鲁迅《我们现在怎样做父亲》,《鲁迅全集》第一卷，北京：人民文学出版社，2005年，第137页。

孩子和前面两类形成了鲜明的对比：一是“父亲”在他们生活中的缺席。《兔和猫》《鸭的喜剧》《社戏》中“父亲”未曾出场，《故乡》虽写了“父亲”，但“孩子们”快乐的生活场景中也是没有“父亲”的身影，一旦“父亲”在场，“孩子”也就失却了应有的活泼天性，正如闰土从身后拖出来的水生。二是他们的快乐是以“自然”为背景的，这个背景中，无论是小兔子、鸭、蝌蚪等动物，还是百草园、河船、渔火，它们都代表了一种与家庭、私塾、街道、广场等不同的生存空间和价值取向。后者压抑、桎梏了孩子的自然人性，从而使他们的成长变为生命的“停顿”、重复、堕落甚至死亡；而前者则与孩子们的天性相映成趣，为他们的成长平添了一方自由的乐土，为他们幼小的心灵提供了一个幻想的天堂。这种“自然”，在鲁迅的笔下，不仅是一种生存环境，更是一种新的生命状态、人伦关系的象征，也是“在名教的斧钺底下，时时流露，时时萌蘖”的人的“天性”。[1]第四类，是《故乡》中的“我”和宏儿两个“离乡者”。宏儿是鲁迅小说中唯一没有受到摧残而且走出故乡的孩子。“我”在别了故乡二十余年后，发现自己虽不过也是“辛苦辗转而生活”，但与闰土相比，“我”已能意识到旧的生活方式的残暴、对生命的扼杀，开始反省、探索、思考一种“为我们所未经生活过的”新的生活；而闰土依然“辛苦麻木而生活”。

以艺术的方式思考孩子的成长及其命运，《故乡》在鲁迅的小说中有特别值得关注的地方。惟其在“我”和闰土一家三代人身上有着相对完整的成长历程和不同的命运，更能体现鲁迅关于人的成

〔1〕《我们现在怎样做父亲》，《鲁迅全集》第一卷，第140页。

长的悲剧性问题的思考。作为孩子而言，“我”、闰土、水生、宏儿都是快乐的。但到中年以后，“我”和闰土，一个是“辛苦辗转而生活”，另一个是“辛苦麻木而生活”。其间的差别是，“我”已意识到要寻求一种新的生活，而闰土却还在麻木地重复着上一代人的生活。当闰土从身后拖出水生，让他给“老爷”磕头时，“我”看见的“正是一个廿年前的闰土”；而此刻“我”面前的闰土，已由紫色的圆脸变为灰黄，而且加了很深的皱纹，眼睛也像他父亲一样，肿得通红。“我”何尝不会推想，“廿年后”的水生，又是一个面色灰黄、“辛苦麻木而生活”的中年闰土。在“我”的幻象中，闰土和他的上下两代人的形象的瞬间重叠，不正揭示了生命的毫无进步可言的重复、萎缩、“停顿”。“我”现在虽也“辛苦辗转而生活”，但毕竟意识到了要摆脱这种生命的“停顿”和重复，寻求新的生活。在这个意义上说，宏儿的离开故乡，也是“走异路，逃异地”，是对旧的生命程序的反叛和对新的生命意义的追寻。

（二）父亲

上举十七篇小说中，写到十二位父亲形象，其中四位死去了，其余八位中，写得较为具体的是华老栓、七斤、中年闰土和四铭。这四位父亲，前三者是朴实而麻木的农民，鲁迅以“哀其不幸，怒其不争”的沉痛笔触，描写了他们辛苦而麻木的生活，希望他们能够成为觉醒的人，但他深刻地意识到这种希望的渺茫。而对于以卫护圣道自居的四铭，鲁迅则予以猛烈的抨击和鞭挞。如果说华老栓、七斤和中年闰土，是在无知和愚昧中不自觉地延续着传统的伦理观念和家庭关系、父子关系，那么，四铭这个貌似新派的卫道者，则是自觉地鼓吹、宣扬残忍的封建礼教。他要儿子学程以“做了乞丐，还是一味孝顺祖母，自己情愿饿肚子”的孝女为榜样，说明他还没有将子女当作一个独立的生命个体，而仅仅将他们看作将来替自己尽孝和报恩的工具——“责望报偿，以为幼者的全部，理该做长者的牺牲”。

二、鲁迅个人经历对其小说中父子关系描写的影响

鲁迅对家庭问题、父子关系、孩子命运的思考，见诸他成年以后的小说和杂文。但他早年的阅读经验和生活体验，无疑是引发他思考此类问题的内在动力。一旦现实中的某种境遇触动了他，这些潜伏着的童年记忆便会浮现出来，成为他进行艺术创造的激情和批判现实的依据。我们今天阅读鲁迅，依然能感觉到隐藏在文字背后的伤痛、悲愤和震惊。

（一）《二十四孝图》：在孩子心中死去了的“孝道”

《二十四孝图》是鲁迅童年时曾经渴望得到的图画本子，但他看了之后却是对“想做孝子”的完全绝望和扫兴。他说，其中最使他不解，甚至于发生反感的，是“老莱娱亲”和“郭巨埋儿”：“我至今还记得，一个躲在父母跟前的老头子，一个抱在母亲手上的小孩子，是怎样地使我发生不同的感想呵。”他认为老莱子“诈跌仆地，作婴儿啼，以娱亲意”，是“以不情为伦纪，污蔑了古人，教坏了后人”，“简直是装佯，侮辱了孩子”。“郭巨埋儿”也震惊鲁迅幼小的心灵，他说：“彼时我委实有点害怕：掘好深坑，不见黄金，连‘摇咕咚’一同埋下去，盖上土，踏得实实的，又有什么法子可想呢。我想，事情虽然未必实现，但从此我总怕听

到我的父母愁穷，怕看见我的白发的祖母，总觉得她和我不两立，至少，也是一个和我的生命有些妨碍的人。后来这印象日见其淡了，但总有一些留遗，一直到她去世——这大概是送给《二十四孝图》的儒者所万料不到的罢。”[1]这次阅读经验，使传统的非人道的所谓“孝道”，在鲁迅的心里崩塌了，从而在他的心里，播下了对于虚伪、野蛮的伦理关系反叛的种子。

（二）背诵《鉴略》：至今还令我诧异的父亲

现实生活中，鲁迅和父亲的关系，见诸文字的并不多，但颇能显示鲁迅独到而大胆的思考、直面人生的勇气和锐利的批判锋芒。鲁迅在《〈呐喊〉自序》和《父亲的病》中都写到父亲的病故，但那都是出奇冷静的叙述。父亲的病故只不过确证了世态炎凉和中医昏庸。在朱自清的笔下，父子之间一次寻常的离别，写得那样让人潸然泪下；而鲁迅即使写父亲的病故，却依然是那样的克制。是理性的批判淹没了丧父的伤痛，还是鲁迅成年以后回首这段人生时，就不再感到丧父之痛了呢？我觉得至少是在理性的层面，他超越了封建的忠孝伦常观念。一旦他看清了过去父子关系中被温情掩盖着的虚伪而血腥的一面，他将不再掩饰自己的憎恶。《五猖会》中，鲁迅就写了他在童年时所遭遇的一次“精神的虐杀”：有一次他要到东关去看《五猖会》，临行前父亲突然要他背诵《鉴略》，背不出，就不让他去。已过不惑之年的鲁迅，回忆起这段往事来，那笔端流露的令人窒息的沉重，使我们仿佛依然还能看见他那未被时间愈合的伤口：

---

〔1〕鲁迅《二十四孝图》,《鲁迅全集》第二卷，北京：人民文学出版社，2005年，第263—264页。

我却并没有那么高兴。开船以后，水路中的风景，盒子里的点心，以及到了东关的五猖会的热闹，对于我似乎都没有什么大意思。

直到现在，别的完全忘却，不留一点痕迹了，只有背诵《鉴略》这一段，却还分明如昨日事。

我至今一想起，还诧异我的父亲何以那时候叫我来背书。

我曾经做出过这样的假设：要不是由于父亲的病故，从小康人家坠入困顿，在走投无路的情况下才“走异路，逃异地”，鲁迅极可能要走读书应试的“正路”。父亲的病故成了鲁迅人生命途的转折点，否则，中国现代文学史上将因这位主将的缺席而暗淡不少，整个现代文学的历史进程或许是另一面貌。但这对鲁迅来说是幸还是不幸呢？鲁迅小说中基本上没有合格的、现代意义上的父亲形象和理想的父子关系。我想，鲁迅作为一个从旧家庭的父子关系中成长起来的人，当他成年以后，再用理性的眼光审视他的成长历程时，那些积淀在记忆中的生命体验，无疑会融化在他的作品中。唯其如此，其作品才能以血肉丰满的感性魅力震撼读者的心灵。在《故乡》中，当“我”最终坐了船辞别了故乡时，和宏儿有一段对话这样写道：

大伯，我们什么时候回来？

回来？你怎么还没有走就想回来了。

我想，鲁迅在写到宏儿“还没有走就想回来”时，也许会想到他当年走投无路时的“走异路，逃异地”的情景。他不像宏儿，对故乡怀着天真的留恋，而是满怀着“梦醒了无路可走”的悲哀和无奈离开故乡的。此情此景，鲁迅也许还会想，如果他的父亲还在，他又会如何生活？是如闰土那样辛苦麻木而生活，还是其他的可能性。我猜想，在鲁迅的心里，这恐怕是一堆欲说还休的乱麻。虽然他“走异路，逃异地”，但毕竟不是被父亲“解放”了的人。

正是鲁迅对旧家庭中孩子的遭遇、父子关系的这种深刻体验，使他在思考“救救孩子”这一改造国民性的问题时，更为关注孩子们精神上的病苦，并以血肉丰满的感性形象和严密的理性思辨，为我们展示了造成孩子精神上诸多缺陷的过程和原因，从而将“救救孩子”的实现，最终指向了“人的觉醒”和“人”之父的出现。

（三）百草园：童年的乐园

无论是被封建伦常统治的家庭，还是枯燥呆板的三味书屋，都不能给童年的鲁迅带来快乐和安慰。唯有置身百草园中，与鸣蝉、木莲为伍，他才感到无穷的乐趣。在鲁迅的童年生活中，百草园所代表的自然人性与家庭、私塾所代表的封建礼教，形成了尖锐的对立。鲁迅将对这种无拘无束、率性适意的生活方式的感性体验，在他后来的创作中，上升到了对人的生命的理想状态的理性思考。在《故乡》《兔和猫》《鸭的喜剧》《社戏》中的孩子身上，寄托了鲁迅对于新的人伦关系、生存状态、生命理想的思考和探索。阅读这些小说时，我们仿佛还能听见百草园中那遥远的生命的回响。

三、救救父亲——“我们现在怎样做父亲？”

鲁迅对孩子现实命运的思考，既见之于其小说的形象描述，又见之于他更为理性的分析。他说："中国的孩子，只要生，不管他好不好，只要多，不管他才不才。虽然'人口众多'这一句话，很可以闭了眼睛自负，然而这许多人口，便只在尘土中辗转，小的时候不把他当人，大了以后，也做不了人。"〔1〕鲁迅小说中孩子命运的基调是黑色的，这反映了鲁迅对"救救孩子"这一历史课题的悲观情绪，而这种悲观是基于他对闰土、四铭们的清醒而深刻的认识的。《狂人日记》的结尾是耐人寻味的：

没有吃过人的孩子，或者还有？

救救孩子……

我曾反复琢磨过这个结尾，不论是作为小说叙述者的鲁迅，还是小说主人公的"狂人"，就他们对中国历史吃人本质的认识而言，他们更倾向于认为"没有吃过人的孩子"几近于无，"或者还有"云云，是鲁迅"聊以慰藉那在寂寞里奔驰的猛士，使他不惮于前驱"。是"决不能以我之所必无的证明，来折服了他之所谓可有"。〔2〕但我仍然觉得这呐喊是"悲哀"〔3〕的，这"悲哀"源于他对历史和现实的深刻洞察和体验。这也是鲁迅之所以没有在他的小说中以廉价的乐观，给孩子们预约一个光明的黄金世界的原因。如果没有父亲们的"觉醒"，"救救孩子"的呐喊是容易流为空喊的。鲁迅说，这是一件极伟大的要紧的事，也是一件极困苦艰难的事，它需要我们一面结清旧账，一面开辟新路。

---

〔1〕鲁迅《随感录二十五》，《鲁迅全集》第一卷，北京：人民文学出版社，2005年，第311—312页。

〔2〕鲁迅《〈呐喊〉自序》，《鲁迅全集》第一卷，北京：人民文学出版社，2005年，第441页。

〔3〕鲁迅在《〈呐喊〉自序》里说："至于我的喊声是勇猛或是悲哀，是可憎或是可笑，那倒是不暇顾及的；但既然是呐喊，则当然须听将令的了，所以我往往不惜用了曲笔……。"

继1918年4月在《狂人日记》中发出“救救孩子”的呐喊之后，又分别于1918年9月、1919年1月、1919年2月在《新青年》上发表了《随感录二十五》《随感录四十》《随感录四十九》等杂感，探讨孩子的“解放”和父亲的资格及父子关系等问题。尤其是他发表于1919年11月《新青年》第六卷第六号上的《我们现在怎样做父亲》一文，“对于从来认为神圣不可侵犯的父子问题”进行了猛烈的抨击，并声言“革命要革到老子身上罢了”。在一年多的时间里，有这么多的文字探讨这一问题，足见鲁迅对这一问题思考的深度和广度。鲁迅并未停留在“救救孩子”的呐喊上，他深知在当时的社会里，孩子们还缺乏自救的能力，所以，“反抗”和“出走”不曾出现在他的小说里。[1]那么，拯救之道何在呢？由谁来救孩子并且怎么救呢？鲁迅的这几篇文章，就是对这些问题的思考和回答。

在鲁迅看来，中国的孩子，之所以“大了以后，做不了人”，是因为中国的父亲中了旧习惯旧思想——父权思想——的毒太深了。他们将子女看作自己的占有物，“抹煞了‘爱’，一味说‘恩’，又因此责望报偿，那便不但破坏了父子之间的道德，而且也大反于做父母的实际的真情，播下了乖剌的种子。”[2]认为中国的父亲，“照例是制造孩子的家伙，而不是‘人’的父亲，他生了孩子，便仍然不是‘人’的萌芽。”[3]他们精神上的种种缺陷，使他们不具备做父亲的资格，这样的人，“就令硬做了父亲，也不过如古

〔1〕《故乡》中的“我”是“逃”异地，宏儿是被“我”“带走”的。

〔2〕《我们现在怎样做父亲》，《鲁迅全集》第一卷，第138页。

〔3〕鲁迅《随感录二十五》，《鲁迅全集》第一卷，北京：人民文学出版社，1981年，第312页。

代的草寇称王一般，万万算不了正统。”[1]那么，什么样的人才是合格的父亲呢？鲁迅认为，合格的父亲，他们“要做解放子女的父母，也应预备一种能力，便是自己虽然已经带着过去的色彩，却不失独立的本领和精神，有广博的趣味，高尚的娱乐”。[2]这就是鲁迅所说的“‘人’之父”“觉醒的人”。正像“狂人”一样，他们不仅要具备反思历史和现实的能力，更要具备反思自我的意识和能力。只有通过这种自我反思、自我觉醒，才能使他们获得首先是作为“人”的父亲的资格。可见，鲁迅是把“人”的资格的获得，作为“救救孩子”的先决条件的。他们要觉醒到自己作为父亲和孩子都是平等的人、独立的人。父亲对于孩子并没有绝对的权力和威严，每个人都是“生命的桥梁的一级”“过付的经手人”，所以，“此后觉醒的人，应该先洗净了东方古传的谬误思想，对于子女，义务思想须加多，而权利思想却大可切实核减，以准备作幼者本位的道德”。[3]“自己背着因袭的重担，肩住了黑暗的闸门，放他们到宽阔光明的地方去；此后幸福的度日，合理的做人。”[4]既然中国旧理想的父子关系已经崩溃，就应该建立一种新的父子关系：

> 老的让开着，催促着，奖励者，让他们走去。路上有深渊，便用那个死填平了，让他们走去。
>
> 少的感谢他们填了深渊，给自己走去；老的也感谢他们从我填平的深渊上走去。——远了远了。

---

〔1〕《我们现在怎样做父亲》,《鲁迅全集》第一卷，第139页。

〔2〕同上书，第141页。

〔3〕同上书，第137页。

〔4〕同上书，第135页。

明白这事，便从幼到壮到死，都欢欢喜喜的过去；而且一步一步，多是超过祖先的新人。

这是生物界正当开阔的路！人类的祖先，都已这样做了。[1]

作为启蒙者的鲁迅，他从对国民性批判的角度描写了孩子们的各种不幸和病苦，发出了“救救孩子”的呐喊，并探索一种理想的、适合人的自然天性的生存状态和基于自我觉醒的自主、自立的新的人生方式。更为重要的是，他并未停留在“呐喊”上，而是由此去思考由谁以及怎样去“救救孩子”等更为关键的问题。鲁迅认为，如果要“救救孩子”，首先是“父亲”要取得“人”的资格——既能认识到自己是一个有生命意义和价值的人，同时也能尊重孩子的人格尊严和意志自由，把他当作一个独立的人看待。在某种意义上说，这也是鲁迅对启蒙者提出的自我启蒙的要求。就孩子的生存状态而言，《故乡》《兔和猫》《鸭的喜剧》《社戏》中的孩子，似乎代表了鲁迅合乎自然的人性理想；就人生方式而言，《故乡》中的“我”和宏儿的“走异路，逃异地”，代表了一种迥异于传统的生活方式和人生道路。

〔1〕鲁迅《随感录四十九》，《鲁迅全集》第一卷，北京：人民文学出版社，2005年，第355页。

文人“相轻”亦“相重”

——从日记、书信看蔡元培与鲁迅的“六同”关系

通过蔡元培和鲁迅日记中关于他们交往过程的考查，我们发现二者之间交往颇多，关系复杂，可用同学、同乡、同事、同人、同道、同好这“六同”来概括。而这“六同”又是异中之同，二人鲜明的个性特征使得他们在如此密切的交往中又能保持各自卓特的个性和人格，可谓“君子和而不同”。仔细辨析他们的关系，可一改我们对文人关系的成见。

同为“越中三杰”[1]的蔡元培与鲁迅的“没世不渝”的友谊，早已为人称道。[2]他们的关系，我用“六同”——即学习德语的“同学”（蔡元培学习德语时与鲁迅交换过学习技巧）、绍兴的“同乡”、教育部的“同事”、文学革命的“同人”、民主革命的“同道”、美术的“同好”来概括。当然，这“六同”只是异中之同，有此“六同”并不否认他们个性的差异。他们之间的友谊，既见诸公开的交往和言论，也隐藏于比较私密的个人书信往来和日记当中。通过对蔡元培、鲁迅日记和书信所载有关二人交往事项的

---

〔1〕裘士雄《许寿裳与蔡元培》(《鲁迅研究月刊》1998 年第 9 期）说蔡、鲁、许并称“越中三杰”。

〔2〕参见任访秋《鲁迅与蔡元培》(《信阳师范学院学报》1985 年第 2 期），张家康《蔡元培与鲁迅》(《文史春秋》2004 年第 6 期)；黄玉峰《鲁迅与他的命中贵人蔡元培》(《语文新圃》2010 年第 6 期）等。

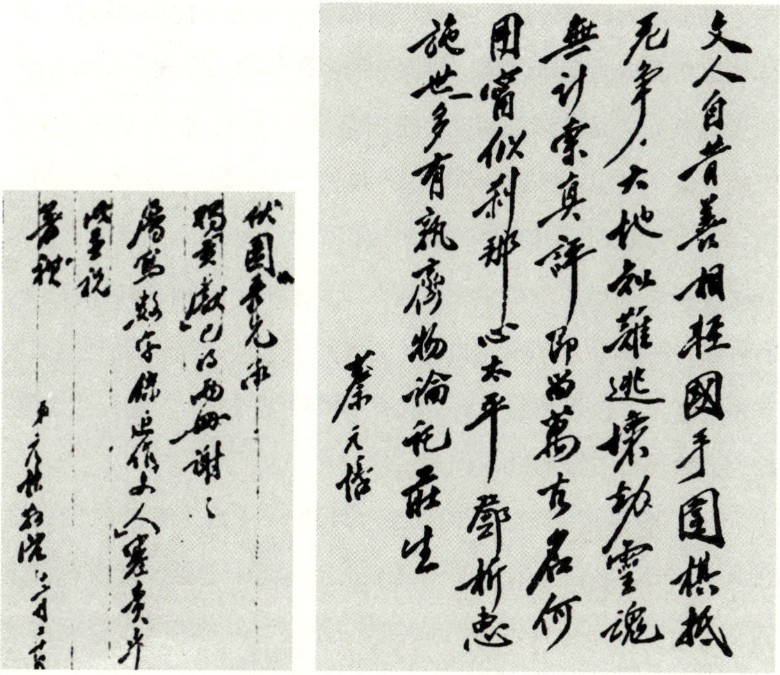

图七　蔡元培给孙伏园主编的《贡献》杂志手书《文人》
（《贡献》1927 年第 3 期）

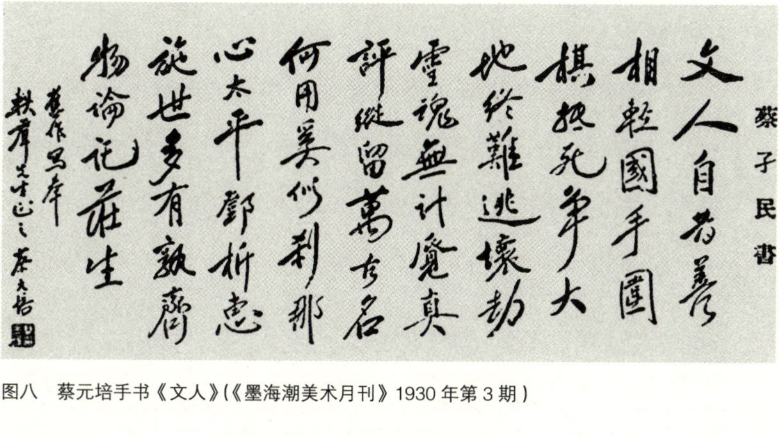

图八　蔡元培手书《文人》（《墨海潮美术月刊》1930 年第 3 期）

钩沉，可使我们了解蔡、鲁交往的始末、诸多真实感人的细节。

鲁迅作为后学晚辈，一生得到蔡元培的很多提携和扶助。这体现出蔡元培的宽厚包容，与鲁迅的多疑和善怒形成鲜明的对照。如果说蔡元培是菩萨低眉，鲁迅则是金刚怒目。有人据此质疑鲁迅的人格，其实，鲁迅生前写过七论"文人相轻"，反对将正当的批评（"各以所长，相轻所短"）冠以"文人相轻"的恶名，反对在是非善恶面前"一律拱手低眉"，而是"一定得有明确的是非，有热烈的好恶"〔1〕。蔡元培也有《文人》〔2〕七律一首，表达他对文人关系的看法。鲁迅和蔡元培，既有"相轻"的一面，也有"相重"的一面，正是"君子和而不同"。

蔡元培日记从1894年阴历六月初一开始，时断时续，到1940年2月28日（逝世前5日）止，凡四十七年，其中有日记的三十一年。由于鲁迅与蔡元培的直接交往并不算多，鲁迅在蔡氏日记中出现的次数也有限。但这些记载，恰恰能说明他们的深厚的乡谊、相近的志趣。

（1911年4月4日）寄《中央文学报》（四月一日出）于周豫才。

（1911年5月9日）寄周豫才《中央文学志》一册。

（1936年10月19日）是日晨五时，鲁迅先生（周树人、豫才）去世，孙夫人来院告我，并约我加入治丧委员会。

---

〔1〕鲁迅《"文人相轻"》，《鲁迅全集》第六卷，北京：人民文学出版社，2005年，第309页。

〔2〕1927年10月2日，蔡元培应孙伏园之请，给其编辑的《贡献》杂志录呈《文人》一首："文人自昔善相轻，国手围棋抵死争。大地知难逃坏劫，灵魂无计索真评。即留万古名何用，宁似刹那心太平。邓析惠施世多有，孰齐物论托庄生。"见《蔡元培全集》第五卷，北京：中华书局，1988年，第178页。

（1936年10月20日）往胶州路万国殡仪馆吊鲁迅，挽以一联：

著作最谨严，岂惟中国小说史。

遗言太沉痛，莫作空头文学家。

（1936年10月22日）二时，往万国殡仪馆送鲁迅葬，送至虹桥路万国公墓。

（1936年11月1日）午后二时，鲁迅先生纪念委员会筹备会在清华同学会开会，议决推动上海各界开追悼会，教育界由我和黎曜生、郑西谷接洽。

（1937年5月13日）孝焱寄来季茀函，为鲁迅遗集事，属函告中央宣传部，为作函致邵力子。

（1938年4月19日）沈雁冰来，谈《鲁迅全集》付印事，携有许广平函，附全集目次。并有致王云五函，属转致。

（1938年4月20日）得马孝焱六日嵊县函，言一时未能来港。又言季茀为《鲁迅全集》作序事，欲函商，属我直接与通讯。

（1938年6月5日）作《鲁迅全集》序成，送致沈雁冰，并附去甲种纪念本一部之预约价法币百元，取得收条。

（1938年6月15日）得许广平函，说《鲁迅全集》作序事，并述季茀函中语。

（1939年4月27日）前有鲁迅先生纪念委员会干事王纪元君来，携有该会一函，言我既为《鲁迅全集》作序，并力为提倡，会中议决，应赠乙种纪念本一部，前所收预定乙种纪念本之国币百元，应送还云云。王君留函及款而去。我今日复该会一函，谢其赠书，又言“鄙人对于鲁迅先生身后，终不愿毫无物质之补助，请以此款改作赙敬，仍托王君转致许景宋女士”云云。函、款均托喻卡尔送去。

（1939 年 7 月 1 日）得许广平女士函，言我所送之赙敬百元，仍送纪念委员（会），将来举行纪念事业时，此款再分配用途。〔1〕

一、学习德语的“同学”

在鲁迅与蔡元培的交往中，他们何时第一次通信、第一次见面，都是非常重要的细节。

由于鲁迅先于蔡元培辞世，他没有留下有关与蔡氏交往的回忆文字。但不能排除在他们通信之前，鲁迅在绍兴早已目睹过蔡氏的风采，因为当鲁迅于 1898 年离开故乡去南京读书时，三十一岁的蔡元培已是誉满京师的翰林院编修，他在绍兴的行动肯定受人瞩目。

蔡、鲁虽为同乡，但他们首次交往的契机，则是他们共同的“外国语”——德语。

1903 年四五月间，蔡元培在上海宣传革命活动受到清政府通缉，恰此时中国教育会与爱国学社闹分裂，蔡元培愤而辞去教育会与学社一切职务，赴青岛学德语，以备将来赴德留学。他说：“我在爱国学社时，我的长兄与至友汤蛰仙、沈乙斋、徐显民诸君

---

〔1〕 本文所引蔡元培日记、书信，均引自中国蔡元培研究会编《蔡元培全集》（第十五、十六、十七卷），杭州：浙江教育出版社，1998 年。为了行文简洁，不再标注每则日记、书信出处页码。

均愿我离学社，我不得已允之，但以筹款往德国学陆军为条件。汤、徐诸君约与我关切者十人，每年各出五百元，为我学费。及学社与中国教育会冲突后，我离社，往德的计画将实现。徐君从陈敬如君处探听，据言红海太热，夏季通过不相适宜，不如先往青岛习德语，俟秋间再赴德。于是决计赴青岛。陈君梦坡为我致介绍于李幼阐君。李君广东人，能说普通话，谙德语，在青岛承办工程方面事业，设有《胶州报》，其主笔为广东易季圭君。李君初于馆中辟一室以居我，我租得一楼面后，乃迁居，自理饮食。日到李君处习德语，后李君无暇，荐一德国教士教我。”[1]中间几经周折，直到1907年5月，蔡元培随孙宝琦大使赴德，实现了他的留德梦。[2]

鲁迅虽是蔡元培的晚辈，但他学习德语却早于蔡氏。鲁迅于1899年2月由江南水师学堂转入矿路学堂后即开始学习德语。[3]在仙台医专鲁迅所学外国语也为德语。1906年鲁迅从仙台医专退学回到东京后，将学籍挂在“独逸语[4]学协会”下设的德文学校，继续学习德语。

蔡元培与鲁迅最早的书信往来始于1911年4月4日，但这之前已开始神交。蔡元培后来回忆二人的交往时说：“三十年前，我在德国留学的时候，觉得学德语的困难，与留学东京之堂弟国

---

〔1〕蔡元培《自写年谱》，《蔡元培全集》第七卷，北京：中华书局，1989年，第293页。

〔2〕蔡元培1906年11月22日致汪康年函云：“弟此次进京销假，本为最不安之事。徒以游学德意志之志，抱之数年，竟不得一机会。忽见报载学部有咨送翰林游学东西洋之举，不能不为之动心。”《蔡元培全集》（第十卷），杭州：浙江教育出版社，1998年，第45页。

〔3〕鲁迅在《琐记》一文说：“这回不是It is a cat了，是Der Mann，Das Weib，Das Kind。”见《鲁迅全集》第二卷，北京：人民文学出版社，2005年，第305页。

〔4〕“独逸”为German（德语）日译（ドイツ語）的汉语音译。

亲通信时，谈到这一点。国亲后来书，说与周豫才、岂明昆弟谈及，都‘说最要紧的是有一部好字典’。这是我领教于先生的第一次。”〔1〕

蔡元培日记中第一次出现鲁迅的名字是在1911年4月4日：“寄《中央文学报》（四月一日出）于周豫才。”此时，鲁迅在陈子英任监督（校长）的绍兴府中学堂任教并兼任监学（教务长）。由于蔡元培从1906年12月18日至1911年元旦之间没有日记，不知蔡元培留德后，是否在此之前还有不为人知的书信往来。但就所能查阅的资料看，1911年4月4日蔡元培给鲁迅从德国邮寄《中央文学报》是他们首次直接交往。所以，这份杂志在他们的交往中意义非凡。

蔡元培寄《中央文学报》给鲁迅的缘由、《中央文学报》是一份什么样的刊物等问题，都是耐人寻味的。查蔡元培日记首次出现“周豫才”前后，1911年2月4日有“寄子英报”（子英即光复会成员、鲁迅留日时相识的绍兴同乡陈子英，此处“报”疑为《中央文学报》）。同年3月20日“寄《中央文学报》一册”，3月28日“《文学应声》13、《文学中央志》13，发出”，4月10日“寄《文学应声》及《文学中央志》各一册”，5月2日“寄《中央文学杂志》一册”。由此推断，蔡元培可能先与同为光复会成员的陈子英〔2〕通信并寄德文《中央文学报》，鲁迅在陈子英处看到后，便托

---

〔1〕蔡元培《记鲁迅先生轶事》，《蔡元培全集》第七卷，北京：中华书局，1989年，第145页。

〔2〕赵英在《鲁迅故交陈子英》（《鲁迅研究月刊》1996年第9期）中说：“归国后，陈子英于1910年8月，接任绍兴府中学堂监督兼任德文教员，随即邀请鲁迅担任该校监学并博物教员。”这说明蔡元培先给任德文教员的陈子英寄德文报刊的推理是有根据的。

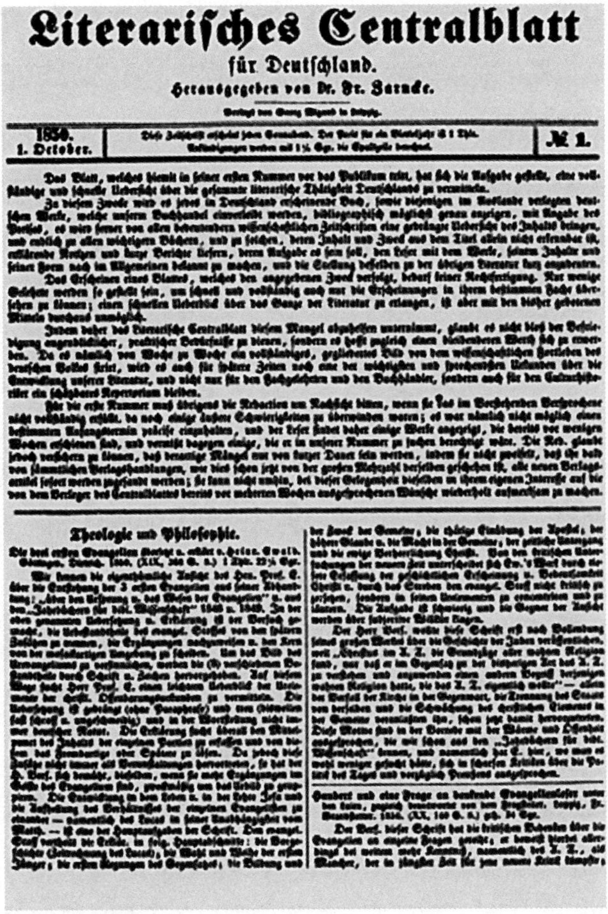

Literarisches Centralblatt

für Deutschland.

Herausgegeben von Dr. Fr. Zarncke.

1850. 1. October.

№ 1.

Das Blatt, welches hiemit in seiner ersten Nummer vor das Publikum tritt, hat sich die Aufgabe gestellt, eine vollständige und schnelle Uebersicht über die gesammte literarische Thätigkeit Deutschlands zu vermitteln.

Theologie und Philosophie.

图九 《德国中央文学报》1850 年 10 月 1 日创刊号

陈子英向蔡元培函索此报。

《中央文学报》〔1〕是一份什么刊物呢？目前可查的很可能也是唯一的中文文献，是 1975 年人民出版社出版的《马克思恩格斯全集》（第三十二卷）马克思致恩格斯的信（1868 年 7 月 11 日于伦

〔1〕《蔡元培全集》对此的注解是："蔡元培时为鲁迅购寄德国出版的《中央文学报》《文学应声》等。"见《蔡元培全集》第十五卷，杭州：浙江教育出版社，1998 年，第 441 页。

敦）的附件（2）“可敬的孚赫的书评，《中央文学报》上发表的另一篇书评。两篇书评都请寄还给我。”[1]同日，马克思给路德维希·库格曼信里也提到了《中央报》。这里所说孚赫的书评和另一篇书评都是关于《资本论》第一卷的评论。《马克思恩格斯全集》（第三十二卷）索引对《中央文学报》的注解为：“《德国中央文学报》（*Literarisches Centralblatt für Deutschland*）——德国的一家文摘性的科学情报评论周刊，1850 年至 1944 年在莱比锡出版。”[2]

这个注解过于简略，说它是“文摘性的科学情报评论周刊”也不大准确，该报全称《德国中央文学报》，由神父 Fr. Zarncke 创办。1891 年他死后，由他儿子 Eduard Zarncke 接办。除了登载一些如前述对《资本论》等的评述文章外，更主要的是介绍德语文学界的最新动向和新近引进的外国文学作品。这一点正是鲁迅对它感兴趣的原因所在。

鲁迅搜购德文书刊，始于从仙台医专退学后寄居东京时期，周作人说：“在仙台所学的是医学专门学问，后来对鲁迅有用的只是德文，差不多是他做文艺工作的唯一的工具。退学后住在东京的这几年，表面上差不多全是闲住，正式学校也并不进，只在‘独逸语学协会’附设的学校里挂了一个名，高兴的时候去听几回课，平常就只逛旧书店，买德文书来自己阅读，可是这三年里却充分获得了外国文学的知识，做好将来做文艺运动的准备了……他便竭力收罗俄国文学的德文译本，又进一步去找别的求自由的

---

〔1〕《马克思致恩格斯》，《马克思恩格斯全集》第三十二卷，北京，人民出版社，1975 年，第 113 页。
〔2〕同上书，第 915 页。

国家的作品，如匈牙利、芬兰、波兰、波西米亚（捷克）、塞尔维亚与克洛谛亚（南斯拉夫）、保加利亚等。这些在那时候都是弱小民族，大都还被帝国主义的大国兼并，他们的著作，英文很少翻译，只有德文译本还可得到，这时鲁迅的德文便大有用处了。鲁迅在东京各旧书店尽力寻找这类资料，发现旧德文杂志上说什么译本刊行，便托相识书商向‘丸善书店’往欧洲订购。”〔1〕

至于搜求这些德文书刊的动机，鲁迅说他开始文艺活动时并不想创作，注重的是绍介、翻译被压迫民族的作品，为此，“也看文学史和批评，这是因为想知道作者的为人和思想，以便决定应否绍介给中国。”〔2〕他要通过这些德文报刊了解欧洲弱小民族文学的发展动向，并通过德文报刊上的批评和介绍，决定翻译、绍介的对象。正如袁狄涌所说：

> 鲁迅的德文没有在翻译德国文学方面大显身手，但在其他方面却结出了硕果，得到了意外的收获。首先，他利用德文翻译了不少俄国和东欧文学作品，为促进国民的思想觉悟和推动新文学的建设，做出了很大的贡献；其次，他在德文著作中发掘出了一些珍贵的材料。如《小俄罗斯文学略说》就是从凯尔沛来斯著《文学通史》里摘译的。《小说月报》出弱小民族文学专号，鲁迅提供的关于保加利亚、芬兰等国文学的资料，亦取自该书。又如波兰密茨凯维奇、匈牙利裴多菲等人的照片，

〔1〕《鲁迅的青年时代》，第46—47页。
〔2〕鲁迅《我怎么做起小说来》，《鲁迅全集》第四卷，北京：人民文学出版社，2005年，第525页。

也是在德文书里找到的。[1]

而蔡元培之所以给陈子英、鲁迅邮寄《中央文学报》，是因为蔡元培自己也对“德国文学史”比较关注，他 1908 年 10 月至 1911 年 11 月在德国莱比锡大学学习期间，所听关于“德语文学史”课程有 Kitkowski 的“德国文学之最新发展”和“自古代至现代之德国文学概论”、Kösterd 的“十八世纪德国文学史”“德国戏剧及演艺艺术史选读并附研究资料”和“十五世纪至二十世纪之舞台发展”。[2] 这说明此时的蔡、鲁对德语文学有共同的兴趣。

鲁迅因家庭所累，不能实现他的“留德梦”[3]，但回国后一直留心搜求德文书刊。

辛亥革命后，鲁迅辞去山会师范学堂监督，想到上海商务印书馆去当编辑：“他托了蔡谷卿介绍，向大书店去说，不久寄了一页德文来，叫翻译了拿来看。他在大家共用的没有门窗的大厅里踱了大半天，终于决定应考，因为考取了可以有一百多元的薪水。他抄好了译文，邮寄上海，适值蔡孑民的信来到，叫他到南京的教育部去，于是他立即动身，那考试的结果也不去管它，所以没有人记得这是及第还是落第了。”[4] 假如没有辛亥革命的发生，鲁迅很可能要用他所学的德文来谋生计了。

鲁迅学习德语的兴趣和对德语文学的关注，一直延续了下

---

〔1〕袁狄涌《鲁迅与德国文学》，《鲁迅研究月刊》，1993 年第 7 期。

〔2〕[民主德国] 费路（Rolang Felber）《蔡元培在德国莱比锡大学》，蔡元培研究会编《论蔡元培》，北京：旅游教育出版社，1989 年，第 462、463 页。

〔3〕鲁迅说：“我又想往德国去，也失败了。终于，因为我的母亲和几个别的人很希望我有经济上的帮助，我便回到中国来。”见《鲁迅全集》第七卷，北京：人民文学出版社，2005 年，第 85 页。

〔4〕周作人《鲁迅的故家》，石家庄：河北教育出版社，2002 年，第 256 页。

来。我们看他后来的日记和书账，时有购买德语文学著作甚至德语字典的记载，如1930年1月4日，“下午往内山书店买文艺书类三本，共泉八元二角。”其中一本就是《现代独逸文学》。又9月4日：“往内山书店买《史底唯物论》一本，《独逸基礎单語四〇〇〇字》一本，共四元六角。”

二、绍兴“同乡”

由于长期的农耕生活，中国人有着浓厚的乡土情结。“同乡”观念即由此衍生而来，它主要包含着“地缘”和“人缘”两种关系。一方面是对地理景观、风俗民情的情感依恋，另一方面则是生存于同一地域的人与人之间的向心力。

绍兴山水之美，早为人称道：“山阴道上行，如在画中游。”王羲之《兰亭集序》说：“此地有崇山峻岭，茂林修竹；又有清流激湍，映带左右，引以为流觞曲水，列坐其次。”《晋书》记载：“（顾恺之）还至荆州，人问以会稽山川之状，恺之云，千岩竞秀，万壑争流，草木蒙笼，若云兴霞蔚。”王献之同样称颂山阴风景：“云生满谷，月照长空，潭涧注泻，翠羽欲流，浮云出岫，绝壁天悬。千岩竞秀，万壑争流。草木蒙笼其上，若云兴霞蔚。山阴道上行，山川自相映发，使人应接不暇。”

鲁迅对于绍兴景物的描写，散见于他的小说之中。绍兴的夜景是这样的迷人：“两岸的豆麦和河底的水草所发散出来的清香，夹杂在水气中扑面的吹来；月色便朦胧在这水气里。淡黑的起伏的连山，仿佛是踊跃的铁的兽脊似的，都远远的向船尾跑去了，……最惹眼的是屹立在庄外临河的空地上的一座戏台，模胡在远处的月夜中，和空间几乎分不出界限，我疑心画上见过的仙境，就在这里出现了。”〔1〕难怪鲁迅说：“但要我记起他的美丽，说出他的佳处来，却又没有影像，没有言辞了。”〔2〕

蔡元培对于故乡的“岩岩栋山，荡荡庆湖”充满了自豪，并指出正是这样的山水养育了鲁迅等作家：“行山阴道上，‘千岩竞秀，万壑争流，令人应接不暇。’有这种环境，所以历代有著名的文学家、美术家，其中如王逸少的书、陆放翁的诗，尤为永久流行的作品。最近时期，为旧文学殿军的，有李越缦先生，为新文学开山的，有周豫才先生，即鲁迅先生。”〔3〕

乡土观念中的所谓“人缘”，既是对古圣先贤的认同，又是现实中同乡之间的相互关照和提携。

对于同乡的古圣先贤，蔡元培和鲁迅都有认同感。蔡元培在1895年所作《越中先贤祠春秋祭文》中这样表达他对越中先贤的崇敬之情：

> ……后王尝胆，任侠竞趋。气节慷慨，是焉权舆。胜朝致命，遂多伟儒。儒林大师，余姚肇祖。千祀不祧，授经图谱。新昌朴学，翼左程朱。良知证人，大启堂庑。文苑之英，胜哉典午。丽笔法言，递传曾矩。都凡学派，前于后喁。先贤作传，典录成书。社祀于社，古谊灿如。……〔4〕

---

〔1〕鲁迅《社戏》，《鲁迅全集》第一卷，北京：人民文学出版社，2005年，第592—593页。

〔2〕同上书，第501页。

〔3〕蔡元培《〈鲁迅全集〉序》，《蔡元培全集》第七卷，北京：中华书局，1989年，第214页。

〔4〕《越中先贤祠春秋祭文》，《蔡元培全集》第一卷，北京：中华书局，1988年，第59页。

鲁迅虽对其同乡多有苛责[1]，但也不否认他对作为历史传承的地方精神的高度认同与自觉继承，他早年编辑《会稽郡故书襍集》即为“笃恭乡里”：“会稽古称沃衍，珍宝所聚，海岳精液，善生俊异，而远于京夏，厥美弗彰……是故叙述名德，著其贤能，记其陵泉，传其典实，使后人穆然有思古之情，古作者之用心至矣！”[2]鲁迅虽然知道他的故乡和任何地方一样，都有善恶两面，但在《女吊》一文的开头，他不无自豪地“夸饰”了其值得自豪的一面：“大概是明末的王思任说的罢：‘会稽乃报仇雪耻之乡，非藏垢纳污之地！‘这对于我们绍兴人很有光彩，我也很喜欢听到，或引用这两句话。但其实，是并不的确的；这地方，无论为那一样都可以用。”[3]

鲁迅生前，蔡元培对他多次奖掖援助，死后更是对他恭敬有加。蔡元培日记共记鲁迅 13 次，其中生前 2 次，死后 11 次。鲁迅逝世后，蔡元培不仅亲往吊唁和送葬，高度评价鲁迅的学术贡献和思想人格，还为《鲁迅全集》的出版鼎力相助。这一方面是由于蔡元培的爱才惜才，但也与他们之间的“乡谊”和“世谊”有关。周作人对他们两家的特殊关系曾这样解释：“蔡孑民原籍绍兴山阴，住府城内笔飞坊，吾家则属会稽之东陶坊，东西相距颇远，但两家向有世谊，小时候曾见家中有蔡先生的朱卷，文甚难

---

〔1〕鲁迅在《朝花夕拾·琐记》里说：“S城人的脸早经看熟，如此而已，连心肝也似乎有些了然。总得寻别一类人们去，去寻为S城人所诟病的人们，无论其为畜生或魔鬼。”他在 1911 年 1 月 2 日致许寿裳的信里说：“越中理事，难于杭州。技俩奇觚，鬼蜮退舍。近读史数册，见会稽往往出奇士，今何不然？甚可悼叹！上自士大夫，下至台隶，居心卑险，不可施救，神赫斯怒，湮以洪水可也。”

〔2〕鲁迅《〈会稽郡故书襍集〉序》，《鲁迅全集》第十卷，第 35 页。

〔3〕《女吊》，《鲁迅全集》第六卷，第 637 页。

懂，详细已不能记得……。”[1]另据日本学者波多野真矢考证，周作人在1908年7月进日本立教大学预科时的“保证人”是蔡元培的堂弟蔡元康（即在鲁迅日记中出现70次之多的“谷青”或“谷卿”）。[2]周作人称他们两家“向有世谊”，可见不是一般的同乡关系。

周氏三兄弟中，鲁迅一生中主要的三份工作（教育部职员、北大兼职讲师、大学院特约撰述员）都与蔡元培有关。周作人、周建人在工作上也多受蔡氏提携。周作人于1917年受聘为北大国史编纂处编纂（当年9月才聘为文科教授），颇费蔡元培的周折。而早在1906年，蔡元培就曾给周作人安排过一份工作，只是由于周作人当时正在南京水师学堂就学而未能赴任。[3]周建人从1921年起即在商务印书馆工作，1932年因遭战火毁坏被解雇，生活无着，经鲁迅请求，蔡元培多方奔走，才得以续聘。

另外，蔡元培也曾向商务印书馆的张元济推荐过鲁迅堂叔周冠五（鲁迅日记中称“朝叔”）的小说。蔡元培1906年5月22日日记：“周冠五之侦探小说，交菊生。”但不知周冠五的小说何名，是否在商务印书馆出版。

三、教育部（大学院）和北大的“同事”

辛亥革命后，蔡元培于1912年1月3日就任中华民国第一任

---

〔1〕周作人《药味集·记蔡孑民先生的事》，石家庄：河北教育出版社，2002年，第30页。

〔2〕［日］波多野真矢《周作人与立教大学》，《鲁迅研究月刊》，2001年第2期。

〔3〕周作人后来回忆说：“大约在光绪末年的乙巳年间吧（此处周作人的记忆有误，应为“丙午”。——笔者），他们请蔡孑民去办学务公所，蔡君便托封燮臣来叫我，去帮他的忙。我因为不愿意休学，谢绝了他，可是没有多久，蔡君自己也就被人赶走了。”《知堂回想录》（上），石家庄：河北教育出版社，2002年，第306页。

教育总长，鲁迅经好友许寿裳推荐[1]，到南京临时政府教育部供职，两人“始常见面”。教育部北迁后，鲁迅被聘为教育部佥事、社会教育司第一科科长，开始了他十四年的公务员生涯。四年后的1916年11月，蔡元培从欧洲回国，恰逢鲁迅回乡省亲，他在上海听说蔡在绍兴，到家后第三日即12月9日去蔡家拜访，而蔡则已往杭州[2]。1917年1月4日蔡元培就任北大校长后，7日，鲁迅由绍兴返回北京，10日就往北大拜访了蔡元培，此后他们时相过从，互通音讯。鲁迅于1920年8月2日被聘为北大讲师，一直到1926年离开北京。鲁迅日记中记蔡元培50次，其中29次出现在蔡任北大校长（1917年1月至1923年4月）期间，说明他们此时交往之频繁。

鲁迅南下后，几经周折，于1927年10月抵达上海，处于生活困顿中的他，又一次得到了时任中华民国大学院院长的蔡元培的援助。又是许寿裳从中牵线帮忙，鲁迅于12月8日收到月薪300元的“大学院特约撰述员”的聘书，直到1932年1月被解聘。有人统计，蔡元培主持大学院期间支付给特约撰述员鲁迅的这笔“补助费”长达49个月，共计有14700银圆，折合黄金490两。

但是，正是鲁迅在获得这份“美差”过程中的一些言论常为

---

〔1〕许寿裳在《亡友鲁迅印象记》一文说：“我被蔡先生邀至南京帮忙，草拟各种规章，日不暇给，乘间向蔡先生推荐鲁迅。蔡说：‘我久慕其名，正拟驰函延请，现在就托先生——蔡先生对我，每直称先生——代函敦劝，早日来京。’我即连写两封信给鲁迅，说蔡先生殷勤延揽之意。”《挚友的怀念》，石家庄：河北教育出版社，2002年，第19—20页。

〔2〕鲁迅1917年12月9日致许寿裳的信中说：“在沪时闻蔡先生在越中，报章亦云尔；今日往询其家，则言已往杭州矣。在此曾一演说，听者颇不能解，或者云：但知其欲填塞河港耳。”《鲁迅全集》第十一卷，北京：人民文学出版社，2005年，第353页。

人所诟病。而这些指责，无非是说鲁迅从许寿裳处得知他将被聘为“大学院特约撰述员”的消息后（1927 年 12 月同期聘任的还有吴稚晖、李石曾、马夷初、江绍原），一方面急不可耐；但在迟迟等不来聘书的情况下，又故作清高；同时，又怀疑这是蔡元培敷衍他们，进而在与友人的通信中表达对蔡的不满。这被认为是鲁迅的以怨报德，忘恩负义。尽管鲁迅的性格与蔡氏有别，但其在这件事中的表现也是人之常情。首先，鲁迅之所以“急不可耐”，是因为靠译书糊口、卖文为生的他缺钱花。他在 1927 年 11 月 20 日给江绍原的信里说：“然则不得已，只好弄弄文学书，待收得版税时，本也缓不济急，不过除此以外，另外也没有好办法。现在是专要人性命的时候，倘想平平稳稳地吃一口饭，真是困难极了。”一个人在等待别人许诺的米下锅而等不来的时候，说些“我亦不想去吃”等气闷话，都是正常的。而鲁迅在 12 月 9 日给章廷谦信中所说“太史之类，不过傀儡……我以为该太史在中国无可为”等话，既非人身攻击，也符合事实（蔡元培当时在国民政府和国民党中所任职务确是“傀儡”而已），而且蔡元培参与“清共”的行动，既不符合人道主义精神，也与鲁迅的政治倾向相左。况且鲁迅的批评蔡氏，也并不始于这次“聘任”事件，不说北大时期那些微言讥讽，单是在 1927 年 6 月 12 日给章廷谦的信里所说“我和此公，气味不相投者也。民元之后，他所赏识者，袁希涛、蒋维乔辈，则十六年之顷，其所赏识者，也就可以类推了”，足以说明鲁迅是一个有独立思想的人。若因为得到一两次蔡元培的“援引”而对这位前辈俯首帖耳，那就是势利小人。大家都知道鲁迅对他的业师章太炎也时有微词，何况蔡元培。况且，当鲁迅的这个无功受禄的职位终于被裁时，鲁迅在 1932 年 3 月 2

日致许寿裳的信中也表达了他对蔡的感激和歉疚："被裁之事，先已得教部通知。蔡先生如是为之设法，实深感激。惟数年以来，绝无成绩，所辑书籍，迄未印行，近方图自印《嵇康集》，清本略就，而又突陷兵火之内，存佚盖不可知。教部付之淘汰之列，固非不当，受命之日，没齿无怨。"蔡氏虽一再被骂而对他的这位后辈同乡呵护有加，并非狭隘同乡观念使然，而是出于对鲁迅人格的尊敬。蔡氏说："先生在教育部时，同事中有高阳齐君寿山，对他非常崇拜，教育部免先生职后，齐君就声明辞职，与先生同退。齐君为人豪爽，与先生的沈毅不同；留德习法政，并不喜欢文学，但崇拜先生如此，这是先生人格的影响。"〔1〕这也可以看作蔡元培的夫子自道：伟大的友谊是以独立人格为前提的。正是基于对鲁迅卓特人格的敬仰，不管鲁迅被如何谩骂，蔡元培在鲁迅逝世后毅然为他主持了葬礼，并号召发扬鲁迅精神，使他的精神永远不死。

四、文学革命的"同人"

1917年蔡元培执掌北大后，实行"学术自由，兼容并包"的方针，聘请以编辑《新青年》闻名的陈独秀任文科学长，《新青年》随后迁到北京，《新青年》和北京大学的结合，使北京大学成为文学革命的中心。在"提倡新文学，反对旧文学"的文学革命中，蔡元培和鲁迅可谓是同声相应、同气相求。

周氏兄弟在清末大力译介外国短篇小说，可看作是文学革命

〔1〕蔡元培《记鲁迅先生轶事》，《蔡元培全集》第七卷，北京：中华书局，1989年，第146页。

的先声。[1]而蔡元培在清末文学改良运动中，对小说地位的提升，对“言文合一”的提倡和白话文写作的实践，都足以使他后来成为名副其实的文学革命的领袖。

蔡元培1898年7月27日日记：“余喜观小说，以其多关人心风俗，足补正史之隙，其佳者往往意内言外，寄托遥深，读诗逆志，寻味无穷。”

> 1901年1月29日日记：秦汉以来，治文字不治语言，文字画一而语言不画一，于是语言与文字离，则识字之人少，无以促思想进步矣，于是有志之士，为拼音新字，为白话报，为白话经解，思有以沟通之。然百里异言。又劳象译，所谓事倍而功半也。宜于初级学堂立官话一科，则拼音新字可行，而解经译报之属，可通于全国矣……近世乃有小说，虽属寓言，颇近民史，而文理浅显，尤含语言文学合一之趣。若能祛猥亵怪诞之弊，而律以正大确实之义，则善矣。

蔡元培与王季同、汪允宗等20世纪初在上海所编《俄事警闻》和《警钟》，“每日有白话文与文言文论说各一篇”，蔡元培1904年在《俄事警闻》上还发表了他的白话小说《新年梦》。1906年9月在京师大学堂译学馆任教时，他给学生出的国文题目即有《论我国言文不一致之弊》。这些都说明蔡元培在清末积极参与了中国文学的现代转型活动，为他后来成为文学革命的领袖，奠定了坚实基础。

---

[1] 蔡元培在1937年6月29日为良友图书公司出版《世界短篇小说大系》所作序文称：“短篇小说的译集，始于三十年前周树人（鲁迅）、作人昆弟的《或外集》，但好久没有继起的。”《蔡元培全集》第七卷，中华书局，1989年，第186页。

在五四文学革命关于文言存废的论争中，蔡元培坚信在白话与文言的竞争中，“将来白话派一定占优胜”：

> 白话是用今人的话来传达今人的意思，是直接的。文言是用古人的话来传达今人的意思，是间接的。间接的传达，写的人与读的人，都要费一番翻译的功夫，这是何苦来？〔1〕

而鲁迅在文学革命中的贡献，一是以他高水平的白话文学创作，“显示了‘文学革命’的实绩”；二是通过中国小说史的研究，进一步提升了小说在现代文学格局中的地位。蔡元培对此深表认同。

1931年5月，蔡元培发表了《二十五年来中国之美育》，他指出：

> 此时期中，以创作自命者颇多。举其最著者，鲁迅（周树人）的《呐喊》《彷徨》等集，以抨击旧社会劣点为的，而文笔的尖刻，足以副之，故最受欢迎。〔2〕

又1938年在给《鲁迅全集》所做的序中说：

> 惟彼又深研科学，酷爱美术，故不为清儒所囿，而又有他方面的发展，例如科学小说的翻译，《中国小说史略》《小说旧文钞》《唐宋传奇集》等，已打破清儒轻视小说之习惯……
>
> 鲁迅先生的创作，除《坟》《呐喊》《野草》数种外，均成于一九二五至一九三六年中，其文体除小说三种、散

〔1〕蔡元培《国文之将来》，《蔡元培全集》第三卷，北京：中华书局，1984年，第357页。
〔2〕蔡元培《二十五年来中国之美育》，《蔡元培全集》第六卷，北京：中华书局，1988年，第64页。

文诗一种、书信一种外，均为杂文与短评，以十二年光阴成此许多的作品，他的感想之丰富，观察之深刻，意境之隽永，字句之正确，他人所苦思力索而不易得当的，他就很自然的写出来，这是何等天才！又是何等学力！……所以鄙人敢以新文学开山目之。

五、民主革命的"同道"

蔡、鲁生长于富于革命传统的浙东，在近现代民主革命的过程中，他们既有着相近的革命志向，也有共同参与的革命活动。

1904 年 11 月光复会成立于上海，由蔡元培任会长。鲁迅与光复会的陶成章是无话不谈的好朋友，陶成章还托鲁迅保管过光复会的重要文件。张家康认为，"鲁迅通过与陶成章的多次接触，认识了光复会领袖蔡元培，他们虽然尚未谋面，却早已是互通心曲，神交久矣"。[1]尽管学界对鲁迅是否光复会会员有不同看法[2]，但从鲁迅留日时与光复会成员的密切交往来看，至少说明当时的鲁迅和蔡元培具有共同的革命理想。

1932 年 12 月 17 日，中国民权保障同盟成立后，蔡元培于 1933 年 1 月 4 日给鲁迅去信，邀请鲁迅入盟。鲁迅于 1933 年 1 月 6 日、11 日赴中央研究院参加民权保障同盟会。1 月 17 日，中国民权保障同盟上海分会召开成立会，蔡元培和鲁迅等出席会议，

---

〔1〕张家康《蔡元培与鲁迅》,《文史春秋》, 2004 年第 6 期。

〔2〕倪墨炎《鲁迅革命活动考述》(上海文艺出版社，1984 年）对此做了详尽的考证，他根据许寿裳和沈瓞民的记述判断："鲁迅是一九〇四年十二月加入光复会的，是光复会东京分部成立后的第一批会员。"

经过投票选举，他们都当选为上海分会执行委员。鲁迅于当日还获蔡元培书赠七绝二首：

养兵千日知何用，大敌当前喑不声。
汝辈尚容说威信，十重颜甲对苍生。
几多恩怨争牛李，有数人才走越胡。
顾犬补牢犹未晚，只今谁是蔺相如。

旧作录奉鲁迅先生正之 蔡元培

1933年2月17日英国作家萧伯纳环游世界到达上海，由宋庆龄率中国民权保障同盟成员接待，蔡元培派车接鲁迅参加了相关活动，鲁迅日记对此有详细记载：

午后汽车赍蔡先生信来，即乘车赴宋庆龄夫人宅午餐，同席为萧伯纳、伊（罗生）、斯沫特列女士、杨杏佛、林语堂、蔡先生、孙夫人，共七人，饭毕照相二枚。同萧、蔡、林、杨往笔社，约二十分后复回孙宅。绍介木村毅君于萧。

为抗议希特勒纳粹党人蹂躏人权，摧残文化人士，1933年5月11日下午，鲁迅去中央研究院，商讨中国民权保障同盟如何抗议希特勒的法西斯暴行。5月13日上午，鲁迅与蔡元培等亲往德国驻上海领事馆，以中国民权保障同盟的名义递交抗议书，强烈抗议希特勒的法西斯政党践踏人权的暴行。5月14日《申报》对此做了报道：

中国民权保障同盟向以提倡民权为宗旨，不分国际畛域。近以德国希特勒派一党专政以来，残害无辜，压迫学者，惨酷殊甚，特于昨日（十三）上午，由执行委员会宋庆龄、蔡元培、杨杏佛、鲁迅等亲到本埠德国领事馆，提出抗议，当由副领事贝连君接见，许代转达该国驻华公使。

1933年6月18日，民保盟总干事杨杏佛在上海被特务暗杀。蔡元培和鲁迅强忍悲痛，毅然参与料理杨杏佛的后事。6月20日，鲁迅冒死参加了杨杏佛的葬礼，第二天，鲁迅又赋诗悼念：

岂有豪情似旧时，花开花落两由之。

何期泪洒江南雨，又为斯民哭健儿。[1]

杨杏佛被害后，中国民权保障同盟也被迫停止了活动。作为革命的同道，鲁迅对蔡元培表现出来的民族大义给予积极评价："其实像蔡先生也还是一般地赞成进步，并不反对共产党而已。到底共产党革命是怎么一回事，他就不甚了然，他甚至于悲愤地说：国民党为了想消灭政治上的敌人连民族的存亡都可以不顾，这是他所始料不及的。可知他同情革命者，也不过是为了民族而已。"[2]1940年3月5日蔡元培逝世后，周恩来这样评价蔡元培的革命生涯：

从排满到抗日战争，先生之志在民族革命；

从五四到人权同盟，先生之行在民主自由。

至于鲁迅，他是不希望自己"退居于宁静的学者"。借他评价章太炎的话说，他也是想做一个"有学问的革命家"：

考其生平，以大勋章作扇坠，临总统府之门，大诟袁世凯的包藏祸心者，并世无第二人；七被追捕，三入牢狱，

[1]《鲁迅全集》第七卷，第467页。

[2] 冯雪峰《回忆鲁迅》，《冯雪峰回忆鲁迅全编》，上海：上海文化出版社，第124页。

而革命之志，终不屈挠者，并世亦无第二人：这才是先哲的精神，后生的楷范。[1]

这是鲁迅逝世前十天的文字，既是对业师的高度评价，也是对自己的激励和期许。

六、美术的“同好”

在鲁迅与蔡元培的诸多交往中，他们对于美术的爱好，是最富于个人趣味的。

蔡元培的喜欢美术，可从他的婚姻家庭窥见一斑。蔡元培与他的第二任妻子黄世振（仲玉）的姻缘至少有一半与美术有关。1901 年 2 月 8 日，蔡元培到杭州过访叶祖芗，“见示南昌黄氏女所绘直幅扇叶，士女工细绝伦，书亦端秀……家极贫，女鬻画，弟佣书，始度日，弟妹书画皆所教。余甚倾倒，属致书决姻事”。1901 年 11 月 23 日（婚后第二日），蔡元培日记又记道：“（黄氏女）自学画，以父老家贫，曾彻夜作画，鬻钱以度日，目光为之耗。天性之挚爱，吾所仅见也。”1921 年 1 月 2 日，黄仲玉在北京逝世，远在日内瓦的蔡元培得此噩耗，于 1 月 9 日撰文遥祭，为其书画才能未能施展而唏嘘：“……累汝以贫困，累汝以忧患，使汝善书、善画、善为美术之天才，竟不能无限发展，而且积劳成疾，以不得尽汝之天年。”[2]

---

〔1〕鲁迅《关于太炎先生的二三事》，《鲁迅全集》第六卷，北京：人民文学出版社，2005 年，第 567 页。

〔2〕蔡元培《祭亡妻黄仲玉》，《蔡元培全集》第四卷，北京：中华书局，1984 年，第 1 页。

图十　周养浩油画《紫罗兰村》(《新家庭》1931 年第 1 期)

1923 年 7 月 10 日，蔡元培与他曾在上海爱国女学校的学生周养浩在苏州留园举行婚礼，他在婚礼的即席演说中说，擅长美术是他择偶的标准之一："予嗜美术，尤愿与研求美术者为偶。"[1] 新婚不久，蔡元培携妻小赴欧，周养浩和蔡元培长女威廉同进比利时布鲁塞尔美术学校、巴黎美术专科学校学习美术。

此后，蔡元培与对美术有共同兴趣的周养浩，鲽泳鹣飞，诗画唱和。1929 年，周养浩的油画作品参加上海举办的全国美术展览，蔡元培为题一首：

我相迁流每刹那，随人写照各殊科。

[1] 徐仲可《天苏阁丛书》第二集，第二本《可言》，第 30 页。转引自高平叔《蔡元培年谱长编》(中)，北京：人民教育出版社，第 650 页。

图十一　蔡元培为《县乡自治》作封面画《松鹤鸣琴》(《县乡自治》1934年第9期)

惟卿第一能知我，留取心痕永不磨。[1]

1934年10月，蔡元培举家赴青岛度假。蔡元培21日日记写道：“养浩拟在馆前觅画景，都不甚佳，风又大。旋于楼上窗孔中取一水石相激之对象，乃下笔。”周养浩此日所作油画题名《青岛海滨》，蔡元培的题画诗为：

水族馆中窗窈窕，海滨园外岛参差。

惊涛怪石互吞吐，正是渔舟稳渡时。[2]

1937年3月25日，普降瑞雪后的上海，纤尘不染，温润美

〔1〕蔡元培《题养友为写油画》,《蔡元培全集》第五卷，北京：中华书局，1988年，第365页。

〔2〕蔡元培《题青岛海滨油画》,《蔡元培全集》第六卷，北京：中华书局，1988年，第477—478页。

艳，蕴含无限生机。蔡元培赋诗一首，诗末云："此景贻君充画料，雪蕉莫笑右丞王。"正在住院治疗的周养浩，病中取乐，画南窗风景一幅，蔡为题诗一绝：

骀荡云容凝晓霭，芊绵草色恣遥看。

向荣更喜春天树，稚绿欣欣却耐寒。

鲁迅自幼爱好美术，广为人知，在此不赘。成年以后，他又将这种爱好扩展为一种艺术运动（提倡木刻、版画等），其中不乏让人惊叹的大手笔，如设计中华民国国徽图案[1]。自鲁迅在教育部任职并和蔡元培交往以来，他们有许多关于美术的切磋交流。查鲁迅日记，他们有关美术活动的交往如下：

（1917 年 5 月 21 日）夜得蔡先生函并《赞三宝福业碑》《高归彦造像》《丰乐七弟二寺邑义等造像》《苏轼等访象老题记》拓本各二分。

这是蔡元培得知鲁迅喜欢汉代画像后，将自己所藏部分拓片赠送给鲁迅。

（1917 年 8 月 7 日）寄蔡先生信并所拟大学徽章。

蔡氏执掌北大后，即将设计北大校徽的任务交给了鲁迅等，鲁迅设计好后，函寄蔡元培。北大今天所用校徽即为鲁迅当年设计。

（1923 年 1 月 9 日）寄蔡先生信，附拓片三枚。

鲁迅寄给蔡氏的三枚拓片为何物？我们看他 1 月 8 日写给蔡元培的信：

孑民先生左右：谨启者，汉石刻中之人首蛇身象，就

---

〔1〕鲁迅 1912 年 8 月 28 日日记："与稻孙、季市同拟国徽告成，以交范总长，一为十二章，一为旗鉴，并简章二，共四图。"

树人所收拓本觅之，除武梁祠画象外，亦殊不多，盖此画似多刻于顶层，故在残石中颇难觏也。今附上三枚：

一　南武阳功曹乡啬夫文学掾平邑□郎东阙画象南阙有记云章和元年十一月十六日。在山东费县平邑集。此象颇清楚，然亦有一人抱之，左右有朱鸟玄武。

二　嘉祥残画象旧为城内轩辕氏所藏，今未详所在。象已漫漶，亦有一人持之。

三　未知出处画象从山东来。此象甚特别，似二人在树下，以尾相缭，惜一人已泐。

周树人　启上　一月八日

（1923年4月3日）晚得蔡先生信并还汉画象拓本三枚。

蔡元培深知鲁迅是汉碑图像的收藏者，故将鲁迅年初所寄三份拓片看完后如数寄还鲁迅。

（1931年2月14日）午后访蔡先生，未遇，留赠《士敏土图》两幅。

这里《士敏土图》全称《梅菲尔德木刻士敏土之图》，《士敏土》是苏联革命作家革拉特珂夫的长篇小说，德国青年画家梅菲尔德以之为素材，刻成木版画十幅。鲁迅于1930年9月通过徐诗荃从德国购得原作，编成画册，于1931年2月初印成，即分赠诸师友，蔡元培也是获赠者之一。

1934年2月26日：以《北平笺谱》寄赠蔡先生及山本夫人、内山嘉吉、坪井、增田、静农各一部。

《北平笺谱》是郑振铎和鲁迅耗时一年（1933年2月至1934年2月）合作编选出版的传统水印木刻笺纸集，共集笺纸323幅，线装六大册一函，初版100部，有鲁迅亲笔署名，不久售罄，再版又印

100部。鲁迅于1934年2月23日收到郑振铎从北京寄来的《北平笺谱》18部，在第二天写给郑振铎的信里，鲁迅对此次印行《北平笺谱》的成功颇感自豪："重行展阅，觉得实也不恶，此番成绩，颇在预想之上也。"收到《北平笺谱》时隔二日，鲁迅即分赠蔡元培等。

（1934年7月5日）下午得蔡先生信。

这是鲁迅日记最后一次出现蔡元培，查蔡元培7月4日给鲁迅的信，便知他们的最后一次书信交往也跟他们对于美术的爱好有关。蔡元培的信如下：

鲁迅先生大鉴：

前承赐《北平笺谱》，近又赐鲁迅《引玉集》[1]，借谂先生对于木刻画之提倡不遗余力，钦佩之至。拜领，谢谢！

许季茀兄见告：先生又将与西谛先生复印陈老莲氏《博古叶子》，拟借用周子竞兄藏本作底本，弟已与子竞兄谈过，可以借出。请先生或西谛先生诣子竞处一商……

弟元培敬启　七月四日

鲁迅在出版《北平笺谱》《引玉集》等成功后，又想出版陈洪绶版画集。陈洪绶（号老莲）为明末清初著名画家，作品刻成版画的有《九歌图》《西厢图》《博古叶子》《水浒叶子》等。由于鲁迅所藏《博古叶子》底本欠佳，当他从郑振铎处得知周子竞（系蔡元培亲戚）藏有原刻本时，便托蔡元培帮忙转借。

这里值得一提的是，《博古叶子》的印行并不顺利，鲁迅生前没有看到他如此倾注心力的版画正式印本，直到1936年9月29日（逝世前二十日），他才收到《博古叶子》的样本，他在当日给

---

〔1〕1934年3月鲁迅编选出版的苏联版画集，共收59幅，以三闲书屋名义印行。

郑振铎的信里不无失望地说："《博古叶子》早收到，初以为成书矣，今日始知是样本，我无话可写，不作序矣。"〔1〕

鲁迅与蔡元培不仅在美术活动中有许多交往，而且也有着相近的美术观念。民国初年，他撰文批评实用主义的艺术观，认为美术的目的，"固在发扬真美，以娱人情"〔2〕，美术的精神，在于表现高尚的人格与进步的思想：

> 美术家固然须有精熟的技工，但尤须有进步的思想与高尚的人格。他的制作，表面上是一张画或一个雕像，其实是他的思想与人格的表现。令我们看了，不但欢喜赏玩，尤能发生感动，造成精神上的影响。〔3〕

而蔡元培也在"五四"时期表达了他类似的美术观，认为美术是超越功利的，其作用在于"使读者观者有潇洒绝尘之趣"；美术与一国之国民性有密切关系，可从提倡美育入手，改造国民性："凡民族性质偏于美者，遇事均能从容应付，虽当颠沛流离之际，决不改变其常态……此可以见美术与国民性之关系。"〔4〕

蔡元培与鲁迅一样，也认为美术是美术家人格精神和个性的表现。他在1926年8月27日题《刘海粟近作》时说："吾国画家，有摹仿古代作家之癖；而西洋古代美术家，亦有摹仿自然之理论，虽所摹仿之对象不同，而其为轻视个性则一也。近代作者，始渐趋于主观之表现，而不以描写酷肖为第一义，是为人类自觉

〔1〕《鲁迅全集》第十四卷，第467页。

〔2〕鲁迅《儗播布美术意见书》,《鲁迅全集》第八卷，北京：人民文学出版社，2005年，第73页。

〔3〕鲁迅《随感录·四十三》,《鲁迅全集》第一卷，第346页。

〔4〕蔡元培《我之欧战观》,《蔡元培全集》第三卷，北京：中华书局，1984年，第3、4页。

之一境……海粟先生之画，用笔遒劲，设色强炽，颇于 Gauguin 及 Van Gogh 为近，而从无摹仿此二家作品之举。常就目前所接触之对象，而按其主观之所剧感，纵笔写之，故纵横如意，使观者能即作品而契会其感想。”〔1〕同年，蔡元培评郑曼青的画道：“其气韵超逸，寄托遥深，因作品表现高洁之个性，则书画一致也。”〔2〕1931 年 10 月，蔡元培为太平洋国际学会第四次大会提交的论文《中国之书画》中说：“……要之，中国书画，均以气韵为主，故虽不讳摹仿，而天才优异者，自能表现个性，不为前人所掩。且苟非学问胸襟，超出凡近，而仅仅精于技术者，虽有佳作，在美术工艺上当认其价值，而在中国现代书画上，则不免以其气韵不高而薄视之。此亦中国书画上共同性之一，而在近代始特别发展者也。”〔3〕

正是因为他们相近的美术观，才使得蔡元培对鲁迅一生的美术活动和取得的成绩能有深刻的理解和同情。

1936 年 2 月 22 日，蔡元培参观苏联版画展并发表演讲说：“苏俄名家的版画，我曾因鲁迅先生的指示，加以探讨，觉得很有兴趣；现又承苏俄大使的美意，有此展览，不但我个人深幸得此欣赏的机会，我上海美术家得此新刺激，必将益有进步。”〔4〕此次展览后，良友图书公司决定出《苏联版画集》，鲁迅应赵家璧之邀，

〔1〕蔡元培《题〈刘海粟近作〉》，《蔡元培全集》第五卷，北京：中华书局，1988 年，第 85 页。

〔2〕蔡元培《郑曼青书画润格》，《蔡元培全集》第五卷，北京：中华书局，1988 年，第 114 页。

〔3〕蔡元培《中国之书画》，《蔡元培全集》第六卷，北京：中华书局，1988 年，第 141 页。

〔4〕蔡元培《苏联版画展览会开幕式演说词》，《蔡元培全集》第七卷，北京：中华书局，1989 年，第 25 页。

于本年4月7日抱病亲往良友公司为画集选画并答应作序。而此画集中也有蔡元培的“题词”，表达了他对木刻、版画的认识，并对鲁迅为版画集出版付出的努力给予高度评价：

> 木刻画在雕刻与图画之间，托始于书籍之插图与封面，中外所同。惟欧洲木刻，于附丽书籍外，渐成独立艺术，同有抒发个性、寄托理想之作用；且推演而为铜刻、石刻以及粉画、墨画之类，而以版画之名包举之，如苏联版画展览会是矣。鲁迅先生于兹会展览品中，精选百余帧，由良友公司印行，足以见版画之一斑，意至善也。[1]

鲁迅逝世后，他在纪念文章中又说：“我知道他对于图画很有兴会，他在北京时已经搜集汉碑图案的拓片。从前记录汉碑的书，注意文字，对于碑上雕刻的花纹，毫不注意。鲁迅特别搜集已获得数百种。我们见面时，总商量到付印的问题。因印费太昂，终无成议。……先生晚年提倡版画，印有凯绥珂勒惠支及E. 蒙克版画选集等，又与郑振铎合选北平南纸铺雅驯的信笺印行数函，这都与搜集汉碑图案的动机相等的。”[2]

1938年在《〈鲁迅全集〉序》中又说：“……又金石学为自宋以来较发展之学，而未有注意于汉碑之图案者，鲁迅先生独注意于此项材料之搜罗；推而至于《引玉集》《木刻纪程》《北平笺谱》等等，均为旧时代的考据家赏鉴家所未曾著手。”[3]

---

〔1〕蔡元培《〈苏联版画集〉题词》，《蔡元培全集》第七卷，北京：中华书局，1989年，第96页。

〔2〕蔡元培《记鲁迅先生轶事》，《蔡元培全集》第七卷，北京：中华书局，1989年，第146页。

〔3〕蔡元培《〈鲁迅全集〉序》，《蔡元培全集》第七卷，北京：中华书局，1989年，第214页。

胡适早年的“国民性”批判思想

——以《竞业旬报》为中心的考察

胡适早年在上海求学期间（1904—1910），是《竞业旬报》的主要撰稿人、编辑和后期的主编。《竞业旬报》以“普及教育”“开发民智”为己任，着眼点是通过改造国民性，进而改良社会，以挽救亡国灭种的危局。通过对胡适及同人这一时期关于国民性批判和改造思想诸方面的梳理，我们发现“五四”新文学的国民性批判主题和清末以白话报刊为媒介的启蒙运动之间，有着密切的关联。

胡适是五四文学革命和新文化运动的发起人，他在中国现代思想和文化建设中所做的多方面开拓性工作，其意义和影响至为深远。说他是“现代中国的圣人”（Sage of Modern China. ——M. W. Childs）或现代思想文化的“播种者”（李敖语）都不为过。由于历史的原因，对胡适客观公正的研究在中国大陆起步较晚，尤其是他早年出国之前的思想，相关研究也不多。中国有句俗语叫“三岁看老”，胡适的思想尽管有一个从萌芽到发展成熟的过程，但胡适早年在上海求学时期的思想，是他整个思想体系的基点，也是我们考察胡适思想形成过程的起点，值得我们去研究。

来上海之前，胡适已基本完成了接受中国传统思想文化的私塾教育，在上海这个中西思想文化交汇的现代都市，他又初步接受了现代西方的先进思想和文化，这样胡适就基本搭建起了自己的思想体系框架。虽然胡适这个时期的思想更多的是借鉴清末第一代思想家（如严复、梁启超），还有待他自己不断地完善与思考，但我们清晰地看到，其中部分观念已成了他思想中非常坚实而连贯的部分。

胡适早年在上海求学时期参与的一项重要社会活动是他承担《竞业旬报》（1906 年 10 月至 1909 年 2 月）的撰稿人、编辑和后期的实际主编。这份刊物是在清末开展的面向下层社会的启蒙运动中诞生的一份白话刊物。它的宗旨是振兴教育、提倡民气、改良社会和主张自治，其基本思路是通过浅易的白话文普及教育，改造国民性，来达到抵御外辱，提高公民的自治能力，或者宣传革命思想的目标。胡适从小性格温厚，此时他虽身处革命思想的旋涡之中，但他主要是作为一个启蒙者而非革命者来从事新思想的普及工作。他为该报所作为数众多的文字，包括社论、新闻报道、学术论文、小说、诗词歌谣，多是规劝国人革除各种陋习，做一个合格的现代公民。这一主题因“五四”以来鲁迅在文学中的出色表现而被批评家概括为“国民性批判思想”。通过对胡适早年以《竞业旬报》为核心的国民性批判思想的考察，一方面可以了解胡适启蒙思想的早期萌芽和成熟过程；另一方面可以使我们认识到清末的思想启蒙运动对五四新文化运动、文学革命的奠基作用，从而将五四新文化运动、文学革命放到一个自清末就已启动的连续的思想文化发展脉络中去理解。

一、胡适的国民性批判思想与梁启超的“新民说”

对中国国民性的批判和改造的思考，既是中国现代文学最为醒目的主题之一，同时，也是中国自晚清以来的文学改良以至五四文学革命的巨大内在动力。

通过对清末以降众多报刊媒体的检视，就会发现国民性批判经严复、梁启超等先驱者借报刊媒体的倡导，在晚清已被众多知识分子接受，从而形成了国民性批判的思潮。而清末的白话报刊，正是这一思潮的鼓动者。

胡适作为新一代知识分子，他的国民性改造思想是在梁启超、严复等前辈的启发下开始的。

梁启超当时将改造国民性称为“新民”：

> 然则苟有新民，何患无新制度，无新政府，无新国家？非尔者，则虽今日变一法，明日易一人，东涂西抹，学步效颦，吾未见其能济也。夫吾国言新法数十年，而效不睹者，何也？则于新民之道未有留意焉者也。[1]

要“新民”，首先要对国民性有一个基本的判断，然后才能提出改造的方案。

严复作为中国近代最早直接接触西方文明的知识分子之一，他是最早从与西方文明的对比中，来思考和批判中国国民性的：

> 中国最重三纲，而西人首倡平等；中国亲亲，而西人尚贤；中国以孝治天下，而西人以公治天下；中国尊主，而西人隆民；中国贵一道而同风，而西人喜党居而州处；中国多忌讳，而西人重讥评。其于财用也，中国重节流，而西人重开源；中国追淳朴而西人求欢虞。其接物也，中

---

〔1〕梁启超《新民说·论新民为今日中国第一急务》，《饮冰室文集》第一集，昆明：云南人民出版社，2001年，第548页。

国美廉屈，而西人务发舒；中国尚节文，而西人乐简易。其于为学也，中国夸多识，而西人尊新知。其于灾祸也，中国委天数，而西人恃人力。〔1〕

在《中国积弱溯源论》中，梁启超认为中国国民性的特点主要有六：一曰奴性，二曰愚昧，三曰为我，四曰好伪，五曰怯懦，六曰无动。〔2〕在《论中国国民之品格》中，他又概括中国国民性为：一、爱国心之薄弱，二、独立性之柔脆，三、公共心之缺乏，四、自治力之欠缺。梁启超在《新民说》中还连续写了论公德、论国家思想、论进取冒险、论权利思想、论自由、论自治、论进步、论自尊、论合群、论毅力、论义务思想、论尚武、论私德等，从东、西方国民性的比较中来分析中国国民性的缺点。

至于如何"新民"，梁启超认为，一是"淬历其本有而新之"，二是"采补其所本无而新之"。至于向哪里"采补"中国国民性中所缺少的东西，他认为白人中的盎格鲁—撒克逊人最优，是值得我们学习的榜样。他也对东西洋国民性进行了简单的对比："他种人好静，白种人好动；他种人狃于和平，白种人不辞于竞争；他种人保守，白种人进取。"〔3〕

梁启超这样的思路无疑在他那一代知识分子当中是超前和富有号召力的。20世纪初，像鲁迅、陈独秀、胡适等更年轻的一代知识分子来到上海或南京等大城市接受新式教育的时候，正值梁启超的《新民丛报》等风靡全国，其对青年知识分子的影响可想

〔1〕严复《论世变之亟》，《严复集》上册，北京：中华书局，1986年，第3页。

〔2〕梁启超《中国积弱溯源论》，《饮冰室文集》第二集，昆明：云南人民出版社，2001年，第673—679页。

〔3〕梁启超《新民说·就优胜劣败之理以证新民之结果而论及取法之所宜》，《饮冰室文集》第一集，昆明：云南人民出版社，2001年，第548页。

而知。胡适在《四十自述》中谈到梁启超的《新民说》对他的影响时说："梁先生自号'中国之新民'，又号'新民子'，他的杂志也叫《新民丛报》，可见他的全副心思贯注在这一点。'新民'的意义是要改造中国的民族，要把这老大的病夫民族改造成一个新鲜活泼的民族……《新民说》最大的贡献在于指出中国民族缺乏西洋民族的许多美德。……他在这十几篇文字里，抱着满腔的血诚，怀着无限的信心，用他那枝'笔锋常带情感'的健笔，指挥那无数的历史例证，组织成那些能使人鼓舞，使人掉泪，使人感激奋发的文章。其中如《论毅力》等篇，我在二十五年后重读，还感觉到他的魔力。何况在我十几岁最容易受感动的时期呢？《新民说》诸篇给我开辟了一个新世界，使我彻底相信中国之外还有很高等的民族，很高等的文化。"〔1〕

梁启超是那个时期知识分子的领袖，他的思想和文字还不能被更广大的老百姓所直接接受，于是19世纪末、20世纪初，像胡适等所创办的众多白话报，就扮演起"二传手"的角色，将梁启超等先驱者的思想演绎成更通俗易懂的语言形式，传播给下层的民众，以达到改变他们精神和人格的目的。

二、为什么要改造国民性：中国病了

在清末以来关于中国或中国人的各种描述中，常常用"病国"或"东亚病夫"来做比喻。这一比喻在"五四"以来的新文学中也屡见不鲜。鲁迅在《呐喊·自序》和《我怎么做起小说来？》

---

〔1〕胡适《四十自述》，合肥：安徽教育出版社，2006年，第53—56页。

中也使用了类似的说法。

《竞业旬报》第19期署名圜侨的社论《说病》，把中国比喻为“病夫”：

> 我本是地球上一个人，因为沾染了一种奇怪的病症，人人总把我唤作个病夫。唉，我好苦呀。我把我这个病源细细的说与诸位听听。……
>
> 诸位晓得他说的什么呢。他说是外面的皮肉，被人家割尽，这内里的骨头，还要留一点把我们吃吃呢。昨日又来了一个地球上公许他极有名誉的医士，我便求他诊治。他说这病症，是万万不能好的了。依他说不但我自家不能好，将来我这些子孙传染起来，还要比我这个病更重些呢。不如把我这些子孙一个个用药毒死，免得贻害别人。诸位呀，我听了这句话，我真是丧胆亡魂。我恨我从前听我家中那一班可亲可爱的人的话，不早早吃那个名医的方儿，至于弄到这般光景。我想我这身家性命，横竖不是我的了。如有人能保全我的子孙救了我的性命，我情愿把我这家产，一齐送给与他。正想这个念头，忽又来了一个医家，说你要这个病好，除非是把五脏解开膏血洗尽，你那个附骨的蛆，方能除去。但是你的子孙我是不能保的。你的家产，我却要了做谢仪的。唉，我到这时候，也只好听人摆布了。
>
> 我今日把这个病源告诉诸位，诸位也该晓得我这个病是从耳目闭塞心腹败坏上来的了。[1]

---

〔1〕圜侨《说病》，《竞业旬报》第19期，1908年6月29日。

《竞业旬报》第18期署名雪渔的“来函”把中国又比作“病院”：

> 中国一大病院也，四万万黄种呻吟其间。……奄奄病夫，有不死亡者几希矣。同人忧之，有大声疾呼竞业者。因我国俱病失业，而他族之业，复蒸蒸日上，欲施起死回生之手，为四万万同胞下对症针砭，一药霍然而愈，起而与外人相竞。于戏，旬报上医也，我国民庶其有疗乎！〔1〕

于是，这位读者将《竞业旬报》目为“上医”，期待他们实践“上医医国”的古训，彻底救治疾病缠身的祖国。

《竞业旬报》以“普及教育”“开发民智”为己任，着眼点是通过改造国民性，进而改良社会，以挽救亡国灭种的危局。《竞业旬报》列举该报注重之要点有四：振兴教育、提倡民气、改良社会和主张自治，其中提倡民气和改良社会两项关乎国民性改造问题。所以，他们屡次申说他们办报是抱着“一片醒世的婆心”，希望我们的同胞：

> 第一，革除从前种种恶习惯。第二，革除从前种种野蛮思想。第三，要爱我们的祖国。第四，要讲道德。第五，要有独立的精神。〔2〕

希望看报的人，“把那从前种种无益的举动，什么拜佛哪，求神哪，缠足哪，还有种种的迷信，都一概改去，从新做一个完完全全的人，做一个完完全全的国民，大家齐来，造一个完完全全的祖国”。〔3〕

---

〔1〕《竞业旬报》第18期，1908年6月19日。
〔2〕铁儿《本报周年之大纪念》，《竞业旬报》第37期，1908年12月23日。
〔3〕希彊《本报之大纪念》，《竞业旬报》第29期，1908年10月5日。

三、对国民性批判和改造的设想

20世纪初，关于国民性问题成为知识界广泛讨论的一个热点话题，这和庚子国难，尤其是日俄战争的直接刺激有关。而《竞业旬报》的创办，适逢其时。

《竞业旬报》和对国民劣根性的批判，既有专文集中论述，但更多的散见于时事新闻报道、历史人物评说和小说、诗词、歌谣、杂谈等不同文体甚至图画之中。

傅君剑在《竞业旬报》上有两篇文章对国民劣根性进行全面系统的剖析。《说民气的原质》将中国的国民性概括为五点：一、萎靡：苟且偷生，含羞忍辱，亡国灭种而不惜，牛马奴隶亦可为；二、依赖：事事靠人，心灰意懒，只是扶篱摸壁走，不肯高视阔步行；三、守旧：只知守旧，不知求新，陈腐自甘，拘迂不化；四、退让：受人欺弄，被人侵夺，不图抵敌；自甘削弱；五、怯弱：胆小如鼠，见猫而吓，贪生怕死，退不敢前。[1]《改良社会吗，还是改良习惯吗？》，对国民性的诸多缺点，有更全面细致的罗列。作者认为，要改良社会，先要改良习惯。要改良习惯，先要推究国民的“病根”。在他看来，国民的“病根”，表现在“个人行为上”和“社会交际上”两个方面。“个人行为上”的劣根性，主要有“懒惰”、“嗜好”（如吸鸦片、嫖、赌、娶小老婆、缠足等）、“妄想”（如做官、迷财）、“迷信”（如风水、鬼神）、“苟安”（遇事随缘，得过且过，小到不讲卫生，大到守旧而不知求

---

〔1〕君剑《说民气的原质》，《竞业旬报》第8期，1907年1月5日。

新、保守而不知进取、怯懦而不知竞争)、“依赖”;“社会交际上”的劣根性,主要有“繁文”、“诈伪”(作弊、背约)、“偏私”、“推诿”、“涣散”。[1]

胡适在《竞业旬报》上对国民性的批判,多散见于小说和时评当中,但也有相对系统的论述,他将中国国民性概括为:“第一条就是贪生怕死;第二条是没有爱人心,没有恻隐心;第三条是见义不为。”[2]

若将《竞业旬报》对国民性的论述作一归纳,大概主要表现在以下几个方面:

1. 懦弱涣散,缺乏国家观念和尚武精神

《竞业旬报》创办于日俄战争之后,所以由战争暴露出来的国民对于国家危亡的麻木心态,让当时的志士仁人深感不安而痛心疾首。如果我们联系鲁迅在日本仙台因观看日俄战争的时事片而最终导致他“弃医从文”这一事件,我们就不难理解由战争暴露出来的国民性缺点给那一代知识分子带来的强烈刺激。

在亡国灭种的危机面前,中国国民性的缺失,首先表现为国家意识的缺失:

> 盖国家者,人民之国家也。国家之所在,即主权之所在。国家既为人民之国家,则主权亦为人民之主权。人民无主权,则人民无土地。无土地,则国家沉于黑暗地狱,而种族沦亡,此亦天演之公例矣。而我中国昏昏然无国家思想,不知国家为何物者,凡五千年。夫不知国家为何物,

---

〔1〕君剑《改良社会吗,还是改良习惯吗?》,《竞业旬报》第2、3、4期,1906年11月7、16、26日。

〔2〕铁儿《适盦平话》,《竞业旬报》第24期,1908年8月17日。

其弊在不知主权为何物，不知主权为何物，遂养成今日无识无知半生半死之人民。……设有一二豪杰，顾全大局，愤土地之沦亡，伤人民之涂炭，欲操主权而整顿焉。而上焉者恶其干涉也，必多方挫抑之，极力禁锢之，甚或目为叛逆孥戮之、流放之、屏逐之。务使其放弃主权而后已。此风直至今日，愈演愈剧，愈悲愈惨，国之于家也又如此。据前者而论，则家不顾国，据后者而论，则国不顾家。我中国四万万人，四万万心，四万万国，而国势如一盘散沙者，此其所由来。[1]

至于如何改造国民性缺点，他们大概遵循梁启超改造国民性的思路，一是“淬历其本有而新之”，即发扬光大中国历史和现实中那些具有爱国情怀的仁人志士的高贵精神品质，二是“采补其所本无而新之”，即借鉴东西洋民族强烈的爱国意识和成熟的国家思想，给我们提供一个反观自己和效仿的对象。

胡适在《竞业旬报》除了表彰中国历代的爱国英雄外，也师法域外，介绍西洋人的爱国尚武精神。他在介绍英法百年大战中法国的民族英雄贞德时说，“贞德女杰有一种天生的爱国心”，“我很望我们中国的同胞，快些起来救国，……我又天天巴望我们中国快些多出几个贞德”。[2]《竞业旬报》第15期的“译丛”栏，介绍日俄战争期间，一位日本囚徒被判死刑，他的妻子得知后，变卖家中的衣服首饰，到狱中与丈夫诀别。见了丈夫后，悲痛欲绝，要狱卒沽酒与丈夫痛饮一番，不料却被她的丈夫大加痛斥：“你但知道你一个我一个，你知道有国家吗？你但知道我们一个死一个

〔1〕 吴景祓《国家论》，《竞业旬报》第12期，1908年4月21日。

〔2〕 适之《世界第一女杰贞德传》，《竞业旬报》第27期，1908年9月16日。

活，你知道国家今日的死活吗？我们日本国今日到了什么时候了，……速速将这些东西拿去助军饷，也偿了我一份志愿，也灭了我一份死后的罪名。你不负我的说话，乃真算我的贤妻啊。”他的妻子听后称许丈夫的志气，回去将钞币捐作军饷，在家中等待丈夫行刑后厚葬他，不料她却收到丈夫临死时留下的一封信，叫她将他的遗体，捐给医院以做医生解剖实验的材料，“说什么死要死得有用，不可将这有价值的形体，供那蚂蚁的食品，又不可将这无价值的形体，徒然占据了一穴公地，我死囚也就死得干净了”。译者在译文前的“著者识”中说：“中国人素无国家思想，不知国家是什么东西，连那些衮衮诸公，都是如此，不要问诸公以下的人了。所以把堂堂中国，弄到这么样了。……把我中国衮衮诸公看看，且把我中国衮衮诸公以下的人看看，能悬他做个榜样就好了。”〔1〕

胡适在《爱国》一文中，首先解释了国民要爱国的原因，他认为国家对每个人来说，就像生养我们的父母一样，所以爱国家是我们每个人的本分。“一国之中，人人都晓得爱国，这一国自然强大，一国的人，人人不受人欺，人人都受人恭敬。你看那英国人、德国人，谁敢惹他一惹，碰他一碰，因为他们个个都晓得自己的祖国，他祖国强了，便人人都可以吐气扬眉了。你再看看我们中国人，到处都受人欺侮，到处给人家瞧不起。唉！这都是因为我们国民不爱国的结果了。”〔2〕

总之，对国民缺乏爱国意识的批判，其目的是要培养他们的国家思想。正如吴景祓所说：“吾请正告我同胞曰，自今以往，我

---

〔1〕 心石《死囚爱国》，《竞业旬报》第 15 期，1908 年 5 月 20 日。
〔2〕 铁儿《爱国》，《竞业旬报》第 34 期，1908 年 11 月 24 日。

中国国家之人民，人人要起国家思想。无国家思想者，即非我国家之人民。国家思想若何？国家者，人民之国家；土地，人民之土地；主权，人民之主权。人人有主权，人人勿放弃，人人勿推诿。有害我人民侵我土地者，是谓夺我主权。夺我主权者，群起而力攻之，斯可称为完全独立之国家。”〔1〕

2. 麻木冷漠，缺乏同情心和责任感

如果说对国民缺乏爱国意识的批判，是出于近代西方列强侵略的直接刺激的话，那么，对国民缺乏同情心的指责，则与近代和“人祸”常常相伴而行的“天灾”的肆虐有关。在水旱风灾以及饥荒等自然灾害面前，个人的抵抗力是极其有限的，它需要的是相互的扶助和关怀。即使存在普遍的物质匮乏，也需要一种精神和道义上的关怀。而国人表现出来的对于他人苦难和不幸的冷漠，在亡国灭种的危机时代，在启蒙者眼中尤显刺目，这不纯粹是人道主义的关怀问题，更是与危亡时期的国族想象有关：一个对自己的骨肉同胞缺乏爱心的民族，怎么能够结成一个强大的统一体，去抵抗外部的入侵呢？

《竞业旬报》作为“竞业学会”的机关刊物，它以改良社会、提倡民气为己任，该学会成员经常参与各种赈灾活动，在《竞业旬报》上也经常报道各地的自然灾害以及社会各界的捐助活动，所以他们对社会各界在赈灾中的表现，深有感触。

在《上海的中国人》中，胡适在报道了当时广东、湖北、江南、江北的水灾风灾后，号召同胞“竭力捐助些洋银，好去赈济赈济，救得一人便尽了一份责任，多救一人，便多尽了一份责任，

〔1〕吴景祓《国家论（续）》，《竞业旬报》第13期，1908年4月30日。

也不枉咱们做了多少年的同胞”。但是当他看到上海“那一处不是笙歌盈耳，车马满途，……一个个穿绸穿缎，欢天喜地，饮食醉饱，那里有一点儿的悲怀，那一个肯哀怜我们那几千几万最苦恼最可怜的同胞”时，他“只恨那住在上海的中国人”，“不晓得他们可有心肝，要是有心肝呢，应该不致如此，大约他们那心肝，或者不是人的心肝罢了”。[1]

胡适对国民“没有爱人心，没有恻隐心”和“见义不为”的指责，往往是来自现实的刺激。1908 年 10 月 29 日在长江江阴段，“泰宁”号轮船撞沉“大新”号轮船后不但见死不救，且“泰宁”号轮船所在的祥茂船局员工诓骗正准备前去营救的江阴知县，说“大新”号已开过去了，因而致使“大新”号上落水的一百零八个同胞无人施救，葬身鱼腹。胡适从报上看到此消息后，极为愤怒地写了一篇题为《中国人之大耻》的社论，他说：“我想那‘泰宁’船上的人究竟是人呢，还是禽兽呢？禽兽对禽兽，尚且有一些恻隐之心，同在一家的猫儿狗儿，尚且相互救护，何况同国的同胞呢！”他认为我们中国人之所以被外国人瞧不起，“都只为中国的人，不晓得你爱我，我爱你，总是一盘散沙似的”，“我如今并非哭那一百零八人，我哭的是这人那么多地这么大的祖国呀！”[2]

胡适在批判国民的麻木冷漠的同时，也为我们树立了一些有血性、富于责任感和同情心的学习榜样。在他批评“上海的中国人”的同期《竞业旬报》上，讲述了一个“见义勇为”的小贩顾咸卿的感人事迹：顾咸卿一日在英租界叫卖时，碰见一流氓在光天化日之下抢夺一妇女头戴的首饰，他便赶去拦阻，被这小偷用

---

〔1〕适广《上海的中国人》，《竞业旬报》第 24 期，1908 年 8 月 17 日。
〔2〕铁儿《中国人之大耻》，《竞业旬报》第 36 期，1908 年 12 月 14 日。

刀捅伤，他不顾自己的性命，忍痛奋勇捉贼，以致牺牲了自己的生命。胡适说，与那些“隔岸观火”的大多数民众相比，顾咸卿是不怕死的好汉，慈悲的仁人君子、见义勇为的英雄，他的人格是很高尚、很可敬的。[1]

另外，胡适还用极富感情的文字为我们讲述了中国公学的创办人姚洪业的感人事迹。姚洪业早年留学日本，日俄战争期间组织拒俄义勇队，后受日本“取缔清国留学生规则”的刺激，愤而回国，在上海与他人创办中国公学。二十余岁的姚洪业在中国公学因筹款无着、面临瓦解的情况下，留下遗书说：“夫我生既无所补，即我死亦不足惜。”而后跳河自尽，希冀以此赢得世人同情，挽回中国公学覆败的局面。胡适是当年读了姚的遗书，深受感动而进入中国公学的。姚洪业是“把他的生命来殉他的责任”的人，他要以死唤醒国人的责任心：“我这一死，一来呢，劝劝同事的人，大家担点责任罢！二来呢，劝劝四万万同胞，大家可怜我为国而死，爱爱国罢。三来呢，劝劝同胞，可怜我为中国公学而死，捐助捐助中国公学罢！四来呢，留一个好榜样给全国的同胞，使他们晓得，做国民的便应如此，办事的更应如此。五来呢，使人家晓得责任比生命重。”[2]

胡适给我们树立的第三个优秀国民形象是杨斯盛。杨斯盛从小父母双亡，无力读书。后到上海做工，将辛辛苦苦赚的钱，捐助各项公益事业。他尤其受人尊敬的是“破家兴学”的义举：他捐十万金开办广明小学，后扩建为浦东中学。他在死前将家产的三分之二捐给学校，临死前说的最后一句话是“那学校用的黑板

〔1〕 铁儿《适盦平话》,《竞业旬报》第 24 期，1908 年 8 月 17 日。
〔2〕 铁儿《姚烈士传》,《竞业旬报》第 20 期，1908 年 7 月 9 日。

要改良”[1]。

爱心的缺乏，是对他人生命的漠视，实际上也是缺乏民胞物与的博爱心和责任感，扩而大之，就是遇事相互推诿、缺乏公德和集体意识。

为了劝导国民多为国家社会承担责任，履行义务，这些白话报真是费尽心机，动之以情，晓以大义，甚至用中国人迷信死后要受阎王审判的心理，警告世人：那些为国尽职尽责的人，死后也有光荣，而那些碌碌无为、不肯承担国民义务的人，即使死后到了地狱，也都要受到惩罚。在署名“觉后人”的来信《死后的光荣》中，作者借梦境来讲述他所旁听的一次阎王的审判。作者匠心独运，素来被中国人认为是掌管生死大权的地狱统治者阎王，在他笔下便成了一个国民性的“审判者”。在最后的审判中，那些负责任、有爱心的国民，死后升入天堂，或重回人间做人。而那些奴性十足、作恶多端、见风使舵的赃官和顺民，被罚以酷刑，或变作畜类。[2]

3. 迷信鬼神，依赖天命，缺乏竞争意识和进取精神

《竞业旬报》对国民迷信思想的批判，从社论到小说、诗词歌谣、戏曲，以至新闻报道、科普文章，可以说是连篇累牍、不胜枚举，显示了报人的良苦用心。蔡乐苏认为胡适是中国破除迷信运动的健将[3]，就胡适在《竞业旬报》上这方面的文字而言，他真是当之无愧。《竞业旬报》在“谈丛”栏连载了他的四期《无鬼丛

---

〔1〕适之《中国第一伟人杨斯盛传》，《竞业旬报》第25期，1908年8月27日。

〔2〕觉后人《死后的光荣》，《竞业旬报》第11期，1908年4月11日。

〔3〕蔡乐苏《竞业旬报》，《辛亥革命时期期刊介绍》第三集，北京：人民出版社，1983年，第297页。

话》，一篇社论《论毁除神佛》。另外，他的科普文章《地理学》和《说雨》也是从破除迷信的角度来立论的。

小说《真如岛》十一回（胡适本来拟好了四十回的提纲，但实际只写到前十一回，就因《竞业旬报》停刊而终止），是胡适一生唯一的长篇小说，作者自称小说的宗旨是“痛斥迷信，打击神佛”。小说的情节是主人公经历的各种迷信现象的连缀。小说开场的地方叫“神权镇”，象征中国人都生活在“神”的统治之下。小说以主人公孙绍武的行踪为线索，对中国的各种陋习逐一进行批判。小说第一回写“算命”，第二回写“合婚”的生辰八字，第三回写“早婚”“近亲结婚”和出门的“占时”，第四回写丧葬的讲究“风水”，第五回写“赌博”和“抽鸦片”，第六回写“迎神赛会”，第七回写“打醮”，第八、第九回写“因果报应”，第十回写“童养媳”和“后母”，第十一回写“扶乩”。因为作者急于表达他的启蒙观念，所以小说的主人公仿佛生来就要遭遇中国的所有的“恶习”，他活着的使命，也就是匆匆忙忙去一个接一个地经历并批驳这些陋习的虚假和无理。

西方科技文明从传入中国，到被国人普遍接受，经历了一个十分漫长的过程。如果说在鸦片战争之前，中国人以天朝大国的倨傲心态自居，将其视为奇技淫巧而拒绝接受，还有心理支撑的话，那么，经过鸦片战争和甲午海战的挫败，尤其是庚子国难暴露出来的国民的愚昧无知，使得早期的启蒙者意识到开发民智、普及科学知识的紧迫性。而要普及科学，其首要的障碍是中国人固有的迷信思想。这是在清末的启蒙运动中，众多知识分子之所以将破除迷信当作首要任务的原因之所在。除此之外，破除迷信的更深层的原因是，要建立现代民主国家，就必须首先培养具有独立自主意识的现代国民，这就要求把人从神的统治中解放出来，而迷信鬼神的思想与此格格不入。

近代的启蒙知识分子，在为中国的“国病”把脉时，国人的迷信思想，一方面给他们提供了一个证明中国野蛮落后的证据，同时也为改造国民性提供了内在的驱力。在启蒙者看来，迷信鬼神印证了中国人的野蛮：“……但是现在的人，信鬼怪的很多，不信鬼怪的很少，看官，这就是中国人不文明的凭据了。大凡文明的人，遇着一件事，必然去仔细考究考究明白，才敢信以为真，这就叫作文明。至如野蛮的人，他的心思极粗，遇着一件事，不能仔细去考究，耳中听见人说，心中就一味相信。”〔1〕同时，在启蒙者看来，中国人的迷信思想也要为亡国的危机负责：“凡人祸福，皆自己求之，而愚者不察，乃归功造化。然此犹乐天安命之说也，甚者乃佞神以求福免祸，其居心之污下，宁复有伦此耶。数千年来，旧习中人至深，遂至全国上下，道德日漓，而进取思想更沦丧久矣，国亡种贱，皆此种恶习阶之历也。”〔2〕“神佛不毁，总有求神的，我们同胞那一种靠天吃饭的恶脾气总不会改的，这是进化的大障碍，列位万不可不晓得，这便是养成奴隶根性的大害处。”〔3〕

于是，启蒙者要求中国人从鬼神的奴役和束缚中解放出来，建立一种独立自主的人格和竞争进取的精神，以便在竞争激烈的时代，不被淘汰。正如胡适所说，“我们堂堂地做个人，怎么低头叩首的去求那泥塑木雕的菩萨，去求那已死的死人，岂不可耻！”〔4〕

---

〔1〕《安徽俗话报》第15期，1904年11月7日。
〔2〕适之《无鬼丛话》，《竞业旬报》第25期，1908年8月27日。
〔3〕铁儿《论毁除神佛》，《竞业旬报》第28期，1908年9月25日。
〔4〕同上。

4. 奴性十足，缺乏独立人格和抗争意识

中国人的奴隶根性，综其大端，一为古人的奴隶，墨守成规；二为权势的奴隶，忍耐顺从；三为习俗的奴隶，愚昧盲从；四为环境的奴隶，听天由命。

这种奴隶性质，是由于中国长达几千年的封建专制统治造成的，君以奴隶视其民，民以奴隶自居。再加上迷信鬼神、依赖天命，使中国人不论是在人类自身的暴力面前，还是在自然的威力面前，都表现为一种顺从、忍耐。这在近代以来日趋激烈的全球化竞争环境中，显然处于劣败地位。

中国人的奴性，经来华传教士的“发现”后，被中国近代的启蒙者广泛认同。即使是在发掘民族传统中那些具有反抗精神的民族英雄时，启蒙者也无法挥去西方人嘲笑中国人奴性的阴影。《安徽俗话报》第6期有一则题为《今日洋鬼子　异日圣明君》的“闲谈”这样说：

> 有一个美国人，名叫斯密士的，在中国传教二十多年，颇熟悉中国人情风俗。有一年他回国的时候，他国的人，都向他问道，听说中国人深恨外国人，称呼外国人做洋鬼子，要想劝他们归顺，恐怕不容易罢。斯密士答道：不然不然，中国人仇恨外国人，称呼洋鬼子，不过是厌恶洋人相貌，少见多怪罢了。并不是诚心敬爱本国、排斥外国的意思。你看中国人那班会说洋话的，当通事，当买办，种种巴结外国人、欺负本国人，我们外国人，实在都看着不过意。还有咸丰年间英法共打大沽口、庚子年联军共破北京，那一班当引线的，充苦力的，供粮饷的，不都是中国人吗？而且中国人，不论本国外国，同种异种，只要是大

有势力的，他就贴然归顺，不敢丝毫违背。那班读书的人，更要用古圣贤传下的忠孝美名，来压服愚民。可见中国人现在虽仇恨洋人，日后洋人要用兵力压服他一下，他必定翻过脸来，尊重洋人，还自命为忠臣哩！你看今日的洋鬼子，便是异日的圣明君了。[1]

这则看似有些戏谑的闲谈，它的内容是否真实可靠，还有待证实，但它至少说明西方传教士关于中国人奴性的看法，已被国人认同，并且被当作国民性批判的一个重要方面。

这则闲谈所说的斯密士，即现名为《中国人的性格》一书的作者亚瑟·亨·史密斯，他自1872年来华传教，先后二十多年，对中国北方农村生活有较深入的体验。他的*Chinese characteristics*，最初以单篇形式于1889年在上海《字林西报》连载，英文版1892年在美国出版。1896年日本人涩江保将其翻译为日文出版，书名《支那人的气质》。在清末，史密斯对中国国民性的评介，不论是通过《字林西报》还是日文的《支那人的气质》，都有可能被中国人所接受，并用以反思和批判国民劣根性。

奴性的反面就是独立，正因为中国人长期以来形成的牢固的奴性思想，所以才没有养成独立人格和自由意志。胡适对国民独立性缺乏的体认十分深刻，他在《独立》一文中说，我们同胞有“靠天”和“靠人”两层大病，“便生生地把这独立病死了”。如何才能做到独立呢？胡适认为，先要从一己的独立做起，才能做到一家、一国的独立：“先讲自己一个人，便要自己吃自己的饭。再

[1]《今日洋鬼子　异日圣明君》，《安徽俗话报》第6期，1904年6月29日。

讲一家，便要自己创起一个新家来，不可依靠祖宗，不可依靠产业。再讲一国，便要自己担一份责任，努力造一个新国家，不要观望不前，不要你我推诿，不要靠天，不要靠人，到了那时候，一身好了，一家茂盛了，连那祖国都好了。因为一人能独立，你也独立，我也独立，那个祖国自然也独立了。”[1]

既然个人的独立是民族国家独立的前提和基础，在国民性的改造中，养成独立的人格就显得异常重要了。《竞业旬报》有题为《说我》的社论，指出个人独立的重要意义：

> 中国第一大病，坏在不知有我。人人能知有我就好了。我在何家？在天之下，地之上，与天地参，有独立的性质，有大包的性质。惟其有独立的性质，故富贵不能淫，贫贱不能移，威武不能屈；惟其有大包的性质，故一夫不获，时予之辜，世界所有事，皆我所有事。我之天职若是，故子舆氏，谓万物皆备于我。
>
> 即以处世言，安有不知有我，而能知有人者哉。中心为忠，如心为恕，忠恕二字，皆根于心。心，我之心也，我之心德不完全，则我之事业不卓著。故入世者先当铸我、尊我、大我。不大我则自小，不尊我则自卑，不铸我则与世俱化矣。飘蓬主义、顺舵主义，皆与世俱化主义哉。……父母之国，故以我亲之，然我亲我国之我，总不敌亲我身之我。我身之我，我不先自亲，我复安知亲我国之我哉。人之忘国也，实先忘我也。忘我者，由于不知尊我、大我、铸我，复何暇言国。是以欲铸国，先铸人；欲铸人，先铸

[1] 铁儿《独立》，《竞业旬报》第35期，1908年12月4日。

我，无我且无天地矣，又安有国。[1]

在国民性批判思潮中，摒弃奴性，追求独立自由人格的观念，不仅成为报纸这一通俗传媒反复宣讲的主要内容，同时也被诗、画等更高雅的艺术门类作为表达的主题。《竞业旬报》第18期登了吴聪的两首题画诗。

题汪君济才自由独立图

滔滔尽浊流，皓月光独吐。一空依傍形，别有万万古。
维扬丙戌生，诗才冠吴楚。植鳍削不成，轩轩似霞举。
视我独立图，四顾谁为伍。人贵自由耳，元精耿天府。
恍如杜拾遗，苍茫苦吟苦。我亦独醒人，披图先起舞。
只订金石交，落落良可数。愿为夔足一，羞于晋耦五。
何日细论文，共入吴双谱。

再　题

四顾天下窄，鹤立空山中。聊借丹青画，写我苍茫胸。
百年三万六千日，寸阴须惜攻书丛。
一空依傍谁与伍，前身定是花南翁。
曲高和自寡，人高影自空。得志与民由，独扬王廷风。
穷则独行道，且撞自由钟。自由中自由，碌碌嗤凡庸。
我亦自立者，披图将无同。会当凌绝顶，各峙南北峰。[2]

虽然该报并未刊载汪济才的《自由独立图》，不知他如何用绘画的方式表达“独立自由”的新观念，但至少我们借此知道“独立”这一新的国民人格理念已被越来越广泛地美学化。

概而言之，清末关于国民性的批判主要涉及上述四个方面，

---

〔1〕铁秋《说我》，《竞业旬报》第15期，1908年5月20日。
〔2〕吴聪《题汪君济才自由独立图》《再题》，《竞业旬报》第18期，1908年6月19日。

对国民性的改造方案，其实就是批判的反面。对国民性改造的设想，不同的启蒙者，因他们自身的着眼点不同，也会各有侧重，如陈独秀作为革命者更看重国民的国家观念和爱国意识，而胡适更注重国民完全人格的养成。但在大的路向上，他们又往往趋于一致。

四、胡适清末的国民性批判和五四新文化运动

《竞业旬报》停刊后不久，胡适远走美国，主要的精力用于完成学业。表面上看，胡适早期启蒙活动的中断，好像是由于生活中的偶然事件引起的。但这仅是问题的一个方面的原因。就近代中国的思想界而言，确因辛亥革命带来的短暂曙光，使许多知识分子暂时放弃了启蒙的立场，而去参加一些具体的、实际的革命工作。但民国成立后，中国各界的种种黑暗腐败乱象，使知识分子意识到启蒙的任务尚未完成，革命难免变质。所以，当胡适再次回到启蒙的立场上来，即刻延续了他在清末白话报上的国民性批判和改造的话题。胡适是新文化运动和文学革命的发动者，我们从他五四时期国民性批判的话语中，明显地看出他和清末白话报刊时期的联系，这也说明五四新文化运动和文学革命发展演变的内在关联。

胡适五四时期关于国民性问题的思考，主要见诸《易卜生主义》一文，该文虽是向国人介绍易卜生的，但易卜生在作品中所揭露的社会、家庭问题，之所以引起胡适的共鸣，是因为易卜生在作品中表达的恰好就是胡适想说的，或者说胡适是借易卜生之口来表达他对中国国民性的看法。他说："易卜生所写的家庭，是极不堪

的。家庭里面，有四种大恶德：一是自私自利；二是依赖性、奴隶性；三是假道德，装腔作势；四是懦怯，没有胆子。”这四种恶德，胡适之所以感同身受，是因为易卜生所暴露的也是中国人的劣根性。胡适说，易卜生“虽开了许多脉案，却不肯轻易开药方”，但他生平却也有一种完全积极的主张，即“个人须要充分发达自己的天才性，须要充分发展自己的个性”。胡适引易卜生给友人的信说：“我所最期望于你的是一种真实纯粹的为我主义。要使你有时觉得天下惟有关于我的事最要紧，其余的都算不得什么。……你要想有益于社会，最好的法子莫如把你自己这块材料铸造成器。……有的时候我真觉得全世界都像海上撞沉了船，最要紧的还是救出自己。”易卜生“最要紧还是救出自己”这句名言，不仅成了“五四”一代中国“娜拉们”自我解放的宣言，也是胡适对改造国民性的新的思考。他说：“发展个人的个性，须要有两个条件，第一须使个人有自由意志，第二须使个人担干系、负责任。”“家庭是如此，社会国家也是如此。自治的社会、共和的国家，只是要个人有选择之权，还要个人对自己所行所为都负责任。”[1]胡适这里对易卜生所做的阐释，和他在《竞业旬报》上《独立》一文的观点非常相似。

综上所述，我们看到，胡适从清末创办白话报到“五四”加盟《新青年》，中间虽有间隔，但对国民性问题的思考，前后表现出密切的连贯性。但这种联系，不是简单的重复，而是在时代所能提供的新的条件下，不断走向成熟。

---

〔1〕 胡适《易卜生主义》,《新青年》第四卷第六号，1918年6月15日。

附：胡适眼中的“泰坦尼克号”

1912年4月14日晚11点40分，由英国开往美国的“泰坦尼克号”在北大西洋撞上冰山，2小时40分钟后，4月15日凌晨2点20分沉没，1500人葬身海底，造成了当时在人类历史上最严重的一次航海事故，也是迄今为止最广为人知的一次海难。

对大多数中国人来说，是经由1997年詹姆斯·卡梅隆执导的美国影片《泰坦尼克号》知晓这一事件的。最早知晓这一事件的中国人，当属那些当年出使或留学欧美的人士。我们目前没有非常确切的资料，弄清谁是最早关注这一事件的中国人。但可以肯定的是，胡适当属这些最早关注这一事件的中国人之一。

胡适于1910年赴美留学，“泰坦尼克号”沉船时他在美国康奈尔大学文学院学习。因胡适1911年10月30日至1912年9月25日期间没有日记可查，他对沉船事故的第一反应如何，我们不

(1)
时事画四十五幅
READING THE DEATH LIST OF THE TITANIC
A somber and haunting portrayal of the grief-stricken.
Mr. Robinson calls this drawing "Not Mentioned"

图十二 *READING THE DEATH LIST OF THE TITANIC*

得而知。但从 1914 年 7 月 12 日胡适的日记看，胡适还是非常关注这一事件的。胡适 1914 年 7 月 12 日的日记这样写道：

偶捡旧箧，得年来所藏各报之“讽刺画”（讽刺之名殊不当，以其不专事讽刺也），即“时事画”（Cartoon），展玩数四，不忍弃去，择其佳者附载于是册……[1]

胡适粘贴在日记中的 45 幅“时事画”中，有关“泰坦尼克号”的就有 3 幅。

第 1 幅为美国画家骆宾生（Boardman Robinson）的《单上无名》，胡适给此画所配的文字说明是：“前年 Titanic 舟与冰山相触，沉于大西洋，死者无数，骆氏作此图哀之。写乡间老父母翻看报纸，寻其儿女存亡消息，题为《单上无名》，用意最深刻动人，此何啻一篇万言哀辞，真绝作也。”[2]

第 37、38 幅画也是关于“泰坦尼克号”的：

像“泰坦尼克号”这样大的海难事故不可能不引起我们一般

图十三　*REACHING FOR HIS PREY*

[1] 胡适《胡适留学日记》，长沙：岳麓书社，2000 年，第 169 页。
[2] 同上书，第 202 页。

图十四 *THE STEAMSHIP-OWNER GAMBLED WITH DEATH*[1]

人的关注，但每个人关注的程度、关注的视角却大相径庭。胡适对此次海难事故的解释虽嫌简单，但他的关注非同寻常。一是海难事故两年后，在整理旧日所藏“时事画”时，仍不忘此事，说明他对此事记忆之深刻；二是在这次整理的45幅画中，仅仅这一题材的画就有3幅，其所占比重之大，说明胡适对此事的关注；三是胡适对此画评价之高，他说骆宾生所作《单上无名》“用意最深刻动人，此何啻一篇万言哀辞，真绝作也”，说明胡适是以深刻的情感体验为基础来理解这幅画作的。

胡适为何对“泰坦尼克号”沉船事件如此关注，这跟胡适一贯的人道主义思想以及他对这些天灾人祸中所反映出来国民性问题的思考有关。

1908年10月29日在长江江阴段，“泰宁号”轮船撞沉“大新号”轮船后不但见死不救，且“泰宁号”轮船所在的祥茂局员工诓

〔1〕《胡适留学日记》，第205页。

骗正准备前去营救的江阴知县，说“大新号”已开过去了，从而致使“大新号”上落水的108个同胞无人施救，葬身江底。在上海求学的胡适，从报上看到此消息后，极为愤怒地写了一篇题为《中国人之大耻》的社论，发表在他主编的《竞业旬报》上。

然而，“泰坦尼克号”沉船时，人们列队等待妇女和儿童优先登上救生艇逃难。直到最后一刻，船上的乐队在乐队指挥的带领下继续为乘客们演奏音乐，以平复这些注定要在几十分钟后死去的人们的情绪……

如此等等，这和中国人在面对灾难时的表现形成了巨大的反差。

胡适赴美留学后，肯定对中西两国国民性的差异有很深的感受。而“泰坦尼克号”沉船事件表现出来的西方人在危机面前的镇定、秩序和同情，再次震撼了他的心灵。由此可知，胡适对“泰坦尼克号”沉船事件的关注，是有着不为人知的内心隐痛的。

“胡氏兄弟”的情谊

胡适自幼失怙，所以在品德养成、知识获取、兴趣培养以至专业选择和人生规划等诸多方面，受他二哥胡绍之的影响甚深。胡绍之对胡适修身进德方面的严苛要求和兄弟之间的相互砥砺，不断内化成胡适对“圣贤”人格的自我期待，塑造了胡适完美的人格风范；由于胡绍之思想开明，胡适自少年时代起，就能接受到当时的新潮思想和新式教育，为日后成为开风气的一代大师，创造了难得的机缘，奠定了基础。但由于个人趣味和价值观的差异，胡适的个人兴趣和才华，曾一度受到压抑，使他的专业选择和人生道路历经曲折。兄弟二人的诗歌“唱和”，既是文坛的一段佳话，也留给我们不尽的遗憾。

古今中外的文学史上，兄弟成为文坛双星的，比比皆是。法国的龚古尔兄弟，中国古代“苏氏兄弟”（苏轼、苏辙）、“公安三袁”等，都被传为文坛佳话。现代以来，兄弟同为作家且最为人称道的是“周氏兄弟”。苏氏兄弟终生手足情笃，患难与共的情谊，与他们留给后世的华美诗章一样永垂不朽；周氏兄弟这对现代文坛的双子星，则由联袂走上文坛到兄弟反目，老死不相往来，给读者留下了莫大的谜团和不尽的遗憾！现代文学史、学术史上赫赫有名的胡适，无人不晓。但他也有一个偶尔舞文弄墨的哥哥胡绍之，却鲜为人知，大家也从未有“胡氏兄弟”的说法。我在此生搬硬套，无非是想说明，“胡氏兄弟”虽非文坛双星，但他们既有相互提携、以诗唱和的兄弟情谊，也有人生道路选择和生活习惯方面的重大分歧。了解“胡氏兄弟”的关系，对我们理解胡适早年的求学生涯、文学创作以及人生道路选择，都有重要的启发意义。

虽然胡适有三个同父异母的哥哥，但本文所谓“胡氏兄弟”，却特指胡适和他的二哥胡绍之（正如“周氏兄弟”特指鲁迅与周作人，不包括周建人）。这是因为相比大哥和三哥，二哥胡绍之对胡适的成长、教育、人生选择等有更直接的影响，他们二人的关系在兄弟几人中更为亲密。

我们也可以做一“大胆的假设”，若没有二哥胡绍之，现代中国的“圣人”胡适还会出现吗？

一、胡绍之对胡适的“好名”之规谏与“圣贤”之期许

胡适兄弟四人中，大哥胡洪骏（1871—1915）是个典型的败家子，除了无能，既抽大烟又赌博，他去世后，胡适说他“生未必较死乐”[1]。胡适的二哥胡洪骓（绍之）（1877—1929）和三哥胡洪驼（1877—1904）是孪生兄弟。胡适父亲去世以后，由于大哥的无能和三哥因病早逝，二哥胡绍之就自然承担了这个大家庭的重任。他不仅掌握了一家的财权，从封建家庭伦理上讲，长兄如父，他对胡适的教育和成长负有父亲般的责任。所以，“胡氏兄

〔1〕胡适在致母亲的信中说：“大哥一生不长进，及老而贫始稍稍敛迹，然亦来不及矣。大哥近年来处境大苦，生未必较死乐也。惟身后萧条，闻之伤心。”《胡适全集》第23卷，合肥：安徽教育出版社，2003年，第96页。

弟”的手足情深，既有天命的意味，也是封建大家庭的伦理使然。所以，“二哥”（“二兄”）是胡适日记、书信和回忆文章中出现最多的一个兄弟。

在胡适人生最关键的时刻，胡绍之都扮演了关键的角色。胡适十一岁时，母亲向胡适的二哥、三哥征求胡适应否外出就学时，“二哥不曾开口，三哥冷笑道：‘哼，念书！’二哥始终没有说什么”。对于作为“孤儿寡母”的胡适母子，相对于三哥的“冷笑”，二哥的不作声，给了胡适一线希望。胡适说，他的母亲是不敢得罪他们的，“因为一家的财政权全在二哥的手里，我若出门求学是要靠他供给学费的。所以她只能掉眼泪，终不敢哭”。[1]虽然对胡适上学的动议冷嘲热讽，但正是三哥因病赴上海治疗，给胡适到上海接受新式教育提供了契机。反讽的是，这位“冷笑”过胡适的三哥（到上海没几个月就死了），他临终时胡适是他身边的唯一亲人，胡适说，“他死时头还靠在我的手腕上”。[2]

在胡适从家乡的私塾接受启蒙，到上海进新式学堂，以至后来赴美留学的整个过程中，二哥胡绍之常常扮演着家长和导师的角色。

胡适的二哥、三哥都是接受过新式教育的，他们曾在上海的梅溪书院念书，又做过南洋公学的师范生，思想和观念比较开明，这使得胡适从小的阅读就不囿于传统的范围。比如在胡适家乡念私塾时，“二哥有一次回家，带了一部新译出的《经国美谈》，讲的是希腊的爱国志士的故事，是日本人做的。这是我读外国小说的第一步”。[3]

〔1〕《四十自述》，第18页。
〔2〕同上书，第48页。
〔3〕同上书，第26页。

《经国美谈》是日本明治时代小说家矢野龙溪（1850—1931）的代表作。前后编分别出版于1883年3月和1884年2月，小说以罗马帝国时代的希腊作家普鲁塔克所描写的底比斯城邦的爱国志士伊巴密农达斯和培罗庇达斯的事迹为原型，讲述了底比斯复国的过程。小说是日本明治维新时期比较成功的启蒙政治小说。1900年，《经国美谈》由正在日本东京高等大同学校留学的周逵（宏业）译成汉语，陆续连载在1900年2月20日至1901年1月11日的《清议报》上。1902年由广智书局出版了单行本，同年又有商务印书馆的“说部丛书”本。据说胡适当年所阅即是商务印书馆的版本。

像《经国美谈》这样风靡清末文坛的以“确立民主、振兴国家”为主题的政治小说，对胡适这样年龄、又身处闭塞落后的安徽内地孩子来讲，这样的早年阅读经验对他后来的民主理念、爱国意识和文学改良主张的形成，有着潜在的、不可估量的影响。

在胡适的九年家乡教育中，与二哥有关的另外一件可能影响到胡适后来学术路向的事件是：“有一次二哥从上海回来，见我看《御批通鉴辑览》，他不赞成；他对禹臣先生说，不如看《资治通鉴》。于是我就点读《资治通鉴》了。这是我研究中国历史的第一步。……但这也可算是我的‘整理国故’的破土工作。可是谁也想不到司马光的《资治通鉴》竟会大大的影响我的宗教信仰，竟会使我变成一个无神论者。”[1]这个事件对胡适的影响，第一是点读原著，在方法上要比读“御批”的本子更科学，启发胡

〔1〕《四十自述》，第39页。

适独立的思考和判断能力。[1]二是思想内容方面的，诸如无神论等对他的影响。

胡适在梅溪学堂读书期间，老师给他们出了一个“原日本之所由强”的作文题目，这对由闭塞落后的绩溪初到上海不久、尚未接受多少新学的胡适来说，确是一个挑战，这个难题也是在二哥的帮助下完成的：“二哥检了《明治维新三十年史》，壬寅《新民丛报汇编》……一类的书，装了一大篮，叫我带回学堂去翻看。费了几天的工夫，才勉强凑了一篇论说交进去。不久我也会作‘经义’了。”[2]二哥不仅帮他解决了这个难题，而且由此给他打开了窗口，将胡适带到一个全新的学术领域和思想境界：

> 这一年之中，我们都经过了思想上的一种激烈变动，都自命为“新人物”了。二哥给我的一大篮子“新书”，其中很多是梁启超先生一派人的著述；这时代是梁先生的文章最有势力的时代，他虽不曾明白提倡种族革命，却在一般少年人的脑海里种下不少革命种子。[3]

在胡适人生的重大转折关头（由“堕落”到觉悟）和求学生涯中最为重要的节点（考取庚款官费留学）上，二哥对他的支持、

---

〔1〕胡适后来回忆说，自小在私塾读书时，就受惠于注重理解而非死记硬背的读书方法：“我母亲大概是受了我父亲的叮嘱，他嘱托四叔和禹臣先生为我‘讲书’：每读一字，须讲一句的意思。我先已认得了近千个‘方字’，每个字都经过父母的讲解，故进学堂之后，不觉得艰苦。”“我一生最得力的是讲书，父亲母亲为我讲方字，两位先生为我讲书。念古文而不讲解，等于念‘揭谛揭谛，波罗揭谛’全无用处。”胡适《四十自述》，合肥：安徽教育出版社，2006年，第23、24页。

〔2〕《四十自述》，第48—49页。

〔3〕同上书，第49页。

鼓励都是极为关键的（尽管这时胡适与大哥、二哥已分立门户）[1]。不仅二哥首先告诉了他留美考试的消息，而且亲到上海陪同胡适赴京应考，委托朋友照料胡适在京应试期间的生活。胡适赴美留学之际，二哥又从东北远道而来上海，为胡适饯行。

除了对胡适求学的关心和支持，在实际生活上，二哥也体贴周到，无微不至。胡适每逢节假，回到二哥在上海的客栈，兄弟相聚时，二哥时刻不忘教导胡适为人处世的道理。1906 年 5 月 13 日胡适的日记这样记载："返栈，省二兄，二兄为予言办事之要素，及旁论今昔办事之难易（指南洋公学），并纵论宋明儒之得失。"[2]

胡适在梅溪学堂念书时，澄衷学堂的总教习白振民（胡绍之的同学），从胡绍之处见了胡适的作文，觉得胡适的水平不宜在梅溪学堂继续学业，劝胡适转到水平更高的澄衷学堂。到了澄衷，出于与胡适二哥的同学情谊，白振民对胡适以兄长之责严加管教。1906 年 5 月 16 日，胡适作为班长，因天热而借口运动服装不足，未能率全班同学上体育课而和老师发生误会，白振民认为这是胡适的责任，遂免去胡适的班长，并悬牌警告、批评。胡适和白振民的矛盾不断升级，二人书信辩难，找人对质，僵持不下。在此事件中，胡绍之可谓"知弟莫若兄"，他批评胡适说："弟所以致此者，皆好名之心为之，天下事，实至名归，无待于求。名之一

---

〔1〕胡适在《四十自述》中谈及自己考取庚款留学的选择时，只提到他的好友许怡荪的"力劝"，但实际上，据胡适赴京应试途中写给母亲的家信看，玉成此事的主要是胡适二哥："儿今年本在华童公学教授国文。后，二兄自京中来函，言此次六月京中举行留学美国之考试，被取者留在京中肄业馆预备半年或一年，即行送至美国留学。儿思此次机会甚好，不可错过。后又承许多友人极力相劝，甚且有人允为儿担任养家之费。"《胡适全集》第 23 卷，合肥：安徽教育出版社，2003 年，第 19—20 页。

〔2〕《胡适全集》第 27 卷，合肥：安徽教育出版社，2003 年，第 28 页。

字，本以励庸人，弟当以圣贤自期，勿自域于庸人也。”[1]其后数日，胡绍之不仅来书对胡适“谆谆以轻妄相戒”，当胡适回到胡绍之开在上海的茶叶店时，“二兄为余言好名之病，复以朱子《近思录》授予，命予玩味之，谓当择其切于身心出读之”。[2]真可谓用心良苦。

胡绍之对胡适的“好名”[3]之谏与“圣贤自期”（胡绍之语），对胡适一生都有深刻的影响。

时隔六日，胡适对他在这次事件中的表现确有深刻的反省，他在5月22日的日记中坦承：“予一生大病根有三：（一）好名，（二）卤莽，（三）责人厚；未尝不自知之，每清夜扪心，未尝不念及而欲痛改之。阳明云：‘未有知而不行者，知而不行，只是未知。’”[4]

5月28日，胡适回到二哥的客栈时，“二兄语吾《新民丛报》六号所载《论责任心与名誉心之利害》一篇，足为尔药石，盍取而研究之？二兄复以《二程粹言》二册授予，令玩味之”。[5]

二哥推荐给胡适、针砭其“好名”之弊的“药石”，是徐佛苏[6]

---

〔1〕《胡适全集》第27卷，合肥：安徽教育出版社，2003年，第32页。

〔2〕同上书，第33页。

〔3〕胡适的“好名”之弊，是在这次事件中暴露无遗且引起二哥严厉批评的，但事实上在这之前，胡适的“好名”之弊可能已成为包括他自己在内的家人的“共识”。证据是在这次事件之前的3月23日日记中，胡适早就意识到自己的这一毛病：“程子‘学始于暗室’一语，正是为小子好名之戒。”《胡适全集》第27卷，合肥：安徽教育出版社，2003年，第5页。

〔4〕《胡适全集》第27卷，合肥：安徽教育出版社，2003年，第34页。

〔5〕同上书，第38页。

〔6〕徐佛苏，湖南善化（今长沙）人。字运奎，一作应奎，号佛公，笔名心斋、文福兴等。1904年参加华兴会，因万福华枪击广西巡抚王之春案被捕。获释后东渡日本，转投保皇会，任《新民丛报》撰述。曾参与《中国白话报》《国民公报》等的编辑工作。民国后历任大总统府顾问、南北议和代表、币制局总裁、北平（今北京）民国大学代理校长等职。

(1879—1916)所著之《论责任心与名誉心之利害》，连载在《新民丛报》第七十八号[第四年第六号(1906年4月8日)]和第八十号[第四年第八号(1906年5月8日)]上。这篇连载两次的长文，胡绍之之所以没有提到5月8日第八号的后一半论文，是因为这期《新民丛报》在5月28日之前很可能还未邮寄到胡绍之手上。所以胡绍之看到这篇长文的前半部主要内容，确是历数“名誉心”的种种弊害；但殊不知，5月8日该文的后半部却有对“名誉心”的辩证看法，认为“名誉心”“非绝对的恶名词”，它可以“诱起世人之责任心”。[1]

以当时的交通和传播速度而言，一月之前在日本横滨出版的《新民丛报》，胡绍之即对其内容烂熟于心，这从另一个方面说明，胡绍之和当时很多渴望接受新学的青年一样，是《新民丛报》的热心读者，也是一个早在清末就非常关注启蒙运动的知识分子。他对梁启超等清末启蒙思想家所提出的诸多新思想、新观念，有着深切的理解与认同。生在这样一个家庭，有这样一位哥哥，对胡适早期启蒙观念的形成，是非常有益的。只不过胡绍之自己却为家庭所累，不曾走上专业知识分子的启蒙道路罢了，但我们不能忽视他对胡适的深远影响。

胡适对二哥的教导，也是认真对待的。时隔三日，胡适日记中就记载：“看《新民丛报》:《论责任心与名誉心之利害》篇，心大感动，不自已。是篇立论，注重责任心。”[2]

胡适日记里只简单提到这篇文章主题的一个方面，即“责任

---

〔1〕佛苏《论责任心与名誉心之利害(续第七十八号)》,《新民丛报》1906年第4卷第8期。

〔2〕《胡适全集》第27卷，第41页。

心”，但事实上，作者对责任心与名誉心之发生、区别、利害和辩证关系，都有剀切的分析与批判，认为责任心是“为人”“作德”，名誉心是“为己”“作伪”，是“欲得圣贤英雄之名而已”。“人生若一时不涤尽其名誉心，则一时不能尽丝毫之责任；一事不涤尽其名誉心，则一事不能尽丝毫之责任。何也？以其人之胸中已横亘一名誉心故，反夫名誉心之事物者无隙可入耳”。所谓名誉者，应是实至名归，“不因人之求此名而始得此名，亦不因人之不求此名而即失此名……可知圣贤英雄之功业，非博功名之钓饵，不过其事实之结果。”“合而观之，此等名誉心，小则误一事，大则误一国；小则误一部分人，大则误全体人也。”〔1〕仿佛此文专为规劝“好名”的胡适而作。通过解读此文，方知胡绍之所谓“足为尔药石”不是空言。

时隔三年，胡适在《竞业旬报》上所撰四篇“白话”之一《名誉》一文，即是他此前所受梁启超“新民”说启发的结果，当然也包含他对自己立身行事的反省和二哥对他批评的思辨。《名誉》这一短文的基本框架和观点，与他三年前所读徐佛苏的文章基本一致，但胡适更强调“名誉心”对人的积极的一面：

> 我们做了一个人，堂堂地立于天地之间，吃了世界上人的饭，穿了世界上人的衣，正应该轰轰烈烈做一场大事业。活的时候，千万人受他的恩惠，死的时候，千万年纪念着他的名儿，这才不愧做了一辈子的人呢！〔2〕

江勇振说：“胡适在上海求学的时期，有一个非常重要的人格特征，一直持续到他留美初期为止，那就是他对反躬自省的执着，

〔1〕佛苏《论责任心与名誉心之利害》，《新民丛报》1906年第4卷第6期。
〔2〕铁儿《名誉》，《竞业旬报》第38期，1909年1月2日。

或者用本节的标题来说，修身进德的焦虑。”[1]其实在我看来，这一人格并非他早期的特征，而是延续在胡适的一生中。胡适这一人格的养成，一方面源自于童年在家乡所受母亲的教诲，另一方面则是二哥对他“圣贤人格”的启蒙和期待。

胡氏兄弟都有非常自觉、强烈的对自我道德或立身行事的忏悔意识，或称对“圣贤”人格的期许。他们的这种意识，往往是相互影响的。我们看胡适在上海求学最后阶段的“堕落”及其反省，表现得非常明显。我举一个小小的事例，说明兄弟二人在修身进德方面的相似之处和彼此呼应。胡适早年在上海学会了抽烟，这一恶习一直延续到留美时期。二哥胡绍之 1911 年元旦给胡适的信里说：“……贫人际此，徒唤奈何，只有得过且过，听天任运而已。近来身体大不如前，痔疾时发，酒亦不能饮，惟烟卷终日不去口，明知有碍卫生，然舍此更无消遣之方，故终不能戒。”[2]胡适收到该信后，于 2 月 4 日给二哥复信时，二哥贫病交困时的消沉和“堕落”，又勾起他自己上海那一段“堕落”生活的痛苦记忆，所以胡适第二日日记有一句：“今日起戒吸纸烟。”我想，这是胡适得知二哥的“堕落”后，经过深刻的反省做出的决断，以此与二哥相互砥砺品德，完善人格。只不过胡适虽有“成圣”的愿望，但其意志也不坚定。我们看他 1911 年 8 月 6 日的日记：“自今日起不吸烟矣。余初吸最贱之烟，继复吸最贵之烟卷，后又吸烟草，今日始立誓绝之。”1912 年 10 月 24 日他的日记“自警”曰：“胡适，汝在

〔1〕［美］江勇振《舍我其谁：胡适》第一部《璞玉成璧，1891—1917》，北京：新星出版社，2011 年，第 128 页。
〔2〕《胡适遗稿及秘藏书信》第 22 卷，合肥：黄山书社，1994 年，第 566 页。

北田对胡君宣明作何语，汝忘之耶？汝许胡君此后决不吸纸烟，今几何时，而遽负约耶？故人虽不在汝侧，然汝将何以对故人？故人信汝为男子，守信誓，汝乃自欺耶？汝自信为志人，为学者，且能高谈性理道德之学，而言不顾行如是，汝尚有何名目见天下士耶？自今以往，誓不再吸烟。又恐日久力懈也，志之以自警。”他还引吉勃林（Kiplin）和罗维（Lowell）的格言以自勉，以近乎自虐的方式激励自己：“不知其过而不改，犹可言也。知而不改，丈夫之大耻。……知过而不能改者，天下最可耻之懦夫也。亏体辱亲，莫大于是。”

1914年1月24日，胡适的日记题为《友人劝戒纸烟》，是他的朋友Louis P. Lochner写给他的劝戒烟的英文信，胡适在日记中翻译了此信并附在英文信之后。其中说：“我认为你是一个难得的少有的人才，这并非阿谀你，而是诚恳的。我以为把你的智慧才能完全服务于社会，是你应尽的职责，因此，我想你应该特别注意保持身体健康。”这些话，道出了胡适内心“成圣”的愿望而又意志薄弱给他造成的痛苦和焦虑，所以他又来一次胡氏风格的忏悔和反省：“记此以自警焉。”

胡适在1916年8月的《赠朱经农》一诗中，对他由颓废到觉醒的过程做了一番颇有意味的调侃：

那时我更不长进，往往喝酒不顾命；
有时尽日醉不醒，明朝醒来害酒病。
一日大醉几乎死，醒来忽然怪自己：
父母生我该有用，似此真不成事体。
从此不敢大糊涂，六年海外颇读书。

幸能勉强不喝酒，未可全断淡巴菰。[1]

胡适抽了又戒、戒了又抽，反复不已，正是民谚所谓“无志之人常立志”。但要知道，正是他的这种“修身进德”的焦虑，使他与常人的自甘堕落不同，而是时时刻刻对自己言行品行保持高度的警醒。再如1911年暑假期间，胡适几乎每天与人打牌，于是9月6日记：“昨日，与金涛君相戒不复打牌。”

纵观胡适一生，他有与近仁叔的“戒诗”之约[2]、有与二哥的“戒烟”之约、有与朋友的“戒牌”之约，也许还有不为人知的诸多的“戒”，这些都反映的是胡适内心对完善自我人格的强烈渴望与意志薄弱之间的矛盾纠结。

胡适不仅自己如此严于自省，还向朋友章希吕介绍他“进德”的方法：“时时自警省，如懈怠时，可取先哲格言如：‘人而无恒，不可以作巫医。’（古谚）‘德不进，学不勇，只可责志。’（朱子）‘精神愈用则愈出。’（曾文正）之类置诸座右，以代严师益友，则庶可有济乎？”[3]

由于二哥的严加督责和胡适的勤谨自省，使他获得了“现代中国圣人”（sage of modern China）的美誉。不知这一说法最早出自何人之口，但确不是空穴来风。胡适早年创办《竞业旬报》时期的朋友张丹斧，在1929年与胡适的唱和诗中对胡适有“圣

---

〔1〕《胡适全集》第10卷，合肥：安徽教育出版社，2003年，第51页。

〔2〕胡适1907年给近仁叔的信里说：“骅前曾言此后必守‘戒诗’之约，今乃自食其言，可愧也！然以别后景况日趋衰飒，故聊借此用自排遣。”（《胡适全集》第23卷，合肥：安徽教育出版社，2003年，第4页。）1911年2月1日日记又说：“余初意以后不复作诗，而入岁以来，复为冯妇，思之可笑。”1917年元旦所作《沁园春·新年》有“多谢你，且暂开诗戒，先贺新年”之语（《胡适全集》第23卷，第119页）。

〔3〕《胡适全集》第23卷，合肥：安徽教育出版社，2003年，第32页。

人”之谓，而胡适的答诗则有“唤作圣人成典故”，这说明他被称为“圣人”由来已久。我推测，胡适的“圣人”典故，很有可能成于他早年在上海读书期间。

捧 圣

丹 翁

多年不捧圣人胡，老友宁真怪我无。
大道微闻到东北，贤豪那个不欢呼。
梅生见面常谈你，小曼开筵懒请吾。
考据发明用科学，他们白白费功夫。

答丹翁

胡 适

庆祥老友多零落，只有丹翁大不同。
唤作圣人成典故，收来乾女尽玲珑。
顽皮文字人人笑，憊赖声名日日红。
多谢年年相捧意，老胡怎敢怪丹翁？[1]

到了五四新文化运动之后，胡适的“圣人”之谓，就更加名副其实了。不管如章士钊所谓“以适之为大帝，绩溪为上京”、郭沫若说“胡适在解放前，曾被人称为当今孔子”等，含有多少贬损与讽刺的意味，但在胡适去世后，蒋介石对胡适的盖棺论定——“新文化中旧道德的楷模，旧伦理中新思想的师表”——都有将胡适看作现代中国的圣人的意思。

胡绍之对待弟弟胡适，既有严苛的一面，也有温情的一面。比如，二哥有时会带胡适去上海的“奇芳”茶馆小坐。胡适忆及二哥给他取字

〔1〕丹翁《捧圣》，胡适《答丹翁》，《上海画报》，1929年3月9日。又见《胡适日记》第31卷，合肥：安徽教育出版社，2003年，第341页。

时的情景时，也是充满温情的：“我在学堂里的名字是胡洪骍。有一天的早晨，我请二哥代我想一个表字，二哥一面洗脸，一面说：就用‘物竞天择适者生存’的‘适’字，好不好？我很高兴，就用‘适之’两字（二哥字绍之，三哥字振之）。后来我发表文字，偶尔用胡适作笔名，直到考试留美官费时（一九一〇）我才正式用‘胡适’的名字。”[1]现代学术史上鼎鼎大名的胡适之名，即是来自胡适这位相亲相依的兄长。

胡适在上海最为困难的时候是1910年春夏间，他住在客栈里，房租、饭费积欠甚多，他端午节前的日记说：“连日以节近，负债甚繁，四处张罗告急之书。”[2]端午节那天，胡适慨叹说：“是日至难度矣。晨兴，即以函告急于怒刚，得五金；二哥昨送十金来，今日又送十金来，始克勉强过去。”[3]在胡适最艰难的时候，胡绍之连续两日给弟弟送钱来，称得上是关怀备至了。

有这样一位好哥哥，胡适也铭感在心。给近仁叔的信中，胡适多次表达对二哥的感激。1907年在上海时，给近仁叔的信里说：“侄尝为吾叔言，生平有二大恩人，吾母吾兄而已。罔极之恩，固不待言。”1910年10月11日信中说：“适此行对于家庭抱歉殊深，惟家二兄爱弟甚殷，期望弥切。故对于适之去国异常欣慰。当适去国时，家兄特乞假南来与适一诀。穷途万里，得此稍慰羁怀。”1911年2月23日的信里又说：“十余年来，幸有一母一兄提携、养育，以有今日。十余年来，心中目中，梦魂中，亦惟有此二人而已……。”[4]1916年3月，胡适从家信中得知，有谣传说他给二

[1]《四十自述》，第52—53页。
[2]《胡适全集》第27卷，第87页。
[3] 同上书，第89页。
[4]《胡适全集》第23卷，合肥：安徽教育出版社，2003年，第1、24、29页。

哥寄了钱，胡适母亲还抱怨二哥长期未给她写信。不管事实如何，胡适还是为二哥百般开脱："吾国人最喜造谣言，此其一证也。二兄从未乞儿之助，儿亦未寄分文与之，望吾母勿信旁人之言也。二哥年来仅有一书与儿，盖彼年来境况不佳，百不得意，故不乐多作书。其所以不寄书与吾母者，想亦因此之故，非有怠慢之心也。"〔1〕

1917 年胡适归国后，胡适家人对胡绍之所经营的"川沙"店亏损，颇多怀疑和怨言，胡适一再为二哥辩护："总之，绍之对于川店，不可谓不曾用尽心力。无奈绍之年来亦极艰苦困难，故不能有整顿补救之力耳。"〔2〕

二、胡绍之的"重实（科）轻文"和胡适的"弃农从文"

胡氏兄弟出生于中国历史上最为剧烈的新旧交替和变革时代，他们虽自小浸淫于传统文化之中，但是晚清以来的废科举、兴学堂和西学东渐，彻底改变了他们的价值观念，也断绝了他们的仕进之途。胡适的二哥就是这个时代典型的经世致用思想的代表人物，他的这种思想观念和价值取向，影响到胡适早年的阅读趋向和专业选择。

1906 年 4 月 15 日，胡适回客栈见二哥时，告诉他打算翻译《世界史纲》，二哥对他说："汝以此暇时为散步及运动之用，则足聚尔精神以为后用，若长此取多而供少，则脑且缩矣。……汝能以此暇时读他种新科学书则为益多矣，何虚耗此可贵之时日为？"〔3〕

这可见出胡绍之重视实用科学而轻人文科学的倾向，这也是

---

〔1〕《胡适全集》第 23 卷，第 98 页。

〔2〕同上书，第 137 页。

〔3〕《胡适全集》第 27 卷，第 17 页。

清末知识界的一种普遍认识或风气。鲁迅当年到日本留学时，也感叹过日本留学界的类似状况。

胡适在《四十自述》里所讲的“半夜里点着蜡烛，伏在枕头上演算代数”的那种对于自然科学的狂热，应当有二哥对他的影响。所以当胡适后来赴美留学时，他对学校和专业的选择，在很大程度上都是二哥替他做主。这也让人想起鲁迅当年选择医学时的那种崇高的使命感。

胡适于晚年回忆他当初的专业选择时，谈到二哥对他的影响：

> 最后说我个人到外国读书的经过。民国前二年，考取官费留美，家兄特从东三省赶到上海为我送行，以家道中落，要我学铁路工程，或矿冶工程。他认为学了这些回来，可以复兴家业，并替国家振兴实业；不要我学文学，哲学，也不要学做官的政治法律，说这是没有用的。当时我同许多人谈谈这个问题。以路矿都不感兴趣，为免辜负兄长的期望，决定选读农科，想做科学的农业家，以农报国。同时美国大学农科是不收费的，可以节省官费的一部分，寄回补助家用。[1]

虽然胡适没有选择二哥最热衷的铁路、矿冶，但二哥在1911年1月1日给胡适的信里，对胡适入康奈尔学习农学，甚为满意，认为胡适所学农学，将来大有作为：

> 农学最为今日中国实用之学，盖南方虽有人满之患，然北方如东三省、蒙古、新疆、伊犁等处，地旷人稀，以

〔1〕胡适《中学生的修养与择业》,《胡适全集》第20卷，合肥：安徽教育出版社，2003年，290页。

面积计，十分未垦其三，将来如能移南方之人力财力，贯注于此，既可固我边圉，又可开辟利源……，吾弟将来学成归国，大可有为，惟须从事于大农之学。若沾沾于一艺一事，无济也。至森林之学，亦为切要，能兼习之，尤为合宜。……弟以为如何，望详告我，不厌烦也。〔1〕

从《胡适留学日记》里看，1911年春夏间，胡适在课余热心读《国粹学报》《左传》《说文》《诗经》《古诗十九首》《杜诗》《陶渊明诗》《谢康乐诗》等以及欧美文学大家作品，他在给二哥信里谈到课余阅读的情况后，二哥对胡适的这种做法不以为然，规劝胡适不要耽溺于国学：

弟于各课外，尚有余力从事中学，可见脑筋富足，然精神不可用之过度，勉强行之，恐有妨碍。经学虽为祖国学之根基，然领略其大意足矣，不必如考注学之斤斤于训诂典章名物之间，徒劳精力，全无实用。至于诗词，平和中正，则趣味淡薄；纤巧淫靡，则志意流荡；慷慨激昂，则胸襟偏隘；哀感愁伤，则神会沮丧。其借应酬杂凑之篇，尤不足取。故余以为诗词者，无用之学也。孔子谓兴于诗，欺人之谈耳。当日删诗之意，不过就各国所选之诗，略加编辑，使之整齐耳。后人乃推崇太过，谓孔子以诗立教，岂不惑哉。甚觉帝王以此取士，学者以此鸣风，真不值一笑。余立论虽偏激，然此中亦有深意，望弟深思以至实学可也。〔2〕

当胡适在康奈尔第一学年结束之际，他对学习农学已很动摇，但也不敢贸然决断，故写信征求二哥对他转科的意见，并请他

〔1〕《胡适遗稿及秘藏书信》第22卷，合肥：黄山书社，1994年，第567—568页。
〔2〕同上书，第575—576页。

“代决”。我们无从见到胡适给他二哥的信，如何陈述他转科的理由，但从胡绍之给他的回信推断，主要是觉得农学与他个人的兴趣不合。二哥给胡适的回信，依然认为农学切实有用，但也能理解个人兴趣与社会需要之间的两难选择给胡适造成的困惑：

弟来函谓第一年学期已满，甚以为慰。所嘱代决一层，自愧学浅，无以副弟之望，只有任弟决择耳。文学在西洋各国固为可贵而难能。然在中国，则明珠暗投，无所见长。以实际言，似农学较为切用。且于将来生计，亦易为力。惟弟天性于文学为近，此则至难两全。鱼与熊掌之择，固非隔膜者所能代为妄断也。[1]

胡适之所以就“弃农从文”嘱托二哥“代决”，说明他还是很尊重二哥的意见的，因为这毕竟是二哥帮他选择和规划的专业与人生道路。只不过我们看到，此时的胡绍之已不再坚持己见。他虽自始至终认为农学切于实用，文学为无用之学，但他最终不得不迁就胡适天性中对于文学的兴趣，只有“任弟决择”了。

二哥虽不再坚持让胡适学农，但对胡适认为西洋农学在中国无用武之地的说法，不屑一驳：

……至弟谓西洋农学利用机器，非千亩百亩不为功。因谓中国地多零畸，不甚合算，此乃拘于家乡山僻之情形，未见黄河以北及关外蒙古等处之沃野千里，一望无际。地旷人稀，正需机器，乃始有济也。[2]

胡适的“弃农从文”，他当时强调的只是兴趣（即“天性”）与所学专业之间的矛盾，也就是专业选择的“个人标准”与“社会标准”

---

〔1〕《胡适遗稿及秘藏书信》第22卷，合肥：黄山书社，1994年，第558页。
〔2〕同上书，第558—559页。

之间的矛盾。但他晚年的回忆，讲了三个原因：一是他“对哲学、中国哲学和研究史学的兴趣”，也就是他的“文化背景”的制约；二是辛亥革命成功后，美国校园对演讲中国问题的需要，使他转向对政治问题的关注；三是对文学的兴趣，包括早年对中国文学的迷恋和留美后对英、法、德等西方文学产生的新兴趣。[1]胡适晚年对他“弃农从文”的回忆，有很多以“后见之明”解释其“前见”。据江勇振考查，胡适这里所讲的第二个原因是不能成立的，“早在胡适因为辛亥革命而四处被人请去做演讲的一年前，他就决定转系了。我们甚至可以把胡适有转系的念头推得更早，至少推到1911年6月以前”。[2]

那么其他两个原因能否成立呢？

我们知道，“文化背景”的制约，是一个普遍性的问题，而不具决定性。其影响的大小，只是不同个体之间的差异而已。否则，就不能解释胡适的同辈人，为什么会有那么多走上科学救国的道路。那么，关键的就是第三个原因，即对文学的“兴趣”了。当然，就胡适那一代人而言，从小都是在旧诗文熏陶中成长的，胡适也不例外，而且从上海时期开始，胡适确实表现出对作诗的浓厚兴趣。但问题是，个人的兴趣可以是多样的，一个优秀的科学家完全可以兼有对文学的兴趣，这样的实例在现实中比比皆是，为什么胡适对文学的兴趣就足以导致他对农学的放弃呢？而且，专业选择的“个人兴趣”就一定比“社会需要”更重要吗？对此，他晚年的学生唐德刚，就遵循他“做学问要不疑处有疑”的精神，“以胡适之道还治胡适”：

我认为他这段话“个人主义色彩太重”，“浪漫主义色

〔1〕胡适《胡适口述自传》，合肥：安徽教育出版社，1999年，第43—45页。
〔2〕［美］江勇振《舍我其谁：胡适》第一部《璞玉成璧，1891—1917》，北京：新星出版社，2011年，第189—190页。

彩太重”，对社会国家的需要和贡献“不实际”！因为胡适之所说的只是“胡适”的经验。“胡适的经验”不适合——也不可能适合一般“中学生”。

…………

总之，胡适之先生那一辈的老知识分子，头脑里始终未能摆脱科举时代的旧观念。受教育的人一定要出人头地，一定要锥处囊中。他们不甘心做个普通人。但是在一个已发展的社会里，九年国教，人人可受，谁非知识分子呢？如果每个知识分子都要“立志”发展去做李白、杜甫、毕加索、胡适、爱因斯坦，那这世界还成什么世界呢？[1]

从逻辑上推论，我认为胡适的“弃农从文”，与其说是由于他对文学的兴趣，还不如说是他对农学的无兴趣。胡适对农学的不感兴趣，他自己讲了两个事件来说明：一则是他在康奈尔大学第二学期的“洗马事件”[2]，我们看胡适对拒绝洗马的解释，他说：“我们中国种田，是用牛不是用马。”我们知道，这种说法是一个不事稼穑的富家子弟的外行话，就如同他对二哥所说，西洋农业机器因中国“地多零畸”派不上用场一样无知。殊不知中国地域广袤，各地耕田，用牛、马、驴、骡，或因地而异，或四者并用，因地而异，因人而异，不一而足。

胡适所讲他“弃农从文”的第二个事件是“苹果分类”事件。胡适说美国同学对苹果的普通名称一看便知，而他和中国郭姓同

〔1〕胡适《胡适口述自传》，合肥：安徽教育出版社，1999年，第57—58页。

〔2〕胡适1952年的演讲《中学生的修养与择业》中对此的记忆有误，他说是第三学期，实际是第二学期，他1911年4月12日的日记有记载：“今日习农事，初学洗马，加笼辔，驾车周游一周。”

学则花了两小时半，只分类了二十个苹果，而且大部分是错的。他对此极为沮丧，于是反省道："我花了两小时半，究竟是在干什么？中国连苹果种子都没有，我学他什么用处？这两个半钟头的苹果实习使我改行，于是，决定离开农科……。"[1]胡适在此又提出了一个更缺乏常识的理由，说中国当时没有美国苹果则可，说中国连苹果种子都没有，纯属无知。[2]中国栽种苹果有两千多年的历史，即使是西洋种的欧洲苹果，也早在19世纪中叶已引进到中国。

所以，胡适的"弃农从文"，实则既不是他讲的农学在中国有没有用场的问题，也不是他没有兴趣的问题。而是与胡适个人所属的社会阶层有关。所谓兴趣，它是由一个人的家庭出身、生活阅历、志向抱负等综合因素影响的结果，而且它还是变化的，是可以培养的。试想，如果胡适是一个农牧家庭出身的人，他能不知道中国还有用马耕田的吗？他能对洗马、加辔等事感到索然无味吗？如果他是一个走南闯北、见识广泛、阅历丰富的人，他就不会说中国那时连苹果种子都没有的话。

说到底，胡适"弃农从文"的原因，并非兴趣的问题，而是由其家庭出身和阅历决定的。胡适那一辈的留美学生，"可以说全是中国士大夫阶级里少爷小姐出身的"。[3]这样的家庭出身使他对农学所讲的稼穑之事一无所知，导致别人轻而易举能够掌握的东西，对他成了难题。这从胡适在康奈尔大学转科之前的各科成绩的比较中就能看得很清楚。

---

〔1〕胡适《中学生的修养与择业》，《胡适全集》第20卷，合肥：安徽教育出版社，2003年，291页。

〔2〕胡适后来在1958年所做的《胡适口述自传》里，对此说法有修正："我们中国，实际也没有这么多种苹果。"（《胡适口述自传》，第43页。）

〔3〕《胡适口述自传》，第49页。

胡适在康奈尔大学农学院前三学期的成绩表[1]

第一学期	英文一	生物学一	植物学一	德文一		
	80	75	82	90		
第二学期	英文一	生物学一	植物学一	植物学二	德文二	气象学
	89	82	80	64	80	70
第三学期	地质学一	化学 B	植物生理学七	果树学		
	75	85	77	76		

这前三学期的成绩中，语言文学类课程英文、德文成绩较高而且稳定；基础学科生物学、植物学还差强人意；但农学核心课程气象学、地质学、果树学则最差。我这样列出课程成绩，并非要像有些人在谈论鲁迅的“弃医从文”那样，认为胡适由于农学学不下去了，故而放弃。我没有一点质疑胡适学习能力的意思。这是个很复杂的问题，胡适“弃农从文”的过程中，他内心的真实动机和公开的理由、个人兴趣和社会需要之间，充满着纠结，这些公与私、情与理的矛盾合力，最终使得胡适走上了非他二哥所愿的专业道路。胡适的“弃农从文”和鲁迅的“弃医从文”有相似之处，他在学习农学的过程中遭遇的挫折感，使他重新思考他的抱负、兴趣和专业选择。胡适的问题是，他将这种学习农学过程中产生的挫折感归结为农学的“无用”，这是他“无知”和“虚伪”（“好名”“名誉心”）的一面。

关于胡适晚年缺乏反躬自省这一点，唐德刚对之有诛心之论：

胡、郭（郭沫若。——笔者注）在思想体系的形成过程中，有个相同的“大不幸也”。那便是他二人都是“少年得志”。在学术界一辈子都骑在人民头上，睥睨群贤，目空当世；认为在学问上，只有人家学他的。至于他们自己，则总以为“山东无足问者”了。加以誉满天下，谤亦随之。

〔1〕此表成绩来源于周质平《胡适与韦莲司》一书中《胡适在康奈尔大学的成绩单》，北京：北京大学出版社，1998年，第12页。

为着全誉却谤，一辈子抱着自己的“思想”，不肯分毫让人，因而他们再也不能安静下来，把自己来解剖解剖了。七八十岁所搞的还是二十岁所学的东西，一个人怎么会有进步？这就是所有启蒙大师的悲哀啊！[1]

胡适考虑转科的当时，只是在私人之间征询意见[2]、陈述其理由。到了1914年的《非留学篇》里，胡适激烈地批评当时留学界的“重实业而轻文科”（胡适所谓“文科”，“不专指文字语言之学，盖包括哲学、文学、历史、政治、法律、美术、宗教诸科而言”）的倾向，这个批评即是针对包括他二哥在内的清末以来的“庸俗”观点，并将自己的“弃农从文”上升到启蒙救国的宏大层面：

即令工程之师遍于中国，遂可以致吾国于富强之域乎？吾国今日政体之得失，军事之预备，政党之纷争，外交之受侮，教育之不兴，民智之不开，民德之污下，凡此种种，可以算学之程式、机械之图形解决之乎？可以汽机、轮轨、钢铁、木石整顿之乎？为重实科之说者，徒见国家之患贫，实业之不兴，物质文明之不进步，而不知一国治乱、盛衰之大原，实业工艺，仅其一端。若政治之良窳，法律之张弛，官吏之贪廉，民德之厚薄，民智之高下，宗教之善恶，凡此种种之重要，较之机械工程，何啻什佰倍！……吾

〔1〕《胡适口述自传》，第123—124页。

〔2〕1912年3月5日，梅光迪就胡适转科一事答复如下：“来书言改科一事，迪极赞成……足下之材本非老农，实稼轩、同甫之流也。望足下就其性之所近而为之，淹贯中西文章，将来在吾国文学上开一新局面（一国文学之进化，渐恃以他国文学之长，补己之不足），则一代作者非足下而谁？治哲学者尤当治文学，……足下之改科乃吾国学术史上一大关键，不可不竭力赞成。”（《胡适遗稿及秘藏书信》第33卷，合肥：黄山书社，1994年，第334—336页。）朋辈之中，梅光迪对胡适“弃农从文”的支持，是非常关键的。

非谓吾国今日不需实业人才也，实业人才固不可少，然吾辈决不可忘本而逐末。须知吾国之需政治家、教育家、文学家、科学家之急，已不可终日。不观乎晚近十余年吾国人所受梁任公、严几道之影响为大乎？抑受詹天佑、胡栋朝之影响为大乎？晚近革命之功，成于言论家理想家乎？抑成于工程之师机械之匠乎？吾国苟深思其故，当有憬然于实业之不当偏重，而文科之不可轻视者矣。[1]

胡适对他的“弃农从文”的心路历程，有诗为证。他1917年6月1日回国前夕，给任鸿隽、杨杏佛、梅光迪的诗云：

我初来此邦，所志在耕种。
文章真小技，救国不中用。
带来千卷书，一一尽分送。
种菜与种树，往往来入梦。

匆匆复几时，忽大笑吾痴。
救国千万事，何事不当为？
而吾性所适，仅有一二宜。
逆天而拂性，所得终希微。

从此改所业，讲学复议政。
故国方新造，纷争久未定。
学以济时艰，要与时相应。
文章盛世事，今日何消问？[2]

---

〔1〕《胡适全集》第20卷，合肥：安徽教育出版社，2003年，第14—15页。
〔2〕《胡适全集》第10卷，第69—70页。

三、胡绍之论诗和胡氏兄弟的诗歌唱和

胡适和他的二哥这一代人，从小都是在旧诗词熏陶下成长起来的，诗词歌赋既是作为读书人的一项基本技能，也是一种无意识的爱好和情趣。

胡适早年在家乡时，对诗歌的兴趣远不及小说。他对诗产生兴趣的机缘，是他1906年夏天在上海得了脚气病，养病期间，为了打发无聊的光阴而偶然阅读吴汝纶所编诗选，由此一发不可收拾，又搜读了二哥所藏的《陶渊明集》和《白香山诗选》等。

从胡绍之藏有陶渊明、白居易等历代名家诗集推测，他曾经也喜欢过或对诗用过功。但是到胡适在上海读书时，二哥显然已不屑于这些无用的"玩意儿"，他后来给留美的胡适的信里认为，诗词是无用之学；历代帝王以诗赋取士，不值一笑。在这样一个不喜欢诗的哥哥监管下，上海时期的胡适只能在数学课上偷着学诗了。

胡适的诗兴虽得不到哥哥的赞助，却颇得师友的鼓励。其中一个是他的近仁叔，经常与胡适切磋诗艺，以诗唱和；另一个是《竞业旬报》的主笔傅君剑。1906年底，傅君剑将回湖南，胡适写了一首赠别诗，其中有句："我以何因缘，得交傅君剑。"于是傅君剑回赠胡适一首《留别适之即和赠别之作》，诗中有"天下英雄君与我，文章知己兼师友"之语。

胡适说他给傅君剑的赠别诗，只记得这两句了。但傅君剑的这首成就了"新诗鼻祖"的"和诗"却有幸留存了下来。

和适之赠别一首

皖江（湖）[胡]子与相识，聚不多时忽又离。

天下英雄君与我，文章知己兼师友。

龙蛇起陆风生浪，乌鹊巢南树有枝。

相见太难相别苦，茫茫后会更何期。[1]

胡适说，这首诗使刚满15岁的他受宠若惊，从此“发愤读诗，想要做个诗人了”。在20世纪20年代，胡适与傅君剑还有书信来往，讨论诗学问题，只不过时移世易，在名满天下的胡适面前，傅君剑颇为谦逊：“我两个见面的时候相约把我的《诗之建设》寄给你批评，奈自回湘以后忙个不了，现在更要扛起笔杆子跟随他们的枪杆子去拼命，哪里能说到诗，好在我的诗的说话虽没出来，试验的作品——两周——却已即出，且仗着十八年前的老交情要劳你看一回批一下，更不敢怕丑了。”[2]

朋辈偶然、不经意的鼓励，对胡适一生产生了莫大的影响。正如沈寂所说：“胡适对自己的前途与职业，实际在此时已经择定了。只因当时的潮流，和他二哥的干预，他在这个问题上走了一段弯路。”[3]

从胡适日记看，在给傅君剑赠诗之前，他就开始偷偷写诗了。胡适的第一首诗，写于1906年5月30日，这天胡适去吴淞会见他的朋友郑璋（仲诚），这是他生平第一次乘火车，也是他生平第一次作诗。这日他于车中得诗四句为：

呜呜汽笛鸣，辘辘汽车行；

凭窗试外瞩，一瞬象一新。

胡适自谦地说：“虽不成诗，聊以写意耳。然则今日又予学作诗之第一次也，一笑。”[4]

---

〔1〕傅熊湘《傅熊湘集》，长沙：湖南人民出版社，2010年，第269页。

〔2〕《胡适遗稿及秘藏书信》第37卷，合肥：黄山书社，1994年，第610—611页。

〔3〕沈寂《胡适由少年诗人到新诗鼻祖》，耿云志，闻黎明编《现代学术史上的胡适》，北京：生活·读书·新知三联书店，1996年，第302页。

〔4〕《胡适全集》第27卷，第39页。

俗话说，三岁看老。从胡适的第一首诗，确能看出他一生作诗的风格和论诗的基本标准。这首诗，风格确如他心仪的香山诗一样，通俗易懂，老妪能解；也符合他后来论诗“清楚明白”的标准。另外，胡适此诗，显然受白居易“歌诗合为事而作”的现实主义精神和清末以来“新派诗”的共同影响，以表现新事物的新词语入诗，令人耳目一新。

1907年夏，胡适的脚气病复发，回乡养病两月，其间与近仁叔“别后相逢互索诗”，唱和甚欢，更加沉溺于诗。秋季返沪时，胡适途经富春江，游览了钓台和西台，写了这首登临怀古的诗：

西台行

铁　儿

光钓台之西为谢皋羽西台，而过者但知有钓台，不知有西台也，感此成八十四字。

富春江上烟树里，石磴嵯峨相对峙。
西为西台东钓台，东属严家西谢氏。
子陵垂钓自优游，旷观天下如敝屣。
皋羽登临曾恸哭，伤哉爱国情靡已。
如今客自桐江来，不拜西台拜钓台。
人心趋向乃如此，天下事尚可为哉！[1]

胡适此时已具有强烈的“爱国”[2]意识，他对严光和谢皋羽的不同评价，反映了他积极进取的入世思想和对旷达退隐、消极

〔1〕铁儿《西台行》，《竞业旬报》第29期，1908年9月11日。1929年6月15日《吴淞月刊》第2期刊出胡适《中国公学时代的旧诗》一文，此诗题目改为《谢皋羽西台》。

〔2〕胡适发表《西台行》之后不久，在《竞业旬报》第34期撰白话《爱国》一文，宣传“爱国”意识。

避世的批评。但他后来在《文学改良刍议》中对谢皋羽《西台哭所思》《西台恸哭记》这种"痛哭流涕"的文学，大加挞伐："国之多患，吾岂不知之？然病国危时，岂痛哭流涕所能收效乎？吾惟愿今之文学家作费舒特（Fichte），作马志尼（Mazzini），而不愿其为贾生、王粲、屈原、谢皋羽也。其不能为贾生、王某、屈原、谢皋羽，而徒为妇人醇酒丧气失意之诗文者，尤卑卑不足道矣！"[1]

虽然胡氏兄弟对诗的爱好和评价有天壤之别，但他们作诗也有交集。其一便是胡氏兄弟的"西台"同题诗。

西 台

绍 之

不见伤心人，但见伤心处。
世事几沧桑，白云自去来。[2]

胡绍之的这首《西台》，是经胡适发表在第36期《竞业旬报》"词苑"栏目中铁儿辑录的"所见诗录"中，同栏目中还有胡适的《题十字军英雄记》和《慰李莘伯被火》。这是兄弟二人的诗作最为亲密的一次接触。不知当胡适将这期《竞业旬报》奉呈二哥的时候，胡绍之作何反应！

弥足珍贵的是，这是现在所能见到的胡绍之的唯一一首诗。我推测这首诗写作和发表的由来，可能是胡适当年在绩溪养病返沪时与二哥同游西台，胡适写了那首记游诗后，向二哥索诗而得。或者二哥并未与胡适同游，但西台是胡氏兄弟往返绩溪与上海之间常走的路线，二哥也多次经临此地，所以，胡适有了《西台

---

[1]《胡适全集》第1卷，合肥：安徽教育出版社，2003年，第8页。
[2]《竞业旬报》第36期，1908年12月14日。

行》，很希望能看到二哥对同一名胜的观感，于是就有了二哥的这首诗。

与适之《西台行》的立意直白分明相较，绍之的《西台》虽则也是伤悼往事，但含蓄内敛，尽得风流。正如前引胡绍之给胡适的信中所言，二哥是不屑为诗，而非不能为诗。他偶一为之，实在难能可贵。

胡氏兄弟“唱和”的另一难得机缘，是1909年，胡适的二哥北上东北，胡适有《送二兄入都》一诗：

落木萧萧下，天涯送兄弟。
销魂犹伫望，欲哭已吞声。
意气开边塞，艰难去帝京。
远游从此始，慷慨赴长征。
回首家何在，朱门已式微。
无心能建树，有室可藏晖。
黯黯愁双鬓，朝朝减带围。
凄其当此夜，魂梦逐飘飞。[1]

这次二哥远赴东北，胡适以诗送别，二哥若能和一首弟弟的赠别诗，文学史上就真正有了胡氏兄弟的唱和诗。但遗憾的是，二哥本来就不喜欢作诗，尤其反感文人间的酬唱应和（“其借应酬杂凑之篇，尤不足取”）。加之此时适逢胡氏大家庭家道中落、分崩离析，二哥为生计所困，于离乡背井之际，毫无酬唱应和的雅兴，于是，本来顺理成章的兄弟唱和诗，遂成有“唱”而无“和”的千古遗憾！

〔1〕《胡适全集》第10卷，第396页。

胡适的美术情结和“滑稽画”

——由《时世妆》谈起

本文通过对胡适自传和日记所记各个时期的美术活动和思想的梳理，来说明胡适刊登于《竞业旬报》的两幅“滑稽画”《时世妆》的创作背景、动机和讽喻意义。胡适此画的发现，有助于我们理解胡适被忽略的别样才华和爱好。

一、胡适的美术情结

中国现代作家中，像闻一多、凌淑华、李金发、苏雪林等兼攻文学和美术者为数不少。鲁迅和张爱玲一生都对美术抱有浓厚的兴趣，他们偶一为之的丹青妙笔，传为文坛佳话。

相较而言，胡适的美术情结和美术创作却鲜为人知。胡适自童年时期就对美术产生浓厚的兴趣，他在《四十自述》里说：“……至于学图画，更是不可能的事。我常常用竹纸蒙在小说书的石印绘像上，摹画书上的英雄美人。有一天，被先生看见了，挨了一顿大骂，抽屉里的图画都被搜出撕毁了。于是我又失掉了学做画家的机会。”[1]胡适1905年在上海求学时所进的第二个学堂澄

〔1〕《四十自述》，第29页。

衷学堂开设“图画”课[1]，这是胡适一生接受的唯一“正规”的美术训练，胡适的绘画手艺就是此时练就的。这一经历在日后时时唤醒他萌发于童年的美术兴趣。1910年2月12日，因朱经农次日嫁妹，桂梁托沈尹默绘《三春嘉卉图》为贺，胡适从旁观看沈尹默画画，他“觉此中饶有乐趣，颇思学之”。[2]当年端午节日记记道：“意君之仆自通州来，携来书画数十幅。中有邹一桂《百花图》工笔绢本手卷一幅，设色渲染，栩栩欲活，有乾隆御题及内府印玺。此帧殊可宝贵。此外，尚有恽南田大幅工笔《牡丹》，亦佳。”[3]

1910年9月，胡适赴美留学，在应对繁重的学业之余，胡适经常参观美术展览，品评画作，依然表现出对美术的浓厚兴趣。1911年4月28日日记写道：“美国画家Melchers尝画《圣餐》(*The communion*)，为一时名作，有Hawkins者以重价购之，以赠此间大学，今悬于文学院南廊。”[4]胡适在康奈尔大学求学期间选修了“美术史”“美术哲学”课程，他多次在日记中记到此事。1912年9月27日，他在上完“美术史”课后记道：“美术史一科甚有趣。教师Brauner先生工油画，讲授时以投影灯照古代名画以证之。今日所讲乃最古时代之美术，自冰鹿时代以至埃及、巴比伦，增长见闻不少。”[5]1914年7月5日，胡适因读《旧约·鹭斯传》(*The Book of Ruth*)所记寡妇鹭斯拾穗田中的情节，而想起米勒的《拾穗图》：“法国画家米耐有名画曰《拾穗图》，……米耐所画多贫民之生活，田舍之风景，自成一宗派……其《闻钟野

[1]《四十自述》，第51页。
[2]《胡适全集》第27卷，第73页。
[3] 同上书，第89页。
[4] 同上书，第134页。
[5] 同上书，第200页。

祷图》，写农家夫妇力作田间，忽闻远钟，皆辍作默祷。斜阳返照草上，暮色晻然，一片庄严虔诚之气，盎然纸上，令观者如闻钟声如听祷词也。”表现了胡适对米勒画作的深刻理解。中国有诗画相通的传统，胡适在此基础上将其拓展为文画的互衬、互证，胡适不无自豪地宣称这种“以画释文”的做法是他的创见：“吾近所做札记，颇多以图画衬写之，印证之，于吾国札记中盖此为创见云。”[1] 1914 年 9 月，胡适到波士顿参加中国留美学生会年会，专门抽出时间参观美术馆。1915 年 1 月 20 日，胡适重游波士顿，连续两天到美术馆参观：“二十日晨至哈佛，重游大学美术馆。……所见宋徽宗《捣练图》，马远三幅，夏圭二幅，其一大幅夏圭画尤佳。”[2]“二十一日晨往美术院访富田幸次郎，与同至藏画之室。此院共有中日古画五千幅，诚哉其为世界最大‘集’也。是日所观宋元明名画甚多，以目力有限，故仅择其‘尤物’五六十幅观之。”胡适出了藏画室，意犹未尽，“复至昨日所过之室重观所已见之画”，尤其对宋徽宗所画《捣练图》惊叹不已：“此幅真是人间奇物，不厌百回观也。”[3]胡适对此次所观五十六幅名画的作者、题跋、画品、真伪、意趣都有细致的记载。胡适虽连续两天在此观画，但仍意犹未尽，临别时与富田幸次郎相约“如今夏间有暇，当重来作十日之留”。

胡适与韦莲司的异国情缘并非只为韦莲司所习美术专业，但至少对美术的共同爱好，给他们提供了不少共同的话题。1914 年 10 月 24 日日记写道：“韦莲司女士归自纽约，以在纽约美术院所

---

〔1〕《胡适全集》第 27 卷，第 354—355 页。
〔2〕《胡适全集》第 28 卷，第 11—12 页。
〔3〕同上书，第 13—14 页。

见中国名画相告，谓最喜马远《山水》一幅。此幅余所未见，他日当往访之。纽约美术院藏中国名画九十幅，中多唐宋名品。余在彼时，心所注者，在摩根所藏之泰西真迹二十九幅，故不及细观他室，亦不知此中乃有吾国瑰宝在也。今承女士赠以院中中国名画目录一册，内如唐裴宽《秋郊散牧图》，宋夏圭《山水》（疑是仿本），元赵子昂《相马图》，及《宋神宗赐范文正画像》，皆极佳。”[1]次年1月22日，他和韦莲司一起游览纽约美术院：“韦莲司女士亦至，导余流览院中尤物。女士最喜一北魏造像之佛头，其慈祥之气，出尘之神，一一可见。女士言：‘久对此像，能令人投地膜拜。’”[2]1917年5月4日日记中对韦莲司所属“新派美术”的创新精神大加鼓励：“吾友韦莲司女士所作画，自辟一蹊径，其志在直写心中之情感，而不假寻常人物山水画为寄意之具，此在今日为新派美术之一种实地试验。欧美美术界近数十年新派百出……吾于此道为门外汉，不知所以言之。上月纽约有独立美术家协会之展览会，与列者凡千余人。人但可列二画。吾两次往观之，虽不能深得其意味，但觉其中‘空气’均含有实地试验之精神。其所造作或未必多有永久之价值者，然此试验之精神大足令人起舞也。”[3]

1917年7月归国后，作为社会名流的胡适虽然日不暇给，但他对美术的兴趣未曾稍减。1922年3月18日，胡适到六国饭店拜访斯托洪（Stockholm）大学教授西伦，说“此君专治美术史，很注意中国的美术；他说中国的美术品所代表的精神的意境，比

〔1〕《胡适全集》第27卷，第529—530页。
〔2〕《胡适全集》第28卷，第15页。
〔3〕同上书，第556页。

西洋美术品更多，因为中国美术不拘守物质上的限制，技术更自由，故能表现抽象的观念更深刻”。[1] 1922 年 5 月，美国女画家 Catherine Dreie 到访中国，5 月 29 日晚，胡适到北京饭店拜访她并共进晚餐，他说：“这位妇人从前作旧派画，很不坏；有一次她作了一幅《伦勃朗》，竟可乱真，近年她专研究新派绘画，画的东西我就不懂了。今晚看的有一张画，为立方派大家杜尚的小照，中画一金色圆物，表生命之轮；又画一尖圆锥斜贯此轮，表其人之孤行；上方画一平直线，表其人之孤立；其外画几个三角形，表其人之才艺多方；其在左之一个三角形上出一长柄，至金轮上屈折而入，作黑白两色，表示画家之光影二事，由此斜上，出轮而放光焰，表其技术之成绩开一生面。此种象征，在我们门外汉看来，实在浅薄得很。但这种人确是很诚挚地做试验，我们不能不承认他们的尝试自由。”[2]

1926 年，胡适赴英出席中英庚款会议，多次到英、法博物馆观画。8 月 19 日，胡适“重到大英博物馆，看了许多地方。中国画室悬有蔡含的画……蔡含为冒辟疆之妾”。[3] 8 月 22 日他到访法国卢浮宫：“卢浮宫是世界的一个最丰富的美术馆，其中最有名的雕刻如米罗的《维纳斯》，如《胜利女神》；最有名的古画如达·芬奇的《蒙娜丽莎》，如米勒的《拾穗者》和《晚钟》……都是我久想见的；从前但见印本，今天得见真迹，真使我欢喜。”[4] 12 月 16 日，胡适仅时隔数月又第三次到访大英博物馆：“今天 B.M. 展

〔1〕《胡适全集》第 29 卷，第 545 页。
〔2〕同上书，第 635 页。
〔3〕《胡适全集》第 30 卷，第 235 页。
〔4〕同上书，第 239 页。

览中国古代壁画……今天下午光线不佳，明天当早去细观。”[1]

1931年7月8日，应徐志摩之请，胡适给陆小曼的山水画题诗一首：“小曼画大幅山水，志摩要我题跋，我题了一首诗：画山要看山，画马要看马。闭门造云岚，终算不得画。小曼聪明人，莫走这条路。拼得死工夫，自成真意趣。”[2]胡适借题画直截了当地批评了陆小曼的画作脱离生活，没有个性。这和他对韦莲司画作的评价——“直写心中之情感，而不假寻常人物山水画为寄意之具”——一样，基本道出了胡适的美术观。胡适一直到晚年都在思考美术的传承与创造、表现手法与传神写意的关系等问题。1955年元旦晚上，胡适翻看《郑板桥全集》，摘抄了《题画》中一条论徐文长画“雪竹”的法子，认为郑板桥所言“必极工而后能写意，非不工而遂能写意也”“这几句话最可令人深省”[3]。

通过以上对胡适一生美术活动和美术思想的简单梳理，我们才好解释胡适《时世妆》的背景、动机和意旨。

二、胡适的滑稽画：《时世妆》

刊于《竞业旬报》第37期（1908年12月23日）的两幅《时世妆》，署名“铁儿”，这是目前发现的胡适一生留下的唯一的画作。对胡适该画相关问题的解释，有助于我们理解胡适被忽略的别样才华和爱好。

上海作为中国近代最早开埠的口岸城市，新闻报纸的形式因

---

〔1〕《胡适全集》第30卷，第447—448页。
〔2〕《胡适全集》第32卷，第116页。
〔3〕《胡适全集》第34卷，第337页。

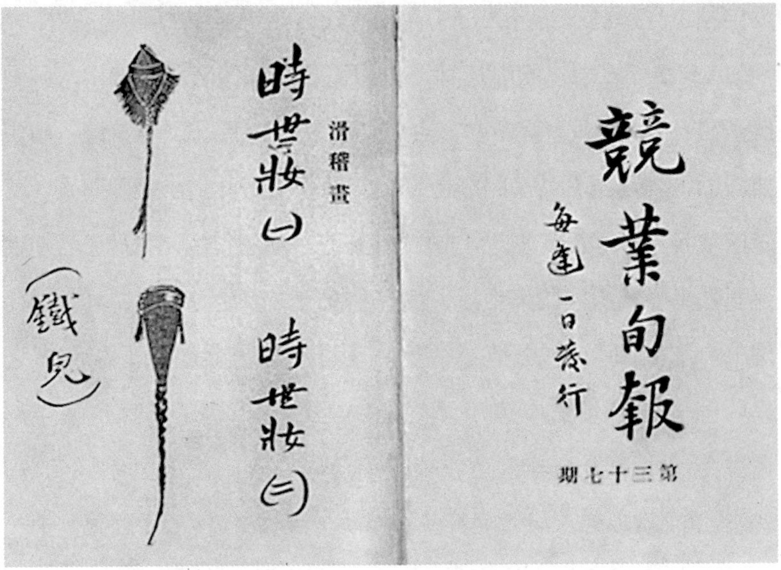

图十五 《时世妆》及刊登该画的《竞业旬报》第三十七期封面

受西方现代传媒的影响而别开生面。英国商人美查于1876年创办的《申报》，或单独印行画报（《寰瀛画图》《点石斋画报》），或以文字新闻配置图画，深受读者喜欢。受此影响，清末的白话报，尤其是上海的白话报，有不少刊载图画，以图文并茂的方式报道新闻，宣传新思想，启蒙大众。《竞业旬报》刊登的图画尤多，该报共41期，其中有30期共刊图画30幅。与差不多同期的刊登图画的《女学报》《女子世界》《江苏白话报》《安徽俗话报》等相比，《竞业旬报》是刊登图画最多的一份白话刊物。该报所刊图画大致可分三类，其一为风景和人物画像（该报称“图画”），如《岳飞》《巴枯宁》《索菲亚》《托尔斯泰像》和《万里长城》《明孝陵》《秋瑾墓》等画像；其二为新闻图画，如《万国女权会巴黎开会之实状》《俄国相邸轰裂图》等。这两类题材大都意在唤醒国人的民族意识和革命意识。其三为“讽刺画”（该报称“插画”或“滑稽画”），如《儿戏中国》《亡八》《暗卖日货》《最新之官吏面》《列强联盟保护中国之真相》，这类画具有明显的讽喻现实的意旨，胡适的《时世妆》即属此类。

“时世妆”本指古代妇女之装饰（因其“状似悲啼者”，又叫“啼妆”），后引申为入时或时髦的装饰打扮。这种妆面的形式，流行于唐代的长安妇女中，尤为当时的贵族妇女所喜尚，直至五代。白居易《时世妆》诗曰：“时世妆，时世妆，出自城中传四方。时世流行无远近，腮不施朱面无粉。乌膏注唇唇似泥，双眉画作八字低。……”

胡适的《时世妆》描写的是当时上海时兴的妇女发式。《时世妆》（一）头顶作圆锥髻，脑后长发作辫，两侧短发剪成倒三角形；《时世妆》（二）头顶部绕前辫作半圆圈状，辫梢在耳后剪作两小刷，脑后长发梳一蓬松大辫。

胡适在滑稽画《时世妆》里究竟寄寓着怎样的意义，需要我们通过他这一时期见诸文字的妇女思想和生活实际来做分析和判断。

胡适1906年发表在《竞业旬报》上的《敬告中国的女子》一文是胡适早期妇女思想的集中体现，他借蔡邕《女训篇》里的观点，批评中国妇女只晓得装饰面孔却不晓得修饰心思，他说：“现在的女子，只晓得梳头、缠足、搽（脂）抹粉，妆扮得好看，却不肯把这对镜梳头、忍痛缠足的工夫，用在读书里面，请你想想看，不读书怎么能修饰心思呢？这都因为他们不晓得‘修饰面孔’和‘修饰心思’两件事谁轻谁重的缘故。”[1]

---

〔1〕 希彊《敬告中国的女子》，《竞业旬报》第5期，1906年12月6日。

胡适1921年8月4日在安庆青年会演讲《女子问题》时又说："先讲形体的解放。在从前男子拿玩物看待女子，女子便也以玩物自居；许多不自由的刑具，女子都取而加在自己身上，现在算比较的少了。如缠足、穿耳朵、束胸等等都是，可以算得形体上已解放了。"[1]

这是我们能看到的胡适在"五四"前后十多年间里基本一致的对于妇女装扮的看法。我们把同样在清末创办白话报、宣传新思想的陈独秀关于对妇女装扮的看法做一对照，就会发现他们的观点在清末可能代表一种新的普遍看法。

陈独秀1904年在《恶俗篇·妇女的装扮》中总结了中国妇女所受六种"刑法"：第一样是脚镣的刑法——缠足；第二样是手铐的刑法——手镯；第三样是两只耳朵的刑法——耳环；第四样是链条锁头颈的刑法——项链；第五样是一面枷——披肩；第六样是打皮巴掌——扑粉。陈独秀批评道："我中国的妇女们，还是几千年前，被混账的男人，拿女子当作玩弄的器具，这班妇女们，受了这个愚，便永远在黑暗地狱，受尽了万般苦楚，一线儿亮光都没有，到如今越弄越愚，连苦恼都不晓得，相习成风，积非成是，像这样坏风俗，真是大有害于世道人心呀！"[2]

在《时世妆》发表之前，胡适在《竞业旬报》上发表了《世界第一女杰贞德传》（第27期）和《中国爱国女杰王昭君传》（第32期），竭力表彰她们的爱国义举。在发表《时世妆》的同期《竞业旬报》中，胡适开始连载三期《曹大家女诫驳议》，对这位中国女界的大罪人，进行了毫不留情的批判。

---

〔1〕《胡适全集》第21卷，第250页。

〔2〕三爱《恶俗篇·妇女的装扮》，《安徽俗话报》第12期，1904年9月24日。

胡适所作《时世妆》，除了表达他的启蒙新思想（妇女思想）之外，还跟他这一阶段的实际生活有关。

这一时期胡适个人和家庭生活都发生了很多变故，他说："在那个愁闷的时候，又遇着一班浪漫的朋友，我就跟着他们堕落了。""从打牌到喝酒，从喝酒又到叫局，从叫局到吃花酒，不到两个月，我都学会了。"[1]正是这些机缘，胡适出入花柳场所和戏院酒楼，对妇女的装扮因观察而生感想，遂用滑稽画的方式表达其讽喻、规劝之意。

至于胡适这幅画为什么是极具现实主义精神的"时事画"，这与胡适经世致用的文艺观有关。以后证来证前事，虽不合逻辑，但也能说明问题。胡适1914年7月12日日记这样记述了他收藏西洋"时事画"的动机：

> 偶捡旧箧，得年来所藏各报之"讽刺画"（讽刺之名殊不当，以其不专事讽刺也），即"时事画"（Cartoon），展玩数四，不忍弃去，择其佳者附载于是册，而弁以序曰：
>
> 西国报章多有"时事画"一栏，聘名手主之。其所画或讽刺时政，或褒贬人物，几于不着一字而利如锋霜，爽如哀梨，能令人喜，亦能令人叹息，其为画也，盖自成一种美术。欧美二洲以此艺著者无数，而其真能独树一帜自成宗派者，则亦复寥落无几。盖其为画也，亦犹为文然，贵以神胜，以意胜者次之；其但纪事实，炫技巧，供读者一笑而已者，不足尚也。……拟吾之为此集，初徒以自娱也，诚以此艺之在吾国，乃未有作者，区区之怀，将以之

[1]《四十自述》，第87页。

绍介于国人，俾后之作者有所观感取法焉，亦采风问俗者所有责也。[1]

胡适将其附载于日记中的四十五幅“时事画”逐一做了说明。其一为“单上无名”，取材于1912年4月15日发生于北大西洋的泰坦尼克号沉船事件：“前年Titanic舟与冰山相触，沉于大西洋，死者无数，骆氏作此图哀之。写乡间老父母翻看报纸，寻其儿女存亡消息，题为《单上无名》，用意最深刻动人，此何啻一篇万言哀辞，真绝作也。”其十二为《中国之新神像》：“为中国革命作。图为一中国人手持自由之神，审视把玩。此图出，各国争转载之，漫氏之名遂大著。”[2]

1915年7月11日，胡适为他所收藏八幅反战题材的“讽刺画”剪报题诗八首，并说：“自战祸之兴，各国报章之讽刺画多以此为题，其中殊多佳品，偶择其尤，附载于此……既载此八画，戏为作题词，以三十分时成七则，亦时殊有隽妙之语，颇自喜也。”[3]由此可见胡适对“时事画”的偏爱。

胡适在这里肯定的是西洋“时事画”“讽刺时政，褒贬人物”的现实主义精神和“不着一字而利如锋霜，爽如哀梨”的艺术感染力。他对这种西洋艺术精神的认同，与其说与他在《竞业旬报》时期的美术思想相一致，还不如说这一认同源自他早年的美术观。

---

〔1〕《胡适全集》第27卷，第365—366页。
〔2〕同上书，第366、367—368页。
〔3〕《胡适全集》第28卷，第182、191页。

抗战·离乱·行旅与“大西北”的文学书写

——顾颉刚《西北考察日记》中的“秦陇”风景

我心头充满戈壁底沉默

脸面有黄河波涛底颜色

——闻一多《我是中国人》

顾颉刚抗战期间所写《西北考察日记》，作者以历史地理学家的知识与视角，对“秦陇”风景乃至大西北的自然景观与人文景观进行了细致的考察与描写。他在大西北发现“江南”风景，以慰藉他背井离乡的乡愁；他对鸟鼠山、黄河源、秦长城、拉卜楞寺等景观的描写，则表现了他在日本侵略的背景下，借此唤醒民族共同体的历史文化认同感。

一个地方的知名度，文学对它的塑造功莫大焉。虽然日记中的景观描写，不比诗文与小说中的广为人知，但日记中的景观描写也有它的优势。周作人说：“日记与尺牍是文学中特别有趣味的东西，因为比别的文章更鲜明的表现出作者的个性。”[1]考察日记中的景观描写倒不是表现了作者的个性，而是因了它的琐碎的趣味：“这种琐碎的描写，是最有趣味的，夹在较长的日记文中，如

〔1〕 周作人《日记与尺牍》，《雨天的书》，石家庄：河北教育出版社，2002年，第12页。

那沙漠上的绿洲，使人望着生一种快感。简单几个字，又妩媚，又动人，写景物的更如一颗露珠，玲珑剔透。你读到那里，不由得你不停住目光，向下深深思索。”[1]我们要是承认日记是文学，而且是有个性的文学，那么，从顾颉刚的《西北考察日记》来讨论抗战期间文人对“大西北”景观的文学书写，亦是独特的视角。而且，“文学写作与地理学写作两者相互借鉴，它们都吸收了常用的写作方法并考虑到读者的期望，各自都采用不同的文体和修辞来提供一个可信的视角。我们不应该把地理学和文学看成两种不同的知识系统（一种是虚构的，另一种是真实的），我们应该把它们看作是相同类型的写作，这样就体现出了‘文学写作的世故性与地理学写作的想象力’”。[2]

1937年7月7日卢沟桥事变后，半壁江山沦陷。随着国家机关和文化、教育团体的大批西迁，不少文化人来到西北，于是有“大西北”在文学地理上的发现——景观的奇特、地域的辽阔、文化的深厚、物质的匮乏、民性的坚韧淳朴，这一切都奇特地混杂在一起。这样，长期以来被遗忘的大西北，不仅成了抗战的大后方与根据地，而且也成了文学的处女地。无数的学者、作家、记者、政客，都用他们的生花妙笔，描写着这块苍老而新奇的土地。蒋经国1942年考察西北后写下了《伟大的西北》，这篇长文，既是政治家的政治动员报告，也是文学家的抒情散文，他说：

几年来抗战的经验告诉了我们，敌人侵略我们的主要

---

〔1〕阿英《论日记文学》，《阿英全集》（附卷）合肥：安徽教育出版社，2006年，第5—6页。

〔2〕［英］迈克·克朗著，杨淑华等译《文化地理学》，南京：南京大学出版社，2005年，第52—53页。

> 目的并不只是限于东南的土地而是西北的资源。同样地，我们也早已认清了西北才是我们主要的抗战根据地。那里有高山大川，有广袤的平原，有广大的土地，有诚朴可爱的同胞，有茫无边际的浩瀚，也有沙漠中的绿洲，有千千万万的羊群，有蕴藏无数量的矿产，有塞上的明月，有晚风中的驼铃，有丰富的文化遗物，有各民族艺术的结晶，那里包括陕西、甘肃、青海、宁夏、绥远以及西藏、蒙古、新疆等省，杂居着汉、满、蒙、回、藏各族的同胞，他们是那么亲爱，那么诚挚地生活在一起。〔1〕

一个地方的文学，有赖于作家的创作，而创作的对象总离不开人物生活的地理环境，对于纯粹的写景抒情作品而言，景物当然更是主要的对象了。但是久居其地的人，未必就能“发现”他眼前的景物。于是，一地的人情风景，在文学上是有赖于“他者”的眼睛来观察，需要“他者”的笔触来描写的。就这个意义上来说，秦陇“风景”在现代文学上的发现，是有赖于抗战期间来此的众多文人学士的，顾颉刚就是其中的一位。

抗战爆发不久，顾颉刚于1937年9月29日至1938年9月9日（其间两次赴西宁约20日）受中英庚款董事会委托，考察甘青两省教育。

顾颉刚“性好游览”，在甘考察教育期间，他登名山，渡大川，吊古城，搜残碑，足迹遍于河、湟、洮、渭之间，每到一地，必穷其胜而后快。对兰州、临洮、渭源、漳县、岷县、临潭、卓尼、陇西等地的自然景观与名胜古迹多有歌咏。本文通过分析顾

〔1〕蒋经国《伟大的西北行》，银川：宁夏人民出版社，2010年，第4页。

颉刚在甘期间对秦陇地理景观的描写，一是想说明作家对某些景观的特殊关注与他的潜意识或情感诉求之间的隐蔽关系；二是要说明顾颉刚作为历史地理学家，对无论是自然景观还是人文景观中积淀下来的民族共同意识，都有着深刻的理解。他对大西北的景观描写，意在唤醒抗敌御辱的民族意识。

一、顾颉刚笔下的秦陇“风景”

1937年9月30日，即他到达兰州的第二天去看黄河铁桥：

游黄河铁桥，高丈余，宽两丈余，为此间惟一新式建筑，清光绪末陕甘总督升允委德商所建，足下黄河滚滚，皮筏去疾如矢，胸中为之开畅。河边多水车，藉风力转动，可以灌高地，城中居民食水皆由水车从城头输进。[1]

10月4日去临洮途中：

途中荒凉，增我悲感，得一绝句云：车走黄沙白石间，天低云压马头山。江南河北知何似，凝眉层峦不展颜。

1938年2月17日，在渭源县游秦长城：

秦城起自秦代之临洮，即今岷县，由是东折至渭源，又北东至临洮，又北至皋兰，皆有其遗迹，惟存者已仅耳……至则城虽零断，其宽处犹可数人联臂以趋，墙上版筑之迹宛然如新。南望漳岷，万山攒聚，高直摩天，于狂风怒号之中更显其岳岳之姿，而我等踽踽危崖者直将不敢张目以

[1] 顾颉刚《甘青闻见记·西北考察日记》，兰州：甘肃人民出版社，1988年，第21页。为行文方便，下文凡引《西北考察日记》，均出自此书，不再一一标注。

望也。

2月18日，在渭源游渭水源、鸟鼠山：

当地人士约游鸟鼠山，此为幼年读《禹贡》时所冥想者，今得亲涉其地，甚快。车至渭水源，不能进，跨驴而行。途中山壁耸立，人行其间，如穿曲巷。泉源重重，入冬而冻，犹著瀑形。最上一源曰品字泉，盖三源凑集，有如此字也。今筑木壁围之。到导渭村刘家小憩。回水源及禹王庙，各摄一影。当地人士请作庙联，因书："疑问鼠山名，试为答案歧千古；长流渭川水，溯到源头只一盂。"经学家对于"鸟鼠同穴"之名素有一山二山之争，故及之。闻鸟为土白灵，鼠为鼬，今尚营共同生活，惟已鲜见，则以人烟稠密，又远迁至荒凉之境矣。

3月1日（康乐）：

饭后与同人循胭脂川行，入林中，席地坐溪边，听黄鸟歌声，休息一小时。康乐多流泉，丛丛灌木，不植自生，春烟荡漾，酷似江南。

3月13日（临洮）：

十三日之晨，梦中得一联云："眼底名山皆属我，江南逐客已无家。"醒而诧曰：上一语何其豪迈，下一语何其凄凉，太不类矣！盖予近日胸中实有此矛盾心理，于驰驱也则喜，于无归也则怆，故发之于梦寐者如此。夜间步月，离思难禁，得"天中皓月好分君"一语作对，似较称。

5月2日（漳县）：

昨日大雨雪，今日晴光高照，野中水蒸气因作白云，横遮山岭，麦陇之上轻烟冉冉而飞，更为奇丽，漳水流域沟洫纵横。树木茂密，土地肥沃，而甘肃有谚曰："合水无水喝，两当不可当。莫说环县苦，还有陇南漳。"谓此四县为本省最瘠苦之地，何哉？

5月10日（岷县）：

今日在途中，忆离临洮时梨花乍放，越两旬矣，而行道所经，以地势渐高，春来愈后，无不乍放者，得句云："一路梨花次第看。"告之树民，渠促足成一诗，因续之曰："此春应不惜花残。新来学得延年术，直上西倾挽岁寒。"西倾为此间诸山之主峰，登其上当尚留得去冬凉气也。

6月6日（卓尼）：

《禹贡》朱圉山，本说在甘谷县。前在《石遗室诗话》中见王树枏诗，谓卓尼即《禹贡》朱圉之转音，若猪野之讹为居延；且其地有山殷然四合者，形似朱圉者；否则朱圉反在鸟鼠之下，与《禹贡》导山次序不合。……早五时与俱出，至上卓尼，登山。此山自南望之，屹然一峰，诸山围之，色赤，宛若兽在圉中，称以朱圉固甚当。唯此名甚文，而彼时中原文教尚未达此，其名为何人所命殊为难索之谜耳。山上为卓尼藏民之山神，每年阴历五月十五日唪经祭神，十里以内之人皆至。

6月7日（临潭旧城）：

今日途中到处开马兰花，色深紫，群蝶绕之，蹁跹不已，因得一小诗云："榴红照眼忆乡关，已染胡尘不欲还。五月寻芳飞乱蝶，马兰紫遍卓尼山。"

6月15日（临潭旧城）：

登山观八龙池，南望叠布则雪山峥嵘天际，所谓“石门金锁”者有若蟹之张螯欲攫。同人请为诗，因口占两绝云：“八龙山上八龙池，荡漾云光上藻丝。顾视群峦齐俯首，几留峭顶照湖湄？雪压南山是叠州，石门金锁望中收。白云锁住石门里，添得雪山几个丘？”

6月18日［临潭、黑错（合作）途中］:

二时半到陌务，字一作买吾，今日行五十余里所见惟一之村落也。……旋至寺前川畔席地坐，入暮方归。今日所度为分水岭，自此以往水皆西流入夏河。得一小诗云：解得浮生十日忙，溪山坐对两相忘。买吾寺下西流水，无尽流连向夕阳。

6月19日（黑错）:

经马连滩，花发更茂，马蹄所踏皆芬芳也。此间夏日乃如江南春天，满山锦绣，无人摘取，有若内地之公园，惟扩而充之至白千里耳，戏成一绝云：“到处有山便有花，蓝红黄紫遍天涯。东方故旧如相问，马上行人不忆家。”告之同人，佥笑谓此诗不可使家人见也。

6月22日（黑错、夏河途中）:

过隆洼口后，在丛丛灌木之下踏泉而行，野花怒发，境至清丽。……与同人到水滨小坐听泉。夜中到隆洼寺访王僧官，并参观经堂。九时归，得一绝云：“月黑流泉声更悲，寺前栈道杖行危。忽然风起香盈路，猜是闲花开满崖。”

7月14日（夏河、临夏途中）:

今日行六十里，一路风物更美，山之峭，水之湍，林之茂，都当入甲等。水副官导游晒经滩寺，谓是玄奘遗迹；然彼何由至是，当是番僧取西游演义中神话附会之于此耳。出，游风洞，七时许还店。夜中坐炕上听流泉声，杂以雨声，更觉凄怆欲绝。

8月2日（兰州）：

早与克让同游小西湖，访秦长城，得其一堵。此间本有一大池，自民国九年地震后已干涸。长林中缀以亭榭小桥，亦有一二分肖明圣湖处，故当地名流所作联额专就杭州景物下笔；实则金山之下，黄河之岸，其气象豪迈，原不必依傍脂粉西子耳。

8月29日（兰州河口）：

下午一时上筏，四时至湟水入黄河处，凡九十里。以暴雨，筏上无盖，急携物避入村民家。五时三十分霁，又上筏。六时至青石关。六时五十分至新城，落宿一小店中。夜听流水声甚壮历，得一小诗云：青石关前滞客行，长空惟有阵云横。黄河夜泻千峰雨，迸作金戈铁马声。

二、在西北看到“江南”

顾颉刚一生两次来甘，都与战乱环境的逼迫有关。卢沟桥“七七事变”后，7月21日日记：“方纪生君至予西皇城根寓所，云得冀察政务委员会确息，敌人欲捕抗日分子，开出一名单，予以办通俗读物编刊社，宣传民族意识于下层民众，久为日本特务人员所注意，名在前列。”[1]他在《西北考察日记·序》中又说：“初意作短

〔1〕《甘青闻见记·西北考察日记》，第12页。

期游历耳，乃卢沟桥战事突起，敌人以通俗读物之宿憾，欲致予于死地，遂别老父孱妻而长行。东南既尽陷，予义不当返家，吾父不胜思子之情，含恨入地。吾妻万里相从，又旋里代我理父丧，病躯不堪其劳，亦撒手嘉陵江上。听永夜之鹃啼，涕涟涟而不止。”[1]

以常理推测，凡人对于故乡常见的景物，并不觉得其有观赏的价值，所谓“熟视无睹”也；但置身异地，同样的景物又成了思乡的蛊惑，即是“触景生情”。顾颉刚游历秦陇大地，多次使用“江南”或描写江南风景的词语（如“曲巷”）来描述所看到的景物，说明此时“江南”在他生活中的缺失。于是，他将西北偏于柔媚的风景，比拟“江南”，将自己置身于“江南”的风景中，以获得心理上的补偿与慰藉。历代落魄文人，多有寄情山水，从自然的安闲淡定中领略人生的真谛，乃人之常情。战乱逼仄，与人的惊慌无助形成鲜明对比的是山河的沉稳自处，“溪山坐对两相忘”，是沉默的山水给予人的启示。作为“江南逐客”，滞留异乡，流连山水，类似“江南”的风景，一方面不断勾起他的乡思，但另一方面，使他在此地得到安慰——“榴红照眼忆乡关，已染胡尘不欲还”。“到处有山便有花，蓝红黄紫遍天涯。东方故旧如相问，马上行人不忆家。”但他也知道，即使陇南一代的景物如何近似“江南”，那只是一种幻觉。所以，他月夜临泉，卧听风雨，泉声呜咽，风雨凄凄，象征他无法排遣的羁旅之思。1938年6月2日，顾颉刚在临潭过端午，恰遇“六月飞雪”，这一巨大的时令差异，又一次提醒他“江南逐客”的身份。于是，他马上在音乐中寻找一个“江南”的音调，以替代时令反差带给他的心理刺激：“听前院二胡声，其调则

〔1〕《甘青闻见记·西北考察日记》，第4页。

南方所习闻者也，佳节逢此，又兴思乡之感。”见不到杨柳依依的江南，那就在雨雪霏霏的西北，聆听“江南”。这即是他所谓“于驰驱也则喜，于无归也则怆”的矛盾心理。

三、“大西北”地理景观与历史文化认同

顾颉刚在考察日记中所描写的地理景观分为自然景观与人文景观。自然景观有黄河、鸟鼠山、渭水源、朱圉、西倾山、马兰花等，人文景观有拉卜楞寺、秦长城、哥舒碑、黄河铁桥、羊皮筏、水车、寺庙等。

山河花木，均属自然景观。但自然景观也有历史，乃因自然作为人类生活之环境，人不得不将其生活中的悲欢离合等感情投射到它的身上，所谓山河含悲、草木有情，均属此意。但对历史学家顾颉刚来说，山河草木等自然景观，经过一代代文人学士的妙笔修饰，积淀了深厚的历史文化内涵。

黄河作为中华民族的母亲河，见证了这民族兴衰多难的沧桑历史，积淀着深厚的民族记忆，也塑造了中华民族百折不回的坚韧品性。顾颉刚于1938年7月22日到永靖县积石山，探访《尚书·禹贡》所记“河源”，见黄河蜿蜒出峡，积石巍峨雄伟。顾颉刚这次对“河源”的探访，已不是一般意义上的游览，而是对于民族文化的寻根与祭奠。这在日军侵略的背景下，更能说明他的心理动机。正如陪同游览的王树民所说：“《禹贡》首著‘积石’之名，可征先民足迹所至之远，观之自激发高度之民族自豪感！”〔1〕而顾颉刚

〔1〕王树民《甘青闻见记·陇游日记》，兰州：甘肃人民出版社，1988年，第283页。

游兰州河口所作“黄河夜泻千峰雨，迸作金戈铁马声”诗句，以“金戈铁马”来形容黄河气势之大，让人想到光未然的《黄河吟》、冼星海的《黄河大合唱》等。在日本侵略中国的背景下，这条与民族一样悠久的河，与这个民族一样愤怒地咆哮了。

西倾、朱圉、鸟鼠诸山，在《禹贡》中就有记载，说明这些山虽非名山，但是它们以悠久的历史，陪伴与呵护了中华先民的成长。正如顾颉刚感叹与疑问的那样，在《尚书》成书的时代，中原文化尚未远播之际，有人能以“朱圉”如此文雅的字眼来命名此山，既让人不可思议，也让人感叹祖先的智慧；同样，通过对“鸟鼠山”命名由来的考察，让我们知道了这山的悠久历史。

与自然景观相比，人文景观因其凝聚了人的劳动与智慧，更是一个民族永不磨灭的标记。顾颉刚对此有深刻的理解：“……先民之遗产。或建筑之伟，或雕刻之细，或日用器皿之制造，或文字图画之记录，莫不使我侪见之惊心动魄，叹祖宗贻我之厚如此。”〔1〕

顾颉刚在夏河游览了拉卜楞寺，不仅在日记中有周详的记载，后来又在《拉卜楞一瞥》一文中这样盛赞它：“拉卜楞寺则在一个盆地上，四面是山，中间很匀称地分布着金瓦和琉璃瓦的高伟建筑，土人称这形势为‘金盆养鱼’，好像各色金鱼浮在一个盆里似的，非常好看……金光灿烂，比了北平的皇宫还要庄严美丽。”〔2〕

顾颉刚在甘肃渭源县和兰州市两地见到了秦长城遗址，当他看到在这荒野之中横亘了几千年的城墙上“版筑之迹宛然如新”时，他与建造这一人类奇迹工程而死去的祖先，是如此接近。“南望漳岷，万山攒聚，高直摩天，于狂风怒号之中更显其岳岳之

〔1〕顾颉刚《人间山河》，北京：北京大学出版社，2009年，第29页。
〔2〕同上书，第63页。

姿。”这山峦，仿佛是驻守长城一线的士兵，以凛然不可侵犯的雄姿，守卫边疆。长城在这里已不是一个历史遗迹，而是抗敌御辱的“战士”。正如闻一多在《长城下之哀歌》一诗中所写，长城是五千年文化的纪念碑，是伟大的民族的伟大的标志，又是旧中华的墓碑，守着那九曲的黄河。

大西北人文景观的独特之处，还在于多民族的人口地理构成。顾颉刚作为边疆史地研究的专家，除了对各民族的信仰、风俗、民性等留意观察外，更是在抗战的背景下，从维护中华民族的团结出发，对解决甘肃乃至西北的民族问题提出他的看法。一方面，他对一些地方民族之间的团结和睦深感欣慰，同时，他对因历史原因、宗教信仰的不同而造成的民族冲突与隔阂，深感忧虑。1938 年 3 月 1 日，他给行政院中英庚款董事会总干事杭立武汇报工作时说：“康乐为回、汉杂居之邑，回居十之六，汉居十之四。年来回教人士颇有觉悟，自办学校，颂习汉文，并有将《可兰经》译成汉文，将来即念汉文经典之拟议，回、汉间感情亦甚融洽，地方公务均达到合作之地步，前途甚可乐观。”[1] 又6 月 29 日给杭立武的信中说：“刚未到藏地时总以为藏民尚保持野蛮之习惯，未受文化之陶冶。及亲涉其地，见其平民彬彬有礼貌，无赤贫之家，其寺院则精美弘伟，逾于皇宫，其喇嘛则埋头治学，献其全生命于经典，为之瞿然以惊，皇然以惭。藏民性情宽大，易于接受外来文化，惟以汉人与之往来太少……一时不易接受现代教育。”

6 月 29 日日记又说：“盖甘肃居民有汉、回、藏、蒙四族，除

---

〔1〕顾颉刚《顾颉刚书信集》卷三，北京：中华书局，2011 年，第 79 页。

蒙族以人数不多，且以崇信喇嘛教故已同化于藏族之外，汉、回、藏三方势均力敌，种族宗教既殊，加以交通不便，不明外间情形，不知天地之大，心思恒多窄隘，遂致日以寻仇为事。”他认为解决西北民族问题的办法，是针对各民族的历史文化和现实问题，发展教育，尤其是社会教育，使之具有国家观念、团结意识：“西北今日有无数人得不着受教育之机会，若任其自然，则以彼勇悍之风，褊狭之性，实足增加国家民族之危险性，结果亦非彼中领导人物自身之利益……本会工作倘能向此目标而奔赴，汉、回、藏三方自能以教育相同而达思想相同，因思想相同而情感互通，因情感互通而团结为一体，如是则教育之功用圆满达到，国家固享无穷之利，而本会补助之经费得千万百倍之效果矣。”[1]

顾颉刚在抗战期间对“秦陇”景观的描写，从个人潜意识的角度来说，是他在对这些类似故乡——“江南”的风景描写中，寻得了心理上的安慰，以减轻他背井离乡的痛苦；而从唤醒民族意识的角度来说，顾颉刚以他中国历史地理学专家的身份，深知地理景观在民族认同中的意义——地理景观也是想象“民族共同体”的一种媒介。“很显然，我们不能把地理景观仅仅看作物质地貌，而应该把它当作可解读的‘文本’，它们能告诉居民及读者有关某个民族的故事，他们的观念信仰和民族特征。”[2] 正如我在文章开头所引闻一多《我是中国人》的诗句所说，“戈壁”的沉默已经内化为中华民族的气质，“黄河”的颜色也浸透到炎黄子孙的肤色中去了。在此，地理景观已经和整个民族完美地融合为一体了。

---

〔1〕《顾颉刚书信集》卷三，第92—93页。

〔2〕［英］迈克·克朗著，杨淑华等译《文化地理学》，南京：南京大学出版社，2005年，第37页。

附：顾颉刚抗战期间在甘肃的书法逸事

我的故乡甘肃定西市通渭县，既是苦甲天下的贫困县，又是闻名遐迩的“书画之乡”，普通乡民对于书画有着特殊的爱好，即便家徒四壁，且全家无一识字之人，也要在客堂里挂一幅字画。此种心理，乃是出于对文化的极端崇敬。记得小时候邻乡有一姓路的农民书法家，谁家盖了新房，或是翻修了堂屋，他都能打听到消息，上门兜售他的字画。若主人不在，他就拿着锤子、钉子，擅自将他装裱好的字画挂在人家新房墙壁上，等到年末岁尾，再上门取钱，乡邻照给不误。贾平凹在《通渭人家》里这样说：“现在全县九万户人家，不敢说百分之百家里收藏书法作品，却可以肯定百分之九十五的人家墙上挂着中堂和条幅。我到过一些家境富裕的农民家，正房里、厦屋里每面墙上悬挂了装裱得极好的书法作品，也去过那些日子苦焦的人家，什么家当都没有，墙上仍挂着字。仔细看了，有些是明清时一些国内大家的作品，相当有价值，而更多的则是通渭县现当代书家所写。”在甘肃农村，如此热爱书法，不仅通渭一县，至少相邻数县大多如此。

抗战期间，我的先祖在甘肃临洮、岷县一带军中供职，此时恰逢顾颉刚来此考察西北教育，故有机会求得顾先生下面这幅墨宝。

这幅字的对联为“书田菽粟皆真味，心地芝兰有异香”，中堂为晚唐诗人吴融《题分水岭》诗。分水岭在岷县城东南麻子川村，

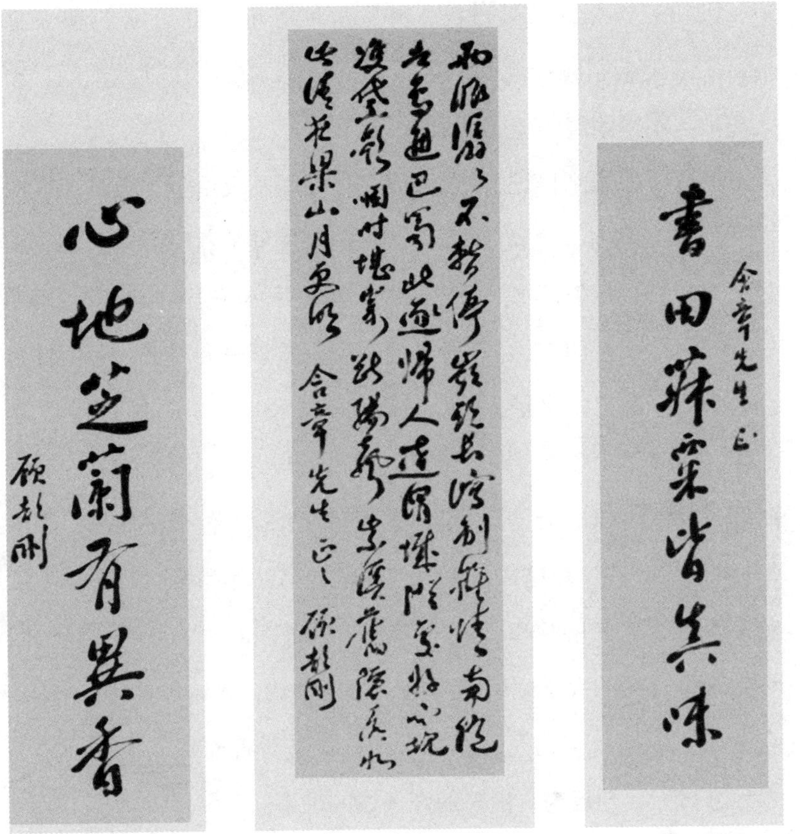

图十六　顾颉刚书法作品

为岷州八景之一，是古雍州与梁州的分界线，也是黄河与长江水系的分水岭，自古多有诗人歌咏于此。顾颉刚每到一地，遍访名胜，查阅方志，所写字画，多与地方人、事、景物有关。此幅所录，与全唐诗《题分水岭》个别字句有出入（已随文注出），估计顾颉刚当时所依为《岷州志》所载诗：“两派潺潺（湲）不暂停，岭头长泻别离情。南随去马通巴蜀（栈），北逐归人达渭城。澄处好窥双黛影，咽时堪寄断肠声。紫溪旧隐还如此，清夜梁山月更明。”因为他在 1938 年 5 月 6 日的日记中说：“翻看《岷州志》略毕，到第三营张营长处洗澡，并写屏联等十余事。”此诗借景抒情，实则契合了顾氏此时的心绪，寄寓了他自己在抗战期间，家人离散、不得团聚的离愁别恨。

通读《顾颉刚日记》，发现他在甘期间不仅留下了数量惊人的书法作品，同时，也留下了不少相关的逸闻趣事。顾颉刚首次来甘，是在抗战爆发不久，他于1937年9月29日至1938年9月9日（其间两次赴西宁约20日）受中英庚款董事会委托，考察甘青两省教育。第二次来甘，是受兰州大学校长辛树帜之邀于1948年6月17日至12月7日来兰讲学。据我粗略统计，顾颉刚两次在甘时间，共计约500天，其间至少留下了4780[1]件书法作品，平均每日将近10件。在这数目庞大的一幅幅书法作品背后，不知隐藏着多少鲜为人知的故事。就求字者一面而言，为了得到一幅他们终生难得一遇的大学问家的墨宝，怎样辗转托人，怎样排队等候，有的如愿以偿，有的扼腕叹息……；就书写者而言，我们可通过顾颉刚日记，一窥与此相关的许多逸闻趣事。

一、“仁者精神”

顾颉刚先生为什么在甘期间留下了这么多的书法作品？原因有二：首先是民众对字画的热爱，尤其是对像顾颉刚这样一些大学问家墨宝的崇敬；其次是顾颉刚对求字者的仁爱之心，尽量满

---

〔1〕这个数字是最保守的统计，顾颉刚日记中对他每日所写字画的记载，有的是确数，有的是约数，如1938年2月20日：“为人书屏联中堂匾额等约七八十事。”同年2月25日：“为人写屏联中堂数十事。”对于这样的数字，笔者都按最低数统计，即“约七八十”计70，“数十事”计10。

足每个求字者的愿望。

1938年初，顾颉刚在甘肃临洮主持“小学教员讲习会”，其间很多学员和地方人士前来求字。1月28日，他“为人写屏、联近百事”[1]不胜劳累，于是他的同事建议他以收费来作限制，可是仍不管用，他次日的日记写道：“终日为人写屏联，一日近百件，合前数日为学员所写者合计之，殆逾五百件。施者倦矣，而求者未厌。林漫等见其劳苦，因为定润格以作限制。予臂虽不酸，胸间背上却痛，以写字时佝偻也。临洮市上宣纸，其将为予涂尽。”

1938年2月23日，顾颉刚在渭源县为人写了一百二三十幅字，累得牙痛，害他不能美餐主人的全羊席：“此间人好文，予至，求书求文求联语匾额者接踵，一旬中又写四五百事。二十三日晚，杨小霞君办全羊席见饷，自羊首至羊尾循序而进，无一物不登于俎，予食而甘之。忽牙作奇痛，竟不能终食，倘以写字太急太多之故耶？伯农等闻临洮求书事，先为之定润格，谓将以所得笔资办一颉刚幼稚园，作我到此之纪念也。”

1938年4月29日，离开陇西前一日，他为陇西师范学生写字百余件，直到夜半。对此，他在日记中不无幽默地这样调侃：“师校学生群来，人出一纸索予书，亦有一人而挟数笺者。以明晨即行，直为挥洒至夜十二时方毕，上午一时就眠。民众动员固有力量，但有时却非逼死人不可，亦可畏也。”陪同考察的王树

〔1〕本文所引顾颉刚在甘有关书法的日记，1937年9月29日至1938年9月9日出自《甘青闻见记·西北考察日记》，《肃文史资料选辑》第28辑（甘肃人民出版社，1988年），1948年6月17日至12月7日出自《顾颉刚日记》（中华书局，2011年）卷六，为了行文简洁，不再一一标引。至于为什么没有统一引用中华书局出版的《顾颉刚日记》，是因为笔者发现《顾颉刚日记》与《甘青闻见记·西北考察日记》对同一事件的记述有较大差异，两相比较，后者更翔实，但顾颉刚第二次来甘有关书法的记述，只能引用《顾颉刚日记》。

民在他同日和次日的日记中对顾颉刚的这种仁爱精神有非常同情的理解：

（廿九日）颉师善书，有求必应，故所至求书者络绎不绝。留陇日浅，求书者即纷还而来，更有持集册以求序跋者，颉师于治事之余均一一应之，稍得暇即出箧书阅读。此为最后一日，来者尤众，时已午夜，犹不稍减，颉师均令满意而去。仁者精神，至足动人，此次则予所留印象之尤深刻者也。

三十日，五时半起床，筹备起行。求墨宝者又麇集，颉师不忍令其向隅，均为一一题写，匆迫中并为《汪氏族谱》写序文一篇，深厚雅洁，如宿构，此更为使予叹服不已者。〔1〕

犹有意思的是，温柔敦厚的顾颉刚，也有为写字发脾气的时候。1938年3月19日，他“为人写屏联，以磨墨不浓斥责仆人”。顾颉刚对求字者的“宽容”和对磨墨者的“严厉”，一宽一严，显示的依然是他为人做事的认真与厚道。

二、“兰州纸空”

大家熟知西晋文士因争相传抄左思《三都赋》而使“洛阳纸贵”的文坛佳话，顾颉刚在甘肃为人写字，走到哪里，哪里的宣纸便价格飞涨，甚至脱销，也成为吾乡美谈。看他1938年6月13日日记：“（临潭）旧城之宣纸本每张三角，予至后连日续涨

〔1〕《甘青闻见记·陇游日记》，《甘肃文史资料选辑》第28辑，第131页。

至一元，升至一元三角，亦售罄；日来求书者多用连史纸等代之。今日有人从岷县购纸回，本钱三角而卖一元，一转手间便获大利。”7月11日，顾颉刚来到甘肃夏河，这个小小县城的宣纸马上告罄，于是求字者以绸代纸：“市上纸少，售卖一空，遂有出绸求书者；质地光滑，自觉作字较圆润，然而浪费矣。”顾颉刚于1948年6月第二次来甘，求字者仍络绎不绝，为了专心讲课与研究，他先是限时，“是星期二、四、六上午十时至十二时，不在这时间不动笔”。[1]继则收费，后来，他干脆宣布从8月开始停止为人写字。但即使这样，也挡不住一些人的百般请托，使得兰州宣纸贵。他7月8日给远在江苏的妻子张静秋的信里说：“写字，真是一笔好生意。亏得我写得快，二小时可写五十幅，还对付得过来。兰州的宣纸，纵不卖完，价钱一定提高了。”[2]8月16日他给妻子的家信里又说：“有一位靳重言君，从青海来，要我写字，走了好几家纸铺子，找不到好的宣纸，原来兰州存留的宣纸，从我来后已给人们搜买一空了。从前有‘洛阳纸贵’之说，现在竟‘兰州纸空’，也是一段有趣的新闻。”[3]

三、先到成都的字画与带回上海的字债

顾颉刚在甘考察教育结束后，于1938年9月9日上午11时坐飞机离开兰州，中午1时50分到成都，入住东胜街沙里文饭店后即去逛街，在一爿装裱店里见到了先他而至的字画：“在某装池

〔1〕顾颉刚《顾颉刚书信集》卷五，第228页。
〔2〕同上书，230页。
〔3〕同上书，247页。

肆中见予在夏河所书联，知彼地与成都之往来洵频繁也。”没想到他写的字比他跑得还快，先到成都迎接作者了。

顾颉刚第二次来甘，在将近半年时间里，也留下不少字画。他 1948 年 8 月 14 日的日记写道：“此次来兰，每一杂志要我写一文，每一机关要我讲演一次，每一人要我写一两张字，如何不忙！”这次离开甘肃前，他依然在为还字债苦苦熬夜。1948 年 12 月 5 日，即临行前两日的日记这样写道：“今日本不当工作，以将行，所欠字债不得不还，乃借汽油灯，夜以继日为之，亦可怜也。”6 日又记：“终日写字约一百五十件，直至夜十时。”他虽如此拼搏，但还是带着连夜写字累积的困倦和没有还完的字债离开了甘肃。12 月 7 日，回到上海的顾颉刚这样记述他与甘肃之间没有了结的字债：“昨日本当理物，以客多，字债多，直至晚十时半始理清（尚有师院[1]学生嘱书字八十件带归写），摒挡各事，直至昧爽始得就绪，即登车矣。飞行中颇打盹，然疲倦迄不解。夜即失眠，以太累也。”

以顾颉刚的处世原则，若是太平年代，这“八十件”没有还清的字债，肯定会还的。但那是动荡的时代，世事多变，所以这字债就永远没法还清了。

---

〔1〕此“师院”即抗战期间迁兰的“国立西北师范学院”，顾颉刚 1948 年 11 月 22 日至 12 月 1 日为西北师院历史系学生讲授中国上古史 8 次。

罗家伦抗战期间的“西北行吟”

——“五四”新文人的“旧诗”与“新歌”

罗家伦的《西北行吟》，是作者抗战期间考察西北建设时所写的一部以旧诗为主的诗集。诗集描写了大西北奇崛壮丽的风景、具有异域情调的风俗民情、灿烂辉煌的文化遗迹，抒发了诗人面对国破家亡的悲愤和渴望祖国统一的爱国情怀。诗集以旧体诗和白话诗并置的形式，从抗战后方的视角，为一代知识分子抗战期间的离乱行旅，留下了一笔弥足珍贵的文学史料。同时，抗战期间旧体诗的勃兴，再次引发我们对文学革命之后，旧体诗创作这

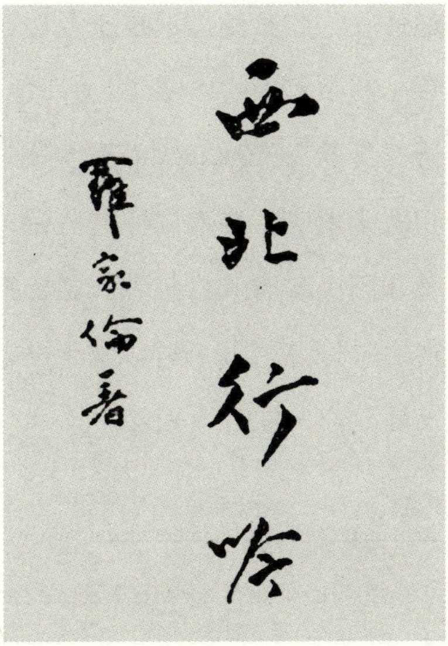

图十七 《西北行吟》的初版封面书影

一文学现象存在的理由和价值的认真思考。

一、引　言

“大西北”的广袤与沧桑，曾激发了多少边塞诗人的灵感与壮志，但近代以来，交通的不畅和经济、教育、文化的衰落，使它渐渐淡出了文学家的视野。抗战爆发，东部半壁江山沦陷后，大西北成了抵抗日寇的后防基地，于是大批文人纷纷西迁避难。土地的辽阔、景色的奇崛、民性的淳朴、文化的丰厚，无不使西来的作家为之惊叹、折服，他们以如椽巨笔，挥写大西北壮丽奇瑰的景致，以唤起中华民族抗敌御辱的豪情壮志，于是，国难之际，大西北再次成为文学的沃土。

罗家伦的《西北行吟》，即是这位五四新文化运动健将的抗战“诗碑”。诗集于1944年初于甘肃天水石印数百册，收入1943年6月至1944年初罗家伦考察西北建设问题时所作诗篇，后又补录他任驻疆监察使往返重庆及漫游西北的诗作，共收诗三百一十三首（其中《玉门出塞集》《海色河声集》《转绿回黄集》三卷收旧诗三百零八首，《塞外高歌集》收白话新诗五首），于1946年1月初版于重庆。诗人说他这些诗，是他担任“西北建设考察团”团长和国民政府监察院驻新疆监察使时，写于“轮蹄出动与欲眠未得之时”，是“藉吟咏以解于役之疲而寄平生之兴”〔1〕“志行踪而馈友好”〔2〕的纪行遣兴之作。

---

〔1〕 罗家伦《西北行吟·自序》，《西北行吟》，商务印书馆，1946年，第1页。
〔2〕 同上书，第2页。

二、如何理解现代文学史上的“勒马回缰作旧诗”现象

由于罗家伦身为国民党要员，且 1949 年后赴台，再加上他是以“打倒旧文学、提倡新文学”并身体力行写作白话新诗而赫赫有名的五四新文化运动的健将，所以人们很少谈及，也很不理解他在抗战期间何以写出这部看似走回头路的旧诗集。

20 世纪 40 年代后期，吴小如认为新文学运动三十年后，“一个五四运动时期的中坚分子，拨转头去写旧诗，而且还正式印出来行世，真是一件值得玩味的事”。[1] 吴小如虽然承认自己“所发表的各种文字中也时时流露出耽溺于传统文化的倾向”，但他揣摩罗家伦写旧诗的动机：“大概因为新阵营中已插不进足，于是乃摇身一变，改换了过去的‘革命’作风，并混入旧诗坛中来，用投机取巧的方式，做一个不甘寂寞的‘诗老’。也许，作者认为现在写旧体诗的真正内行已很少了，一本旧诗集，容或可以博得某些‘门外汉’茫然的盲目景仰与崇敬；不然，就是面对新文化的怒潮，留一个权且自解嘲的退身步。”[2]

姑且不论一般的旧诗作者，就是那些赫赫有名的五四文学革命的发动者和参与者，在“五四”以后时时返顾旧诗写作的，实在为数不少。这种现象，正如吴小如所言，是“值得玩味”的，但原因并不像他揣摩的那样简单。因为我们看到，“五四”以来的诗歌，既有一个白话新诗的“明流”，也有一个旧诗的“暗流”。

---

〔1〕吴小如《读罗家伦的〈西北行吟〉》,《旧时月色》，北京大学出版社，2012 年，第 215 页。

〔2〕同上。

"五四"以来的旧诗写作不是一种个别现象，而是具有普遍性的现象。这股"暗流"，时大时小，但不曾断绝，甚至在某些特殊时期（比如1934年很多作家对周作人五十自寿诗的唱和；抗日战争期间大量旧诗集、旧诗社的出现）还蔚然成风。出现这种现象的原因，我们不能笼统地用黑暗现实的逼迫、复古心理的作祟、对民族形式的重视等解释它，这些其实都是外在的因素。旧体诗在五四文学革命之后长期存在的真正原因，乃在于几千年来，五七言的中国古诗这种艺术形式，及其抒发的感情、营造的意境与描摹的意象，已深深地烙刻在整个民族的情感记忆中，这对于已接受旧诗词教育和熏陶的清末民初成长起来的一代文人来说，尤其如此。我们今人每登临山水，或离家伤别，体验的感情依然来自前辈诗人的"遗传"。这种"遗传"，概而言之，包含两个方面的内容：其一是古典诗歌中的情感、意境内涵；其二是铿锵悦耳的艺术形式。

很多新文学作家，在内心深处，对他们的前辈所创造的艺术成就和人生境界的崇敬，可能超过对他们所从事的新文学的信仰。闻一多1923年1月21日给梁实秋的信里这样袒露心迹：

> 我的唯一的光明的希望是退居到唐宋时代，同你结邻而居，西窗剪烛，杯酒论文——我们将想象自身为李杜，为韩孟，为元白，为皮陆，为苏黄，皆无不可。只有这样，或者我可以勉强撑住过了这一生。[1]

我们再看余光中的现代白话诗《等你，在雨中》的结尾一节：

> 步雨后的红莲，翩翩，你走来

〔1〕闻一多《闻一多全集》（12），武汉：湖北人民出版社，1993年，第140页。

像一首小令

从一则爱情的典故里你走来

从姜白石的词里，有韵地，你走来[1]

诗人在现实中等待的“美人”，在他的感觉里不是来自现世的，而是从前辈诗人的诗词里走出来的。同样，余光中诗中的“江南”，也是唐诗里的江南、小杜的江南、苏小小的江南、杏花春雨里的江南。[2]这说明现代诗人观物感物的心灵，已被无数前辈的诗词所格式化了。现实中新的情境，多多少少，总是以传统的方式被领悟的。

艾略特在谈到诗人的个性与传统之关系时也有类似的观点：

每当我们称赞一位诗人时，我们倾向于强调他的作品中那些最不像别人的地方。我们声称在他作品中的这些地方或部分我们找到了独有的特点，找到了他的特殊本质。……如果我们不抱这种先入的成见去研究某位诗人，我们反而往往会发现不仅他的作品中最好的部分，而且最具个性的部分，很可能正是已故诗人们，也就是他的先辈们，最有力地表现了他们作品之所以不朽的部分。[3]

文学上的这种“遗传”，它的存在与否，并不取决于后世作家的主观愿望。主观的拒绝是一个方面，客观的存在又是另一个方面。文学的传统当然不是一成不变的，但变与不变，是辩证的过程。文学发展过程中进二退一或进一退一的胶着状态是常见的现

〔1〕余光中《余光中集》第二卷，天津：百花文艺出版社，2004年，第18页。

〔2〕余光中《余光中集》第一卷，第372页。

〔3〕[英] T. S. 艾略特《传统与个人才能》，《艾略特文学论文集》，南昌：百花文艺出版社，1994年，第2页。

象。写了六年白话诗的闻一多，在1925年4月给梁实秋的信里附寄了这样一首诗：

六载观摩傍九夷，吟成鴃舌总猜疑。

唐贤读破三千纸，勒马回缰作旧诗。[1]

这个例子，说明新诗人在深层心理上与旧诗词之间有剪不断、理还乱的纠结关系。

对于熟悉旧诗音韵格式的新文学作家来说，写作旧诗可能要比写作新诗更适宜于表达情感。一个不争的事实是，尽管当别人说鲁迅的白话功底来源于其文言的深厚修养时，他极力予以反驳，但他在范爱农、"左联"五烈士、杨杏佛等至交罹难后，均以旧诗抒发其悲愤欲绝的真切情感。他将这种情况无奈地戏称为"积习"的抬头。

同样是新文学的作家，郁达夫不仅在他短促的一生创作了大量的旧诗，而且也从不掩饰他对旧诗的迷恋：

> 讲到了诗，我又想起我的旧式想头来了，目下流行着的新诗，果然很好，但是，像我这样懒惰无聊，又常想发牢骚的无能力者，性情最适宜的，还是旧诗，你弄到五个字，或者七个字，就可以把牢骚发尽，多么简便啊！我记得前年生病的时候，有一诗给我女人说：
>
> 生死中年两不堪，生非容易死非甘。
>
> 剧怜病骨如秋鹤，犹吐青丝学晚蚕。
>
> 一样伤心悲薄命，几人愤世作清谈。

[1] 闻一多《废旧诗六年矣，复理铅椠，纪以绝句》，《闻一多全集》(12)，武汉：湖北人民出版社，1993年，第222页。

何当放棹江湖去，浅水芦花共结庵。[1]

他在《谈诗》一文里，对旧诗在“五四”之后不曾断绝的艺术原因，做了精辟的分析：

中国的旧诗，限制虽则繁多，规则虽则谨严，历史是不会中断的。过去的成绩，就是所谓遗产，当然是大家所乐为接受的，可以不必再说；到了将来，只教中国的文字不改变，我想着着洋装，喝着白兰地的摩登少年，也必定要哼哼唧唧地唱些五个字或七个字的诗句来消遣，原因是因为音乐的分子，在旧诗里为独厚。

当然，新诗里——就是散文里，也有一种自然的韵律，含有在那里的；但旧诗的韵律，惟其规则严了，所以排列得特别好。不识字的工人，也会说出一句‘今朝有酒今朝醉’来的道理，就在这里。王渔洋的声调神韵，可以风靡一代；民歌民谣，能够不胫而走的原因，一大半也就在这里。[2]

证诸周作人和艾略特关于诗歌语言形式与民族情感之间关系的论断，我们深信郁达夫此言不虚：

我不是传统主义（Traditionalism）的信徒，但相信传统之力是不可轻侮的。坏的传统思想，自然很多，我们应当想法除去他。超越善恶而又无可排除的传统，却也未必少，如因了汉字而生的种种修辞方法，在我们用了汉字写东西的时候总摆脱不掉的。[3]

——周作人

〔1〕郁达夫《郁达夫全集》第三卷，杭州：浙江大学出版社，2007年，110—111页。
〔2〕郁达夫《郁达夫全集》第十一卷，138—139页。
〔3〕周作人《〈扬鞭集〉序》，《谈龙集》，石家庄：河北教育出版社，2002年。

> 情绪和情感是在一个民族的日常语言中——也就是在所有阶层都使用的语言中——得到最完美的表现的。因为语言的结构、节奏、声音、习惯表现了说这种语言的民族的个性。[1]
>
> ——艾略特

罗家伦的《西北行吟》虽然多为古体诗，但作者毕竟为现代人，战争的体验、大西北缓慢展开现代化的景象，无不使他的旧体诗富有现代的内涵与特征。何况就文学史的发展而言，中国诗歌在近现代的社会巨变中，走上白话诗的发展道路，那只是在特殊的历史境遇中，多种机缘之偶然的走向和选择。20世纪旧诗作者创作的为数不少而且质量上乘的旧诗，足以说明旧诗的生命力并不因白话诗的兴起而骤然消亡，古体诗和白话新诗也不能以简单的“旧”和“新”作为划分二者的标准。正如老舍抗战期间写给台静农的信里说：“为诗用文言，或者用白话，语妙即成诗，何必乱吵絮。”[2]

而且对于像罗家伦这一辈在旧诗词熏陶中成长起来的一代，旧诗的声韵腔调，辞藻格式，已经内化为他们的“心灵格式”，最能得心应手地表现他们最深切的感情，尤其是中国诗歌传统中感时悯乱的情感。一旦诗人在战乱现实中体验到无数前辈曾歌咏过的“国破山河在”的情境，古人所体验过的情绪和铸造的诗句就同时在他们心中和笔下奔涌而至。

---

〔1〕［英］T.S. 艾略特《诗的社会功能》，《艾略特诗学文集》，国际文化出版公司，1989年，第242页。

〔2〕台静农《我与老舍与酒》（原载1944年9月《抗战文艺》第3、4期合刊），《酒旗风暖》，青岛：青岛出版社，2011年，第62页。

至于罗家伦旧体诗的艺术成就，虽有“出之太易”或“生吞活剥”“因袭前修”之讥[1]，但罗家伦自有他的艺术追求：“余尝谓诗必有诗意诗情诗境三者乃成，盖无意则空、无情则死、无境则低。余固未逮，窃以此自勉。至于韵脚，不过便歌咏耳，未可以前人之声带缚今人之心灵也。余于诗毫无所长，惟常求写景必真、写情不伪，虚构之词、无病之呻窃非所取。”[2]《自题诗稿》云：“偶耽吟咏原余事，何必苍头夸异军。写到性灵真挚处，也关儿女也风云。”《吟罢》又云：“生憎刻意作诗人，豪兴来时句有神。聊借天山风雪夜，醉蘸浓墨写天真。”

1949年以前的中国现代文学史论著或港台地区的中国现代文学史，对“五四”以来的旧诗词创作和作家多有论及，然而中国大陆自20世纪50年代以来的现代文学史，由于受制于新旧对立的文学观念，对“五四”以来新文学作家的旧诗词创作和专事旧诗词的作家，鲜有论及。近年来，希望将“五四”以来的旧诗词创作纳入现代文学史叙述范围的呼声日渐高涨，这是由于改革开放以来，学术界反思既往文学史缺陷的结果，也是新时期以来现代文学史观日渐开放、包容的表征。早在1980年，并不治文学史的小说家，就很为这些放逐在现代文学史之外的旧诗词作家和作品鸣不平：

> 我所说的“大文学史”中，第一要包括五四新文学运动以来的旧体诗、词。毛主席和许多党内老一代革命家写了不少旧体诗、词，早已在社会上广泛传颂。新文学作家也有许多人擅长写旧体诗、词，从艺术技巧上看，都达到较高的造

[1] 吴小如《读罗家伦的〈西北行吟〉》，第216页。
[2] 罗家伦《西北行吟·自序》，《西北行吟》，商务印书馆，1946年，第1页。

诣。因为这些作家有新思想、新感情，往往是真正有感而发，偶一为之，故能反映作家深沉的感触和时代精神。如您的《读稼轩集》一首七律就是精品。郁达夫的旧体诗写得很好，这是大家都清楚的，当然应作为郁氏文学遗产的一部分。现代文学史应该在论述他的小说之外，也提一提他的诗。其他“五四”以来的重要作家，在现代文学史上均照此例。

还有一种类型，例如柳亚子、苏曼殊等，人数不少，不写白话作品，却以旧体诗、词蜚声文苑，受到重视，也应该在现代文学史中有适当地位。其中思想感情陈腐、无真正特色者可作别论。在论述这部分作品时，不仅需要打破文言白话的框框，还要打破其他一些框框。例如学衡派有一位较有才华的诗人吴芳吉，号白屋诗人，不到三十岁就死了，在当时很引人重视。他死后，吴宓将他的诗编辑出版。既然社会上发生过较大影响，要研究一下原因何在。如果他的诗确有成就，也应该在现代文学史上提一笔。又如前年不幸因车祸逝世的著名女词人沈祖棻教授，留下了词集和诗集，艺术水平很高，感慨深沉。她的作品有什么理由摒弃在现代文学史之外？不是白话诗，能成为理由么？[1]

三、离愁别恨与故国之思

抗战期间，罗家伦与许多中国人一样，怀着国仇家恨，辗转

〔1〕姚雪垠《中国现代文学史的另一种编写方法——致茅公同志》，《社会科学战线》，1980年第2期。

流徙，共赴国难。1943年3月，罗家伦遭父丧，6月旋即赴西北考察，正如杜甫《无家别》所谓“存者无消息，死者为尘泥”。然而诗人化“塌然摧肺肝”的凄惨为“万里赴戎机”的悲壮：“哭罢亲丧又别离，迢遥三万首征途。此行不洒寻常泪，应揽江山入壮图。”[1]当此万方多难之时，罗家伦浪迹西北，触景生情，感时伤世。“灞桥”乃古人离别伤心之地，适逢抗战，举国离乱：“莫道今人离恨少，灞桥杨柳已无多。”（《灞桥》）陇头山水，乃古人征战戍边离别之地，因古人不断歌吟而成行人思乡的象征。诗人想到古人诗句如王维：“陇头明月迥临关，陇上行人夜吹笛。关西老将不胜愁，驻马听之双泪流。”翁绶：“陇水潺湲陇树黄，征人陇上尽思乡。”于是伤感之情，如陇头流水，奔涌呜咽：“小别感离群，何言远寄君。不闻流水咽，望断陇头云。”（《陇上寄维桢》）

1944年除夕夜，罗家伦孤身一人远在新疆，梦里还家，醒后客居难眠，以诗记梦：“紫微欢跃少微牵，酒罢歌终正好眠。休梦阿爷悬塞外，风云莽荡过新年。”（《除夕夜醒怀紫微少微二女》）明明是诗人自己思乡难眠，但反劝女儿们（紫微、少微）不要挂念自己，足显诗意的委婉曲折与为人父的用心良苦。诗人再赴新疆，临别之际，思绪万千，然无从说起，于是吩咐儿女哄猫睡觉，以便自己脱身：“一去天山客梦遥，檐前梅雨感潇潇。临行欲语翻无语，吩咐娇儿护睡猫。”（《辞家再赴新疆》）这情景让人想起《东坡志林》所记苏轼与妻子生离死别之际的机趣：“昔年过洛，见李公简言：‘真宗既东封，访天下隐者，得杞人杨朴，能诗。及召对，自言不能。上问：‘临行有人赠诗送卿否？’朴曰：‘惟臣

〔1〕罗家伦《辞家》，《西北行吟》，第1页。为行文简洁，本文以下所引罗家伦《西北行吟》诗句，只随文标注题名，不再一一标注其出处。

妻一首云：更休落拓耽杯酒，且莫猖狂爱咏诗。今日捉将官里去，这回断送老头皮。’上大笑，放还山。余在湖州，坐作诗追赴诏狱，妻子送余出门，皆哭。无以语之，顾语妻曰：‘独不能如杨子云处士妻作诗送我乎！’妻子不觉失笑，余乃出。”[1]

其他诗作如《寄怀》：“临歧温语梦犹牵，鹃雨驼沙路八千。愿乞嫣红云半幅，补将离恨一方天。”《天水月夜偶忆重庆半亩园中宵雨里杜鹃声客怀维桢》：“明月几圆缺，迟迟尚未飞。想当巴雨夜，慵听子规啼。”表达的都是战乱之际，家人离散的相思之苦。

秦陇大地，乃中华先民的发祥地，诗人目睹山河破碎，于是油然而生“黍离之悲”：“太王久避犬戎去，黄土犹夸后稷功。杏子初丹梨枣翠，一川杨柳写邠风。”（《邠县传为后稷教稼穑地》）“我欲高歌陇上行，陇头流水咽无声。满山麦黍炊烟渺，何处远人来此耕。”（《度陇后途中即景》）“带雨阴云入半空，飞沙吹到马牛风。凉州七月春光好，菜子花黄荞麦红。”（《度乌沙岭》）诗人目睹的仿佛依然是两千年前的杨柳依依、麦黍离离、流水潺潺……然而现实却是山河破碎、生灵涂炭、物是人非，诗人所体验到的故国沦丧的悲剧性感情，因景色和氛围与前代文人笔下景致的相似而显得特别凝重沧桑。

在外敌入侵的背景下，历史上曾作为国防屏障的长城、贺兰山、六盘山和作为中华民族象征的华山、黄河等，因厚重的历史积淀而激发了诗人炽热的爱国情怀：“长城断续戍楼空，历代雄图在眼中。莫道汉皇重倾国，燕支从此入尧封。”（《赴张掖途经山丹燕支山即在县境》）“严关畴昔称天险，秦陇而今为一家。怀古幽

---

〔1〕苏轼《东坡志林》，北京：中华书局，1981年，第32页。

情谁与诉，六盘山顶看黄花。”（《徘徊六盘山绝顶》）“淡妆浓抹更相宜，西子湖光未足奇。知是瑶姬青鬓好，镜中摇曳碧琉璃。”（《山上天池》）“万方多难登临日，拔地晴峦洵壮哉。一语名山须记取，他年风雪待重来。”（《留别华山》）“贺兰山势压边尘，崖石丹如报国心。信是中朝成一统，黄河水似鉴湖清。”（《中宁至张恩堡途中见黄河一曲清莹如鉴喜赋》）这些诗，表达的正是国破家亡、山河依旧的今昔之感和壮志未酬的悲愤。

罗家伦在西北也瞻仰了很多文化遗迹，引发了他的很多思考。他对秦始皇、成吉思汗等英雄统一中国、开拓疆域的历史贡献给予深情礼赞：“恩仇深处见多偏，瞻拜雄图意惘然。御宇岂徒三十六，中原一统两千年。”（《骊山望始皇陵》）“上国版图浑似旧，茂陵松柏析为薪。河山百代酬英主，左伴英雄右美人。”（《谒茂陵，陵左为卫霍墓右为李夫人墓》）“成陵所在驻元戎，神武同臻不世功。百尺云杉齐指日，中华气象属兴隆。”（《谒兴隆山成陵小憩　委员长蒋公行邸》）这些赞颂和肯定，是诗人着眼于抗战现实的有感而发，希望中国各民族、各政党在国难面前抗敌御辱，摒弃仇怨和偏见，一致戮力抗敌，以维护中华民族的团结与统一。

罗家伦对于大西北地理景观、文化遗迹和历史英雄的歌咏，借由对祖国大好河山的赞美和古圣先贤的追忆，激发国人敬慕华夏先祖、黾勉自强、共御外辱、收复失地的爱国意识。

罗家伦素有投笔从戎的志向，看他早年的诗即可知道。如他二十岁的诗作《渡江》：“从戎素志总蹉跎，击楫中流发浩歌。豪气徒横魏武槊，壮怀空握鲁阳戈。纵观海内须眉少，极目天涯涕泪多。莽莽神州人似梦，一腔孤愤诉烟波。”《塞外》：“击筑高歌猛虎行，碧天如水暮云清。不知今夜阴山月，可似轮台旧日明。”[1]所以当此国难之际，诗人想象自己为戍边的英雄勇士，在精神上非常认同那些为统一中国做出卓越功勋的历史英雄人物。

四、“西北”奇景与“江南”乡愁

在抗战期间西迁作家的笔下，最为人称道的莫过于对大西北风景的描写。

一个地方景观的知名度，有赖于文人生花妙笔的渲染。但生长于斯的人，未必就能“发现”，所以，一地的人情风景，往往仰仗于“他者”的眼睛和笔触。抗战期间西迁作家对大西北的景物描写，一般分两个面向展开：一方面是对富于西北地域特色的奇崛壮丽景色的赞美；另一方面是在大西北对“江南”的“发现”。罗家伦的《西北行吟》正是如此。

比如我们看下面这几首写青海湖、沙尘暴、戈壁游牧、海市蜃楼等西北独有景观的诗，诗人无不以如椽巨笔，状写大自然的雄伟悲壮。这种雄壮，是人在与自然的对照中所感悟到的人自身对于“伟大”的缺失，继而产生对于大自然“雄强壮美”的崇拜。这种情绪，在抗战背景下，又因外族的侵略而得到强化：

> 蔚蓝海接草原黄，大自然中两广场。万点牛羊千缀雪，霸图诗意两茫然。
>
> 《青海湖放歌》

---

〔1〕 罗家伦《渡江》《塞外》,《复旦杂志》1918年第6期。

沙柱倚天壮，风声遍野哀。尘头高起处，知是牧群来。

《沙泉子》

风卷沙成岭，寒凝云作山。徒移无定处，边将得常看。

《新疆杂咏》（一）

消渴喉无水，长吟口有沙。日光炫石子，眼底现昙花。

《新疆杂咏》（三）

草枯蓬断凛萧晨，千里沙中百劫身。驼迹依稀雕影绝，黄羊看到似乡亲。

《沙漠杂兴》

天方贪昼寝，人已入葫芦。借取金刚凿，混沌破得无。

《归途返精河沙泉子戈壁途中遇大风沙》

走石鸣钲鼓，警沙沸管簧。车前争膜拜，红柳着黄裳。

《戈壁风沙中遣兴》

夜色芒如海，沙纹绉若波。纵然无杀伐，驼马骨仍多。

《度玉门戈壁》

平沙浩渺绿荫开，七宝庄严入望来。阅尽丹青千万本，盛唐真个出人才。

《游敦煌千佛洞》

平沙尽处有仙乡，一片烟波入渺茫。更羡楼台凌倒景，宛然都在水中央。

《嘉峪关戈壁中忽见海市》

五云深处见瀛台，鱼白孤帆雾里开。浩渺烟波千万顷，星槎何事不重来。

《度玉门戈壁重见海市》

大西北的浩瀚戈壁、飞沙走石、茫茫草原、沙漠驼铃、海市蜃楼，都是生长于南国的诗人不曾目睹的景观，对他的视觉和心理均造成强烈的冲击，所以，诗人对此类风景特别“敏感”，触笔成景，奇幻无比。这类景致，虽经历代边塞诗人不断歌咏，但罗家伦毕竟是现代人，所以虽是旧形式，但表现的还是现代人“征战戍边”之观感。

抗战期间，对于流徙异地他乡的诗人而言，最强烈的情绪莫过于“乡愁”，于是诗人屡屡在西北发现“江南”。诗人用“江南”指称大西北偏于柔媚的风景，并将自己置身于“江南”的风景中，以获得心理上对于思乡的补偿与慰藉。

江南妙句张志和，塞北绝唱忽律金。
我温游子江南梦，偏作苍凉西北吟。

《西北行吟诗稿题后》

两行杨柳拂车窗，王道平平如翠苍。
若不推窗寻水稻，江南一线在平凉。

《平凉即景》

绿荫丛外绿毵毵，竟见芦花水一弯。
不望祁连山东雪，错将张掖认江南。

《张掖五云楼远眺》

榆荫深处草芊芊，宛似江南四月天。
望断马头残雪裹，玉龙飞下白云间。

《登博格达山道中》

伊犁河上草黏天，乌犴黄鬃柳外天。
莫把江南风景比，断无汗血并骞肩。

《伊犁河畔》

一方面，诗人作为“江南逐客”，滞留异乡，流连山水，类似“江南”的风景，不断勾起他的乡思；但另一方面他也知道，即使塞上的景物如何近似“江南”，那只是一种幻觉。所以诗人不断提醒自己，莫把“塞北”当“江南”。越是如此，越是说明战乱所造成的流离失所给诗人心里带来的不安和焦虑。

五、西北民俗和“现代”景象

西北各少数民族，大多能歌善舞，新疆各少数民族尤甚，给诗人留下了深刻印象：“塞上元音悦耳多，抑扬妙处舞婆娑。江南词客真堪笑，偏恋吴孃一曲歌。女儿英气到眉尖，爽飒偏生百种怜。情态不容人浅测，忽如决绝顿缠绵。”（《观伊宁各族文化促进会歌舞表演》）西北多游牧民族，游牧生活本与大自然融为一体，故自成风景，富有牧歌情调：“黑白散牛羊，山开大牧场。更添边塞色，绿树出红墙。”（《三营道中》）而游牧民族的服饰、放牧的方式，均显其异域情调：“紫衣白帽显昂藏，黑犬如熊绕马旁。马上指挥真若定，一鞭驱走五千羊。”（《游牧》）

2015 年 7 月下旬，正在我写作此文之际，有机会到新疆一游。到乌鲁木齐的当晚，有幸观看陆川执导的《丝路秀》和新疆维吾尔、哈萨克、柯尔克孜、蒙古、回族等少数民族的歌舞表演。遥想七十年前罗家伦在新疆观看少数民族歌舞表演之情状，仿佛时光倒流，物是人非，不胜今昔之感。

大西北地域辽阔，各地气候千差万别，民俗风情多姿多彩，罗家伦用旧体诗来歌咏西北各地物候风俗，尤感亲切动人。秦陇黄土高原地区，农人多住窑洞，诗人写雨中窑洞景色，诗中有画，神韵十足：“黄土窑中绿叶扉，扉前黄犬待人归。山中急雨人绝迹，坐看溪流一道肥。”（《邠县大峪坡遇雨书所见》）

西北农村各地，人们多烧“土炕”，以保温取暖，然南方人多不习惯。罗家伦以下两首写“土炕”的诗，情趣盎然。不知土炕冷热的人，不能领略其妙处。

斗柄横斜挂小窗，驼铃人静转铿锵。
鸡声唤下如钩月，炕火无温夜未央。

《中宁夜醒口占》

浑似蚁缘热锅底，何劳犬吠月明中。
地堪炙手诗魔避，泪烛将残火尚红。

《炕热睡难成寻诗句未得感赋》

土炕要温度适宜，人才能休息得好，过热、过冷都无法安然入睡。前一诗写由于填炕燃料不足，不到半夜，炕已冰凉，加之塞上驼铃阵阵、鸡鸣不已，令旅人徒增寂寞之感。后一首诗，状写炕热难眠，借赋诗度此无聊时光，但又因炕太热，连诗神都躲避不来，想来诗人如热锅上的蚂蚁，整夜难眠，何等形象。

新疆地处祖国西北边陲，早晚温差大，昼长夜短，天气变化无常（俗谚所谓“一山有四季，十里不同天”“早穿皮袄午穿纱，围着火炉吃西瓜”），于是人们的衣着、起居等，均具异域风情。以下三诗，正是这种风俗的真切表现：

冬夏无严界，炎凉看气流。
羡他哈萨克，赤膊背重裘。

《新疆杂咏》（二）

九时未燃膏，四时光夺梦。
雅贼若偷光，可省壁间洞。

《新疆杂咏》（四）

无蚊可成雷，有蝇皆作鼓。

宰予若西游，应感昼寝苦。

《新疆杂咏》(五)

在20世纪40年代，大西北的大多地方还是原始的农耕和游牧生活，但“现代”的零星景象亦开始萌蘖其间。极端的“原始”和极端的“现代”的并置，构成了大西北另一道奇特的风景线。罗家伦的这首《留赠玉门油矿》，即是最早描写现代石油工业的“石油诗”：

塞上艰辛洵及时，人工地脉费寻思。

飞潜他日均须仗，此是神州玉液池。

同是20世纪40年代来甘肃的易君左，他的游记中有《玉门油矿》一节，专记这朵戈壁荒漠中的现代奇葩，对这原始荒原上的现代景象，有更细致的描写：

摆在我们面前的是一片大戈壁滩上的奇迹。我们已经从一个古老的农牧社会跨入一个崭新型的工业社会。我们看见了各种立体的建筑物，无数冒着黑烟的烟筒，无数的油管机器和高耸云霄的井架，这里的气候比武威张掖酒泉更冷，可是在祁连别墅房间里温度适宜，一切设备现代化，晚间燃着白热的电灯。在房里，还以为在上海的国际饭店，把窗布揭开一看，一片黄沙白草，好不凄凉。这显然是两个世界了：玉门油矿和它的周围起码隔了几个世纪，房里和室外平分了半个乾坤。[1]

中国诗人自有悲天悯人的传统，从屈原至杜甫的伟大诗人无不如此。大西北生存条件极其艰苦，又逢战乱，其苦况更不堪言。

〔1〕易君左《西北壮游》，台北：文镜文化事业有限公司，1983年，第160—161页。

从高空俯瞰西北黄塬上的层叠旱田，就像西北人所穿补丁斑斑的旧衣，罗家伦目睹此景，苍生之念，油然而生：

恍如远镜窥月球，疑是行云漏日影。
转念秦人勤苦多，曝尽衲衣覆秦岭。

《秦岭旱田》

乱山间一地，即已化田畴。
眇念生民苦，心生塞北愁。

《迪化飞兰州途中俯瞰》

正是因为诗人悯念苍生之情甚笃，所以当他看到雨中迎接他的朵朵伞盖时，诗人将此想象为久旱逢雨的田禾：

岂是书生汗漫游，元戎心系帝王州。
雨中冠盖都含笑，为卜三秦大有秋。

《关中苦旱车抵西安时适
雨书酬熊哲民主席胡宗南将军及在站相迎诸君子》

六、白话诗歌

正如我前面所说，像罗家伦这样经历过旧文学熏陶和教育的一代文人，他们虽自觉提倡新文学，但骨子里仍是旧文学的迷恋者。旧文学对他们浸染既深，所以，他们吟咏性情，酬唱应和，旧诗句便脱口而出，最觉得心应手。然而，一旦转到面对公众的启蒙时，他们便是另一副笔墨。钱穆认为中国文学与西方文学的区别，在于中国文学重视“时间绵历”，而西方文学则重视“空间散播”：

而所谓藏诸名山，传诸其人，豹死留皮，人死留名，此乃中土所尚。因其文学萌茁于大环境，作者所要求欣赏其作品之对象，不在其近身之四围，而在辽阔之远方。其所借以表达之文字，亦与近身四围所操日常语言不甚接近。彼之欣赏对象，既不在近，其创作之反应，亦不易按时刻日而得。因此重视时间之绵历，甚于空间散布。……若演剧之与唱诗，则决不能然。苟无观者何为演？苟无听者何为唱？故而西方文学家要求之欣赏对象，即在当前之近空，而中国文学要求欣赏之对象，乃远在身外之久后。此一不同，影响于双方文学心理与文学方法者至深微而极广大。故西方文学尚创新，而中国文学尚传统。……故西方文学之演进如放花炮，中国文学之演进如滚雪球。西方文学之力量，在能散播，而中国文学之力量，在能控搏。此又双方文学之一异点也。[1]

五四文学革命带来的重大变革，除了语言形式由文言到白话转变之外，更重要的还有文学观念的变化：由个人的赏玩到面向大众的启蒙，正是中国文学观念现代变革的重要一步。就白话新诗而论，确如钱穆所言，重视“空间散播”甚于“时间绵历”。了解这一点，对于我们理解现代文人表达“私情”用旧诗，表达“公论”用白话的二元并置现象很有启发。在诗人的心目中，读者的有无以及对读者群的预设，自然会影响诗人对诗歌语言的选择，进而影响他处理语言时所采取的方式。艾略特将诗的“声音”分为三种：“第一种是诗人对自己说话的声音——或者是不对任何人说话的声音；第二种是诗人对听众——不论多少——讲话时的声音；第三种是当诗人试图创造一个用韵文说话的戏剧人物时诗人自己的声音，这时他说的不是他本人会说的，而是他在两个虚构

〔1〕钱穆《中国民族之文字与文学》，《中国文学论丛》，北京：生活·读书·新知三联书店，2002年，第16—17页。

人物可能的对话限度内说的话。”[1]

套用艾略特的观点，我们认为中国的旧诗总体上是诗人“对自己说话的声音”，而“五四”以来的白话诗是诗人“对听众讲话的声音”。或许可以这样说，“五四”以来的白话新诗是大众的、启蒙的，而旧诗是个人化的、抒情的。所以，当罗家伦应西北各省地方长官或某些社会团体要求作诗作歌时，他均以白话为之，足见新文学家对文学“公”“私”畛域心知肚明。

罗家伦《塞外高歌集》中的五首白话诗，赞美祖国大西北的锦绣山河、灿烂文化、丰饶物产、民族团结，诗意地描写少数民族充满浪漫情调的爱情生活，祝颂中华民族八年浴血抗战的伟大胜利。因为这些白话诗是为谱乐歌唱而作，故能音调铿锵，韵律协调，读来颇富节奏感。罗家伦的这五首白话诗，不大为人所知，但具有重要的文学史料价值，故全照录如下，以供学界参考。

青海歌

青海青，
黄河黄，
更有那滔滔的扬子江！
雪白白，
山苍苍，
祁连山下好牧场。
好牧场，
一片汪洋。

[1] T. S. 艾略特《诗的三种声音》，《艾略特诗学论文集》，国际文化出版公司，1989年，第249页。

这里有成群战马，

千万牛羊。

马儿肥，

牛儿壮，

羊儿的毛好比雪花亮。

中华儿女，

来罢——来罢，

拿着牧鞭，

随着怒马，

背着刀和抢，

随便驰骋在这高原上。

我们更不要忘，

这伟大的昆仑山，

我们的祖先就在这里发祥！

我们要踏到这山顶上，

扬着三民主义的火把，

放出世界的光芒！

三十二年十一月十七日，将别青海之前夕，马子香将军举行青海歌舞欢送会以惜别团员，吴文藻先生忽谓马子香将军余尝好作歌，子香即以青海歌为请，余不欲使其觖望也，爰凝思片刻，即索纸笔写成此歌，为时凡十五分钟。写毕谓子香曰，古人临别赠言，余则临别赠歌，遂宣之于众。子香即晚召谱乐者制谱，并通令全省歌唱。闻此歌已成省歌，声遍白山碧海间矣。追忆前尘，濡笔志此急就章之始末。

志希附识

新疆歌

（一）

新新疆，
我们中华民国的屏障！
阿尔泰高天山长，
葱岭横西极；
昆仑抱南疆。
山头太古雪，
梦也不能忘。
映着万里沙黄。
伊犁河畔青青草，
河畔有天马低昂。
听那塔里木河流水汤汤，
江南四月风光。
这雄丽的山河，
巩固我广大的新疆。

（二）

新新疆，
我们中华民族的宝藏！
阿尔金脉乌苏矿，
油泉泛地底，
羊阵乱山旁。
名瓜传哈密，
葡萄甜溢高昌。
和阗绸托羊脂玉，

润洁地好比冰霜。
更有那云母含辉乌纱亮，
都上在资源账。
这富庶的宝藏，
梦也不能忘。
巩固我天府的新疆！

（三）

新新疆，
我们国内宗族的天堂！
龟兹明乐伴伊凉。
血统常交流，
心弦更交响。
常旋风舞罢，
令人荡气回肠。
文化早陪公主嫁，
规模犹仰汉和唐。
接受三民主义万道祥光，
同臻和乐安康。
这甜蜜的乐园，
梦也不能忘。
巩固我中国的新疆！

大漠情歌

（一）

想起我们初次相见：

帐房外大家围坐一团。
我弹着“吉黛”,
你跳在中间。
你紫红的裙边,
飘过我的脸:
引得我的灵魂,
飘飘得像上了天!

（二）

我们在苹果树下,
小小的泉水旁边。
我的心弦在跳,
你的歌声在颤。
我摘下一个苹果,
送到你口边。
那苹果的颜色,
不如你脸色的红鲜!

（三）

你的马跑成一溜烟,
我追你还得加几鞭。
谁敢笑我娇嫩?
我已经追过你马前。
再勒着我的枣骝,
把缰结着缰。
肩并着肩,
说说笑笑的一道向前。

（四）

我们并坐在山边，
肩靠着肩。
“你是沙漠里的红花”！
“那你就是花旁的甘泉”！
“我的心像月光照在沙上般白”！
“我的心像靠着的青石般坚”！
大家脸对着脸，
没有人看见。
只有那牧群的牛羊，
有时瞧我们两眼！

新疆各宗族，在游牧生活中，好的是唱歌，爱的是跳舞，而所唱的大都是情歌。三十二年秋，曾有维族人士请我为维族做一个跳舞的情歌，他去译成维文，我并没有允许。三十四年二月三日夜半，于论政谈兵，忧时感事之余，心情已倦。忽发奇想，成此一歌。用简单直接的词句，宣发朴素热烈的爱情，就当地生活写真，不加雕饰，而且务使歌意能在跳舞动作里表现出来，因为爱情是大家共有的，沙漠风光是大家共赏的，乃名之曰《大漠情歌》。

造林歌

伟大的工作，
收获不在眼前。
国家需要的栋梁，
何只万千。
我们要调和气候，

调节水源；
枕木要采，
薪炭要燃。
岂止惠及农田，
工业取材太普遍。
你看童山濯濯，
黄沙浩浩，
这景象多么可怜！
纵然——松花江树荫蔽日，
澜沧江古木参天，
我们建国不能靠自然。
我们要把神州绿化，
将树海扩大到天边！

这个歌系应中央大学森林学系的请求而作，可为每年植树节扩大造林时歌唱。

凯　歌

胜仗！胜仗！
日本无条件投降！
祝捷的炮像雷般响；
满街爆竹，
烟火飞扬。
满山遍野是人浪——
笑口高张，
热泪如狂！
向东望！

看我们百万雄师，
配合英勇的盟军，
浩浩荡荡，
扫残敌，如猛虎驱羊。
踏破那小小扶桑！
河山再造，
日月重光。
胜利的大旗，
拥护着　蒋委员长！
我们一同去祭告　国父
在紫金山旁，
八年血战，
千万忠魂，
才打出这建国的康庄。
这真不负我们全民抗战，
不负我们血染沙场！

附：抗战期间罗家伦笔下的“边城”兰州

就“五四”以来文学表现的地景而言，大西北长期是缺失的。然而抗战爆发后，随着大批文人来到大西北，大西北重新进入文学表现的视野。五四新文化运动的年轻健将罗家伦（1897—1969）的旧诗集《西北行吟》(上海：商务印书馆，1946年)，就是他1943年6月至1944年2月率领“西北建设考察团”来西北考察，并兼任驻疆监察使往返重庆、新疆之间及漫游西北各地的诗作，用他自己的话说，是“藉吟咏以解于役之疲而寄平生之兴”“志行踪而馈友好”的纪行遣兴之作。罗家伦抗战期间，多次往返、经停兰州，用他的诗形容就是：“一年四度过兰州，历尽春寒阅尽秋。”(《三飞迪化四渡兰州》)正是这样一种机缘，使他有机会以诗描写这座西北“边城”(罗家伦诗中多称兰州为“边城”，故谓)，为兰州留下难得的历史记忆。

一、“边城”兰州秋景

一年四时之中，兰州的秋季气候最为宜人，景色最为庄重浓艳：“燕子矶边五月榴，那如红叶带霜稠。若聚名城品秋色，八分浓艳在兰州。”(《重庆抵兰州见红叶缤纷最饶秋意》)

诗人秋季首次来到大西北的兰州，看到黄河两岸，满山经霜的红叶，与江城南京五月石榴的鲜艳形成明显的色差。所以，诗人对兰州的秋景，以“浓艳”概括，并给予高度评价，这使我们生活在这座城市的人，备感自豪。

民国年间，兰州梨树颇多，春季的梨花，漫山遍野，弥望似雪，同样是抗战后期来兰主持《和平日报》的易君左，对兰州春季的梨花这样描写：“一入兰州梨花白，梨花一白白无涯。更看兴隆山上雪，银光皑皑蔚云霞……”(易君左《兰州歌》)；一到深秋，一树树红叶之间，缀满累累果实，又是另一景象：“曾以淡妆诬命薄，终垂硕果丽边城。玉颜不怯尊前酡，更换石华满幅裙。”(《梨林秋叶遍绕兰州红艳经霜别存风格感前人褊狭之词诉名花委屈之意》）梨花因其色寡白，且“梨”与“离”谐音，故有“梨花命”之说，多指妇女婚姻不合，故有“诬命薄”之说。“玉颜不怯尊前酡”，从宋代无名氏诗句“尊前莫惜玉颜酡”（《木兰花·玉楼春》）化用而来，意谓梨花的“玉颜”不让“酡红”。“石华”乃附生于海中石上的状如牡蛎的白色贝壳，谢灵运《游赤石进帆海》云：“扬帆采石华，挂席拾海月。”此处用以形容梨花的形状，说它的纯洁秀美超过用“石华”装饰的“满幅裙”。

兰州近郊的“名山”，当属兴隆山，加之抗战期间成陵迁移至此，更增加了它的知名度，很多来兰的文人雅士都要到此一游。罗家伦在兰期间，多次游览此山，留有两诗：

泉绕石根遒，日移杉影幽。
角声红叶裹，人感万山秋。

《深秋重游兴隆山，时值成陵小祭闻吹角》

谷风来涧底，红叶扑楼头。
太白泉边醉，马啣山外秋。

《饮太白泉边望马啣山积雪》

前诗写山泉绕石，杉影横斜，当此肃杀之景，又有角声吹响，备感孤寂。正是李贺《雁门太守行》所写“角声满天秋色里，塞上燕脂凝夜紫”的苍凉景象。后诗写在太白泉边饮酒，眺望对面马啣山（又名马鞍山）的秋景，谷风飒爽，红叶飘飘，秋意盎然，可谓“酒不醉人人自醉”。

二、黄河风情

若说兴隆山是名山，多少有些自夸的意味。但穿兰州城而过

图十八　黄河铁桥（《东方杂志》1917 年第 6 期）

的黄河，确是闻名于世的中华母亲河。兰州这座城市的灵气和命脉，全仰仗于它。深秋之夜，皋兰山山色苍茫，黄河河清浪平，月华高照，饶富诗意：

皋兰山色郁嵯峨，霜压边城夜气多。

翻似有情人不寐，月华含晕伴黄河。

《凭城阙而望黄河喜皋兰之饶月色》

由青海享堂下兰州，基本上是两岸山峦拥着黄河前趋。初冬傍晚，日落西山，黄河河面一片雪青，红叶凋零，一派萧索景象，只有独立寒秋的远山，仿佛在等待这位游客的归来："浩荡黄河泛雪青，夕阳想在背山明。梨林红叶凋零遍，剩有寒山识故人。"（《薄暮沿河下兰州途中》）

羊皮筏子已有三百多年历史，在民国年间，兰州黄河段还多用它作交通工具，现已基本成兰州黄河上游览观光的一大旅游项目，也是兰州汉族民俗文化的遗产。兰州黄河上最具风情的景致，

图十九　黄河水车（《中华》1934 年第 28 期）

图二十　单人羊皮筏（《世界画报》1939 年第 3 期）

便是这个地方特有的羊皮筏子，从甘青交界的享堂峡乘羊皮筏子下兰州，由于山峡水急，真有“两岸鸟声啼不住，筏子已过万重山”的壮观：“山挟水东流，寒林集冻鸠。冰拥皮筏子，载雪下兰州。”（《享堂赴兰州道中即景》）

对于生活在兰州这座城市中的人而言，尤其是作为一个研究现代文学的学者，当我读到罗家伦这些描写兰州的旧体诗时，既感到新鲜，更感到亲切！这毕竟是一个“五四”新文学家留给兰州的文学遗产，重温他 70 年前的诗作，真有不胜今昔之感！

易君左的《西北壮游》

易君左的《西北壮游》是他抗战后来甘肃主持《兰州和平日报》期间，漫游大西北的一部游记。作者以诗文并置的手法，深情礼赞了大西北的戈壁、雪山、草原以及名山大川等雄奇景观，真实、细致地描写了大西北的风俗民情和游牧、农耕生活及其现代化进程。这既是现代文学史上对于“大西北”地理景观的诗意抒写，也是战后大西北社会景象的一个历史真实记录。

在现代作家中，易君左（1899—1972）算是与我最有“缘”的一位了。这所谓的“缘”有三。首先，他是为数不多的去过鄙乡（甘肃通渭）的现代作家之一（据我所知，另一位是张恨水）。我的家乡通渭县既无秀甲天下的山水名胜，也少闻名于世的古圣先贤，这个默默无闻的小县，当然会因文人生花妙笔的点染而增色不少。易君左于 1947 年 4 月 25 日从平凉出发，夜宿通渭华家岭，他的《入陇吟·宿华家岭》诗云：“昨宵阻雨平凉侧，今宵看月通渭滨。天公为慰行人苦，故以变幻乱阴晴。”“通渭”者，通往渭河之谓也，言通渭处渭河上游。其次，易君左亦有诗文歌咏我现在所居住的兰州市十里店、安宁堡。1947 年 7 月 27 日，易君左一行赴青海参观塔尔寺庙会，途径安宁时，他目睹这一带如画的风景：“兰州、河口间沿途风景甚佳，一个大特色即是沿着浩荡的黄河走，两岸山峦拥着这一条大河流前趋，气魄雄伟。过十里店后，果树渐多，汽车走了二十里，还不断地看见瓜片青青的果树，这就是兰州有名的风景区‘安宁堡’，看桃花的美丽乐园。鲜红的桃子垂实累累，不久就可以上市了。兰州是有名的‘瓜果城’，像安宁堡的桃子，恐怕天上的蟠桃大会也没有如此的盛况。”[1]十里店、安宁堡一带，正是我二十年来读书、生活的地方，可算是我的第二故乡了。现在兰州一年一度有名的“桃花节”就在“安宁堡”举办，曾因蒋大为一曲《在那桃花盛开的地方》在这里演唱，使十里桃乡，名扬天下，生活在此的人们无不为此骄傲。第三个“缘”是，这位诗人20世纪40年代在兰州期间，在我的母校前身——国立西北师范学院（即现在的西北师范大学）——的《国立西北师范学院学术季刊》上发表过题为《孔子及孔门谈诗》的论文。

正是有这样的因缘，当我看到易君左的这册长期被大陆读者忽视或遗忘的《西北壮游》时，就多了一份亲切感。

易君左是现代文学史上有重要影响的人物，他是现代文学发展过程中许多重大事件的参与者和见证人；或者可以说，他是现代文学史上的风云人物，他一生中作为文人的“壮举”，非三言两语所能说清，留待他日专文论述。这里仅借他《小传》里几段文字，以窥他一生的大概：

> 易君左先生，学名家钺，后以字行。湖南省汉寿县人。民前十三年生。毕业于国立北京大学及日本早稻田大学。
>
> 他的祖父易佩绅（字笏山）是前清咸同年间一位有名

[1]《西北壮游》，第82页。

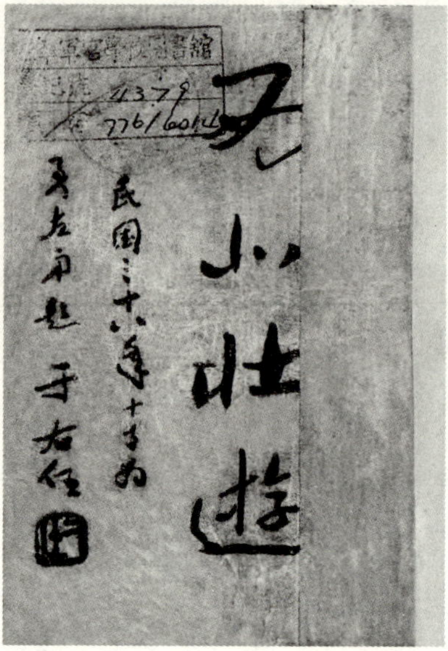

图二十一　于右任题写书名的《西北壮游》封面书影

> 的儒将，他的父亲易顺鼎（字实甫）是近代中国一位大诗人，均见于《辞海》《辞源》等书。他三世家学渊源，才高勤学，历经世变，所以才有今日文学上辉煌的成就。
>
> 他在五四时期就盛有文名，成名最早而享名独久，迄今未衰。……尤以游记名于世，而且兼善书画。
>
> ……他是一个性格豪爽、生活淡薄的十足书生型人物，穷且益坚，老当益壮，而写作益勤。先后出版之论著，游记，传记，散文，小说，与诗词等逾五十余种。[1]

易君左的早期的文学创作，涉及小说、白话诗，但都略显生涩和幼稚。正如他的《小传》所说，他是以旧诗和游记名世的现代作家。抗战胜利后，1946年底，易君左应张治中之邀赴兰州创

---

〔1〕易君左《易君左自选集》，台北：黎明文化事业股份有限公司，1975年，第7—8页。

办《和平日报》并亲任社长，报纸办得颇有影响，成为西北各省唯一的大报。易君左因此机缘，遍游陕甘宁青新各地，《西北壮游》一书即写于此时。集中计有《铜琶铁板唱关中》《从西安到兰州》《天山飞去来》《兴隆山》《青海之滨》《踏破贺兰山缺》《河西秋旅》《世界艺术的宝库——敦煌》八篇游记，忠实地记录了作者游历大西北的所见所闻、所思所感。西北地区特有的自然风光、名胜古迹以及文化遗产经由作者的妙笔点染，更具文化底蕴。

从他的游记里看得出，他对大西北充满了崇敬之情，这使我们生活在这片土地上的子民，感到无比欣慰。他在写于1949年10月7日的出版后记里说："来台湾是一个偶然的机会，临上飞机前才决定行止的，所以什么东西都没有带来。住下去以后，常常怀念着西北。……我想东南的人士一向对西北是相当隔阂的，实际上，西北是我们中华民族的发祥地、中华民族的摇篮。不到西北，真不知中国之伟大。"[1]这是他故国不堪回首的慨叹！

一、西北山水与戈壁、草原奇景

西北多山，且多雄奇壮美。易君左在西北期间，或登临，或从飞机俯瞰六盘山、贺兰山、兴隆山、天山、祁连山等。下举他游六盘山和俯瞰天山的两段游记，以窥其写山笔墨之一斑：

> 伟大的六盘山，完全被大云大雾笼罩着，夹着霏霏的雨丝冰点，这一座六盘山高度虽只十公里，但其气魄的磅礴雄伟，形势的幽奇险要，真不愧一座名山。缓缓地行，

〔1〕《西北壮游·后记》，1983年。

昂头上进，正如一个载重的龟，爬上高坡。名为“六盘”，实际弯弯曲曲，不知多少盘。我们完全裹在云雾里，几乎咫尺难辨。渐渐上山，渐渐发现一个奇迹，那就是雪。山腰西崖，积雪斑斑，皑皑如银。越盘越高，半山是雪。将到山顶，除公路一线外，几乎一望皆白。上山顶后，则迷茫宇宙，尽化琼瑶，一片混沌，冰花刺目，这样的奇景，是绝对出乎意料之外的，使我不相信是坐在车中，生在人世。六盘山成了一座雪山，看不见它的真面目。尤妙的是云呀！雾呀！雪呀！这三样东西纠缠不清，糁糅一体。看去是一团云，原来是雪；看去是一片雪，原来是云。一车的人，也几乎变成了云雾和雪。人和大自然奇景也纠缠不清，糁糅一体。我一肚皮的江南情调，被六盘山涤荡无遗，特成诗一首以美之。……此行快慰，或者说：毕生快慰，陇中奇景，或者说：天下奇景，无过于这六盘山了。〔1〕

他对六盘山评价之高，让我们生活在西北的人们也备感快慰！他空中俯瞰天山，又是另一番景致：

这一座令人歌颂的巍峨的大山，就像古代传奇中酒店里遇着英雄的神遇。嵯峨的山势比祁连山的那一段显得更精神。粉妆玉琢般积雪的面积越多也越宽。特别一个最深的印象，就是天山万峰之巅除了雪封，还加上云蒸霞拥，无限的苍凉微茫。从地面上仰望，这已经是一个灵迹，使你幻想二千年前大诗人李白歌赞的“苍茫云海”，在这隐而幽玄的云海间，一定变幻着若干的神奇而复杂的影像，而

〔1〕《西北壮游》，第24—25页。

到今天的科学世纪，我们无比力量的飞机竟自跨越天山数万里，凌虚而掠过，云霞冰雪全在我们的脚下，高山巨岭也就变成了一些培塿，乾坤伟大，人更伟大！仙佛神奇，人更神奇！及至我发现这一个伟迹，还想俯窥那著名的王母的瑶池（在天山绝顶的天池）时，火箭一般驰三十里，已降落在中国极西的一座名城——迪化了。[1]

与南国的秀山丽水相比，西北不仅“山雄”，而且“水壮”。易君左游览过大西北关中的渭河、兰州的黄河、迪化的乌鲁木齐河、敦煌的月牙泉等，然而最让他心迷神往的，莫过于青海湖了：

伟大的青海尽头，你已不是像古人哀歌般愁苦凄凉，那一望无际的碧波，像翡翠一般的娇滴滴的色片，真的，青绿得惹人欢爱，惹人发狂，把诗人、歌者、画家及一切游人的灵魂尽量地提炼、洗净，渗透到人生和宇宙的一种最晶莹圣洁的仙境。微微的风不经意地吹拂着微微的波，细微得像银沫的小浪花轻轻地拍着海滩，奏出一种温柔而和谐的音乐。天空垂蔽一块绝大的墨色的云，低压在水面，在云的深处和海的尽头那一段，似明似暗隐约朦胧的水天交界处，海心山是不是就在那里呢？怀抱这一大片浩瀚的海湾，左边和右边几座赭色的山峦，就像一块碧玉云屏前静列着两把蒙着虎皮的交椅。没有看到树，再没有看到草，但莽苍苍一片，绿油油一片，不就是当前的大海吗？青海吗？青的海吗？地势已海拔三千数百公尺了，绝像仙女高捧一盏翠玉盘向在云端的神灵礼赞，吐出珍珠般的名

〔1〕《西北壮游》，第46页。

句。我痴立在这大海滨，幽幽地望，深深地想，我将在一个月夜静听天际的笙歌，我唱出清越柔美的歌曲，把海底的鱼龙换着金鳞玉甲的新装，跃出水面参入我们大海音乐队的交响曲，唱出一个太平的盛世，像这澄清的水。每一个人都像月中仙子的晶莹，镜中花枝的妩媚，我将在一个冰天挟着千万峰的银山，把珊瑚、玛瑙、珍珠、贝壳连同海滩的石子炼成珍贵的食粮，把人世间的一切褴褛衣覆化为华丽冠裳，在这周围五六百余里的冰冻海面，筑起千万栋琼楼玉亭，让山珍美肴充塞我们的宝库，明铛翠羽交织我们的眼前，海心山再不是一座孤岛，而是人间同乐的、无遮无际的大平等大自由的乐园，燃起一座光明普照的琉璃的灯塔。啊！海！青海！伟大的青海的尽头！你笑了！笑了！〔1〕

正如我曾所说，一个地方及其风景的发现与书写，需要“他者”的眼睛与笔触。所谓“奇景”者，也是对不常见者而言。对生长于南国的人而言，大西北的沙漠戈壁、茫茫草原，都是无比新奇的景致，但对常年生活于此的人而言，可能连“风景”都算不上。易君左笔下的西北“奇景”，真可谓不少，举凡河西“沙阵”（沙尘暴）、兰州“石田”（以小石所覆之瓜田）、戈壁“瀚海”（即沙漠戈壁中的“海市蜃楼”）等，都能将其奇妙之处形诸笔墨。然而最让他觉得最奇的“奇景”，还是青海大草原的游牧场景：

在大牧场上最壮大的一幕是检阅了大羊群、大牛群、大马群，我们叫它作“草原的阅兵大典”。将近黄昏，远远地山色从浅蓝染成了深碧，雾渐渐落下山腰，头顶上云层

〔1〕《西北壮游》，第126—127页。

铺开了灰暗的幕罩，而在遥远的西方，那是青海的尽头，露出一长条蔚青的天色，流丽着一抹朱霞，夕阳返照的余光穿过云罅幻出金黄的色片，苍茫茫笼罩着这块一望无垠的广大的牧场。从远远的四围渐渐传来各种苍凉的声浪，音波缓缓地渐传渐近，伟大啊伟大！这就是大羊群、大牛群、大马群，数千只羊、数百只牛、数百只马浩浩荡荡，排山倒海地合围而来了。这是一幅美丽绝伦的画面，一种雄壮无比的场面，一支哀艳动人的恋歌。马群的动作整齐而迅速，由一匹骏马领导着前进，其情调是激昂奔放，全部是黄马。牛群的动作散漫而迟缓，进程作不断的格斗，狮子般的大牦牛奔窜而横逸，而全部是黑牛。羊群的动作分几个单位，每一个单位像画圈圈似的前进着，和平而温柔地疾速的转动，而全部是白羊。在这大牧场大草原上，只见一片的蓝山，一片的青草，一片的白羊，一片的黑牛，一片的黄马，以大排行、大姿势共同勇猛地前进，交响着马嘶、牛啸、羊鸣各种苍凉的音乐，像大军的挺进，完成了“草原上阅兵典礼”最愉快最难忘的一幕。[1]

对于我们过惯了农村或城市生活的人而言，游牧生活的环境、方式和情调，确实给我们带来巨大的心理冲击和无穷的新奇感，尤其是那种你只有在油画中感受得到的浓烈、鲜明而凝重的色彩感——蓝天、碧草、白云和羊群、黑牛、黄马等。再加上大自然不同音色与旋律的交响，你真得感佩上天赐予这方土地的丰饶与瑰丽。将之比作“草原的阅兵大典”是当之无愧的。

〔1〕《西北壮游》，第121—122页。

二、大西北的风土人情

一个地方可资文学描写和表现的对象，除了风景名胜，就是风俗人情，所谓一方水土养一方人。其实，由于大西北地域极其辽阔，少数民族又众多，所以各地风俗千差万别。在20世纪40年代抗战后期，与东南沿海相比，大西北基本上还是原始的游牧和农耕社会。但由于抗战的爆发，大西北在整个国家战略格局中的地位得到提升，同时，由于作为战时的后方基地，抗战期间西北各地在基础设施、经济发展、社会组织、国民精神等各方面，也发生了很大变化。所以，我们在易君左的笔下，看到的是城市与乡村、农耕与游牧、农牧与工商、文明与愚昧、原始与现代等等的交错并置、重叠形成的复杂图景。

比如当时的酒泉，市内商业繁荣，兰州、乌鲁木齐见不到的货摆满商店："美货充斥如上海朱葆三路，雪亮的玻璃橱里陈列的女皮鞋，应该是最新巴黎式的标本。"然而酒泉真的就这样繁荣吗？是的，它是河西交通中心，塞外小上海。"然而它最不够调和，城内是现代化的马路，城外是原始戈壁，没有裤子穿的小叫花，常常会照着最摩登的太太小姐讨钱。"[1]他由张掖赴山丹途中有一诗，所写情形，与此有些相似：

天昏日暗野风吹，残堞荒原百里随。

红柳白杨摇曳处，黄毛赤体牧羊儿。[2]

---

〔1〕《西北壮游》，第56页。

〔2〕同上书，第149页。

诗人说，一路过河西，一丝不挂的贫苦小儿女实在太多了。

我们再看他游记中《玉门油矿》一节，专记这朵戈壁荒漠中的现代奇葩：

> 车向祁连山麓疾驰，上午十一时到达全国闻名的玉门油矿。摆在我们面前的是一片大戈壁滩上的奇迹。我们已经从一个古老的农牧社会跨入一个崭新型的工业社会。我们看见了各种立体的建筑物，无数冒着黑烟的烟筒，无数的油管机器和高耸云霄的井架，这里的气候比武威张掖酒泉更冷，可是在祁连别墅房间里温度适宜，一切设备现代化，晚间燃着白热的电灯。在房里，还以为在上海的国际饭店，把窗布揭开一看，一片黄沙白草，好不凄凉。这显然是两个世界了：玉门油矿和它的周围起码隔了几个世纪，房里和室外平分了半个乾坤。[1]

更具调侃意味的是，当作者一行到香火旺盛的玉门油矿所在地的“老君庙”抽签时，抽到的签上却滑稽地写着：“无事抽签，罚油钱二十万。”这个极具象征意义的事件和景象说明，“神庙”与“油井”并置，正寓意着大西北“原始”与“现代”奇妙而畸形的共生并存状态，及其所带来的现代工业对原始迷信的祛魅。

当然，整体上尚处在农耕和游牧社会中的大西北，不管是农村还是城市，多少保留着前现代的纯朴与慷慨。也许易君左所夸赞的，只是西北人民国民性的一面，但读来依然让人欣慰：

> 在这种苦闷燠热的气氛中，却也有几点藉以安慰的。第一是西北人民实在太可爱了，朴实、诚恳、慷慨、健壮，

〔1〕《西北壮游》，第160—161页。

差不多都是西北人民的美德和特性。比如问路或打听什么馆子，无论问到警察、学徒、人力车夫、行人，总是那样殷勤恳切地详细指点。进商店买东西，买不到对你一样客气，临走时，还打招呼："坐一会吧！"坐公共汽车，决没有争先恐后的拥挤情形，你如果先踏一步，他便后退一步让你，还说："别客气。"人力车夫拉远道，放下车给多给少，没听见争吵。这一类事倒不胜枚举。我们的江南有这种好风气吗？尤其是上海，惭愧如何？这种民风，才是中华泱泱大国的风度，才是复兴建国的班底。[1]

饮食风俗，也是一个地方风俗当中最有意味的一面。我们看易君左从关中一路到新疆，吃到了什么？

1947年4月26日，易君左一行经过华家岭到定西，找不到一家像样的餐馆，最后糊里糊涂找了一家，进去只吃了些花卷和洋芋。读者可能以为他们是吃像今日的"农家乐"之类。其实不要说是抗战后期，就是改革开放之初，苦甲天下的定西，因为穷，青黄不接的季节，很多农民一日三餐吃的都是洋芋。所以，这种饮食，实在是那个艰难时代的真实记录。

1947年7月，易君左到青海游览，行前兰州大学校长辛树帜叮嘱他，到青海乐都，一定要买个那里的馍馍吃，因为乐都的馍馍不仅"大得赫死人，几乎像一个小面盆"，而且因为发酵好，比巴黎的面包还好吃。但易君左到乐都刚一下车，就被前来招呼他们的当地官员领到附近的公园喝茶，出来后就上车，又不好意思当着当地长官的面买馍馍。当送他们的官员刚一离开，他们就以

[1]《西北壮游》，第3—4页。

每枚一千元的价格“抢购”了几个大馍馍，大吃特吃起来。

1948年秋，易君左随西北行辕主任张治中考察河西，山丹县城的建筑和饮食给他留下了深刻印象：“城内建筑有一特征，即特别注重门楣，一些诗书官宦人家门楼高耸，金匾辉煌，十足古色古香。我有一首过山丹的诗：‘画栋雕梁好门楣，乍见山丹喜不支；四野小溪环大树，满城古貌夹新姿。庙销五百阿罗汉，菜似三千烦恼丝。一角全球驰校誉，合黎山下建培黎。’因为山丹的学校官舍多将寺宇改建，而此地盛产一种绝似头发的‘发菜’，诗中五六两句指此。”[1]“发菜”是盛产于河西戈壁荒漠的一道非常名贵的佳肴，因其形色似发而名。

我一再征引易君左对西北饮食习俗的描写，一方面是要说明，一个地方有一个地方的饮食习俗和特色；但更重要的是，饮食习俗也是社会发展的一面镜子。易君左所述游历中的饮食，确实从一个侧面反映了那个时代大西北的贫穷状况。即使是作者在陕西邠州吃得最惬意的一顿，也不过如此：“邠州的烧菜相当好，嫩韭菜鲜芹，是西北的应时菜蔬。普通饮白酒，陕西土产有名的凤酒。蒜苗也是美味之一。吃遍这一带，无非这几样菜，此外便是炒鸡蛋，牛羊肉。”[2]

若说大西北最有特色的风俗，那当然还是与宗教有关的信仰、习俗了。1947年夏，易君左一行专程赴青海观看塔尔寺庙会——旧历六月初六的“浴佛节”，其中的“晒佛”和“跳神”是他大书特书的场景：

〔1〕《西北壮游》，第148页。
〔2〕 同上书，第17—18页。

走到一座山下的广坪，果然望见山上的大佛像巨幅高高地铺下来，把整个的山面斜坡掩被。万千人头在山上山下直钻，万千人头在山上山下匍匐。盛装冶容的藏女至此大显露。但有一点值得提出的，即在晒佛时间，虽然山上山下那样多人，除了悠扬和穆的音乐外，决没有像内地那种拥戏台口的糟乱的动作和喧嚣的声音，从这些地方都可以看出宗教的威力。……最有趣的是看那一大群约莫有几百个喇嘛卷佛像巨幅，好像一大窝小蚂蚁推着一块大门板，吃力得很，可惜我们没有等到他们扛下来，是如何抬法，颇不容易。[1]

“跳神”是喇嘛教中的大典，其意在斩杀妖魔、祓除不祥，其仪式十分繁杂冗长，作者不仅对此有细致的描写与记录，更有他对此的精妙议论：

统观这种跳神，虽分五幕，实是一幕大喜剧，也可以说是一幕大悲剧。中间先后掺杂着神与魔的奋斗，道高一丈，魔高十丈，结果是魔高十丈，道高百丈，终于道克服了魔，神收斩了鬼，公理战胜了强权，正义压倒了歪义。[2]

综上所述，西北民俗风情的最大特点，就在于它的混杂性，除了前述现代与原始、农村与城市等的混杂之外，还在于多民族的共同生活所造成的异域情调与景致，易君左眼中20世纪40年代的乌鲁木齐尤其如此：

南梁是迪化南关外一条长街，是新疆各民族（特别多

---

〔1〕《西北壮游》，第107页。
〔2〕同上书，第110页。

的是维吾尔族）聚居经商的处所。这条长街现在叫作中正路，全是泥土铺成，坎坷不平，街两旁流着雪水的沟，是它一个特色。

在南梁，可以看到各种不同式样颜色的衣饰，各种不同轮廓颜色的面目，可以听到各种不同的语言，可以说：南梁是一个民族博览会。[1]

三、名胜古迹与故国之思

西北地区之中，陕、甘原本是上古文明的中枢，随着历朝帝国版图的扩张和文化的传播，华夏文明远播西北各地；另一方面，古代西北各少数民族也创造了自己辉煌灿烂的文明。多种文明交相辉映，遍及大西北。这些文化遗产，以寺庙、陵墓、碑刻、城关墩台、舟桥渡口等各种不同的样式流传至今，其中，名胜古迹是最能唤起人们“故国之思”的文化遗产。易君左的《西北壮游》，既不同于传统文人枕山卧水、寄情烟霞的怡情养性，也不同于当下人们观光消闲的休闲娱乐，而是有着认识国土疆域、了解民族文化、强化国族凝聚力的明确意识。他的游记，“要使读者感染到这篇文章的影响力，而激动他们对祖国和土地的热恋情绪”。[2]这就是现在学者所谓“国族”意识的构建。

在国家这一“想象的共同体”的建构过程中，经常采取的方式之一是“自然国族化”，即将其历史、神话、记忆与“国族特

---

〔1〕《西北壮游》，第47—48页。

〔2〕易君左《看中华美丽山川·自序》，台北：大明王氏出版有限公司，1970年，第2页。

质”投射于一块地理空间或地景之上，从而将国族共同体与特定疆域联系在一起，使后者由一块空乏的物质性的空间，转化为国族成员共同情感与认同所寄寓的象征空间——“家园”。这种通过历史与文化对空间的形塑，以达至民族认同的旅行书写，在易君左的《西北壮游》中比比皆是。

易君左由西兰公路至兰州，一路所经，多秦汉古迹。恰逢战后，满目疮痍，触目皆黍离之悲、故国之思。车过咸阳古渡，作者想到李白“咸阳古道音尘绝……西风残照，汉家陵阙”的诗句。邠州乃是周朝先祖的发祥地，作者有《夜宿邠州》一诗，写天涯孤客的故国之思：

土山四面环邠州，山山辟洞筑层楼。
大麦渐长菜花盛，春光迫近陇西头。
一笛横吹三万里，以山环城城环水。
老树杈丫街两条，谁知即是兴周地？
小店零星公路旁，风尘忽化为泥浆。
孤灯倦旅拥衾卧，荒鸡啼破天苍苍。
十年战伐流离苦，愁向寒窗听夜雨。
依稀梦里见慈亲，犹自殷殷问行旅。[1]

邠州据传是周朝祖先公刘的诞生地，因《诗经·王风》中有《黍离》一诗，抒发西周遗民故国重游的亡国之痛和兴亡之感，后世多以“黍离之悲”代指故国之思。当作者遥望邠州四山，满目麦青菜黄，而邠州小城古树参天，街巷萧条，这难道不正是几千年前那位无名诗人吟唱过的“彼黍离离，彼稷之苗”的情景吗？

---

〔1〕《西北壮游》，第 34 页。

这难道不也是老杜“国破山河在，城春草木深”所抒发的无限感慨吗？此情此景，怎能让人相信它就是我们祖先的发祥地呢！

易君左在兰期间，两度去兴隆山拜谒成吉思汗陵墓，感慨良多：

> 成吉思汗以旷代英雄，使元代版图横跨欧亚，当时有“黄祸”之称，白种人对黄种人才不敢邪视。从今日五族一家的国度上看来，蒙古人应该发扬光大其先烈的精神，拥护我们这一整个的中华民族，尤应时时刻刻牢记祖宗的教训：“广土众民欲御辱，必合众心为一！”广土即中华民国，众民即汉满蒙回藏五族，自应合众心为一，以御外辱为天职，何可违背祖宗先烈的遗教，反而与外辱勾结，作国家民族的叛徒呢？[1]

作者对成吉思汗的崇敬与高度赞誉，显然与作者对中国作为多民族国家“共同体”的想象有关。“广土众民欲御辱，必合众心为一”是成吉思汗遗嘱的汉译，作者认为它应“永远成为一个国家争生存的原理”。正是基于抗战期间民族败类分裂国家的深刻教训，作者才借成吉思汗的遗言，一再申说团结御辱的重要。

1948年9月8日，作者从永昌到山丹途中，目睹雄伟的万里长城，他说：

> 我在长征前进中，以缅怀这先民伟业的历史的心情，感着最大的兴奋，旅行在斜阳荒漠里，没有凄凉的憧憬，而高歌了一首《长城曲》。[2]

对于中国人而言，长城不仅是一道古代国防的屏障，它更是血泪、牺牲、智慧、坚韧熔铸而成的一道民族脊梁，是中华民族

〔1〕《西北壮游》，第75页。
〔2〕同上书，第146页。

沧桑历史的写照，是五千年文化的纪念碑，是伟大民族的伟大标志。每一个目睹它的人都会心绪难平。

嘉峪关号称塞上第一雄关，这座曾经是中国西北边陲疆域标志的关隘，而今成了徒供行人凭吊的古迹，“今天的世纪，一切都关不住了”。正如他的诗云：“轮台明月照天山，版图远在天山外。”[1]因为在作者心目中，“西北是我们中华民族的发祥地、中华民族的摇篮。”所以，他在大西北常发思古之幽情：“我们发思古之幽情，或对青海瞭望时，就忘不了祁连山，我们对当前的国防如果有点认识，就更不可疏忽马鬃山。自外蒙古独立以后，这条马鬃山，就是我们北边国防的最前线了。”[2]他的《望马鬃山》一诗，表达的正是千百年来边塞诗人所抒发的整顿山河、壮志未酬的惆怅：

风云沙雾一层层，远客边陲感不胜。
北望马鬃愁紫塞，南瞻牛首恋金陵。
情如枕秘香罗帐，心似舟横古渡津。
每听鼓鼙思壮士，扬鞭奋欲一登临。[3]

敦煌的千佛洞，堪称世界艺术的宝库，是中华民族奉献给世界和人类的不朽遗产，然而，由于近代中国的衰败没落和国人的愚昧无知，这座宝库中的绝大多数珍品都被国外探险者盗走。目睹劫掠一空的莫高窟，作者不无愤怒地说：“有名的莫高窟碑石，还有回鹘文的断碣残幢，仅剩的唐幡残经和元代公主的两只圆圆的肉脚等等敦煌古物，都看到了。这是外国强盗吃饱了，扬长去

---

〔1〕《西北壮游》，第159页。
〔2〕同上书，第164页。
〔3〕同上书，第165页。

了以后，残留的一点点，真不胜感慨！”[1]他的《敦煌千佛洞杂咏》，对千佛洞在中华文化史上的地位，给予高度评价，认为它是“国族”美名得以不朽、各民族向心力得以凝聚的重要文化凭证：

谁写中华亿万年？自非史册与诗篇。

乾坤留此敦煌画，一笔能将国族传。[2]

现在海外汉学界非常盛行的“国族主义”或“文化中国”等概念，其实早在易君左20世纪40年代的战后旅行书写中表露无遗。这也足证他确是“拥护国家，热爱民族”的爱国诗人。

四、自觉的“游记”艺术追求

易君左说：“我一生好游，一生也好写文章好写诗，每游一处，总是有记录有吟咏的。”所以，他自命为“爱国诗人和散文作家，尤以游记名于世”。这个称谓，他是当之无愧的。

易君左不仅一生游记多，而且他对游记创作有自觉的艺术追求。他认为写一篇较好的游记，起码要具备三个条件：第一，我写游记，游记也写我，主观客观的成分交织交融而混为一体；第二，要抓住写作的重心或据点来发挥；第三，对事象有深刻的观察，注重细腻的描写技巧。至于游记写作的具体技术，应该注意的问题有：一、处理题材要用科学的方法，有条有理地好好布置一番、经营一番，然后下笔来写；二、写情写景要真实，不可过分夸大；三、文章的长短要恰如其分，不可贪多，

〔1〕《西北壮游》，第178页。
〔2〕同上书，第179页。

也不可故意求短，意思写完了，便戛然而止，恰到好处即是无上境界；四、凡具有影响的文字都可看作宣传的文字，应该以读者的对象来权衡，从写作中涵养潜移默化的力量；五、题目要紧，好好地装一个题目。〔1〕

以《西北壮游》来看，他基本上实践了他的这些艺术主张，尤其突出地体现在以下几个方面：

第一，细致的观察与真实的描写。我首先举他对兴隆山“成陵”的观察与描写为例：

> 我们有一个蒙古司事引导参观，入殿，首先鞠躬致敬。殿上幕以黄布，中间两旁遍置花圈、挽联和匾额，中悬成吉思汗油画像一幅，其像貌魁伟而刚毅，令人肃然起敬。像前为成吉思汗的银棺，长一二〇公分，宽七七公分，厚九九点五公分。棺周嵌以黄金雕琢的图案，满镶珍珠宝玉，上覆彩绸多幅——每年三月十八日大祭时加上一幅。银棺前面置照相一帧，是摄自石碑上面的……〔2〕

我们常说的细致的描写，它首先要以观察和了解的细致为基础，尤其是要对描写对象的特性有正确的认知。这里除了对陵寝内部整体布局的描写外，对“银棺”的描写，包括大小尺寸、图案、颜色等，莫不来自作者对描写对象相关特性的科学而具体的把握。

与大多现代游记作家一样，易君左也强调描写的“真实”。在他看来，现代的旅行及其游记，与旧式游记（作者谓“游记八股”）但知卖弄辞章、铺张文字不同，也非单单经由个人与自然景

〔1〕《看中华美丽山川·自序》，第2—3页。
〔2〕《西北壮游》，第74页。

观的交融互动、求取心灵慰藉与情感寄托，而是借着理性的认识与客观的描述，获得对观赏对象的“科学”认识。所以，我们在《西北壮游》中看到更多的是作者对所经之地的山川地形、地理概况、疆域沿革、人情物候等的观察与记载。易君左非常清楚地意识到，即便是这些看来遨游览胜、登山临水的文字，“都可看作宣传的文字，应该以读者的对象来权衡，从写作中涵养潜移默化的力量”。我借用同样是20世纪40年代来西北考察的陈赓雅对旅行书写之宏愿的自述，说明这些游记文字所肩负的使命与它的文体要求之内在关系：

> 诗人墨客，蹑屩担簦，探奇选胜者，亦复代不乏人。而咏叹游赏之诗文，尤至不胜枚举。然类皆模范山水、寄兴抒怀之作；而绝少涉及其地、其时社会组织之利弊、人民生活之苦乐者。作者仰冀曩哲，踵武前修，此遭斩荆榛、犯风雪，历程数万里，而所持之旨趣，则异乎是：举凡各地民俗风土、政治经济、社会状况，均在采访考察之列。名山大川、古迹胜境，假以机缘，固往登陟；而荒陬废垒、破窑羊圈，亦多加造访；当地名流、地方当局，自往讯以社会之情事、设施之概要；而农夫力役、编户矿工，亦就以探索生活环境之实际资料。俾转以公诸社会，并供负责治理及研讨学术者之参考。信能循兹以为兴革政俗、改进社会之张本，则作者间关跋涉之劳，庶几其不等诸虚化，而足以自慰于万一者乎？[1]

我们大都去过很多寺庙，见过很多神像，但能像易君左描写得这样好，也不多见，实在令人佩服他下笔描写的功夫。我们常

〔1〕陈赓雅《西北视察记·自序》，兰州：文海出版社影印本，2002年，第4—5页。

说的描写细致，除了科学的理解、准确的数据等之外，还需要借文字形容对象的形态、色泽等的能力。我们读了下面这段文字，不仅对大金瓦寺中佛像的位置、大小、姿态，祭器的式样、材料、多寡等都感到历历在目，而且，仿佛能透过文字领略到其中神圣庄严的气氛，甚至嗅到酥油灯的腥膻气味：

殿内供宗喀巴巨像。环绕此巨像，满供尺余高的小金佛，尽属西藏式与印度式，长目细腰，姿态优美，以衬托庄严静穆的宗喀巴巨像，全是善男信女由各地朝礼时贡献的，数目约在五千尊以上，全为镀金。殿前供列银器，式样繁多而细致，铸工极精，大者有一人高，雪亮耀目。蒙藏人民贡献的金玉珠宝，陈列龛中，不计其数，殿中除有数千酥油小灯，繁如明星、美如缨络外，并有二巨灯高悬像前，全为珍珠穿成……〔1〕

第二，主客交融，情趣盎然。旅游本身是一件苦乐参半的事业，支撑旅行者参与的动力，即是对大自然未知领域的搜奇览胜的热情，若没有这份热情，旅游何来乐趣。只有旅行者将自己的见解、认识、判断、情感投射到自然风景、名胜古迹时，这些景物才会有生命、有情趣。这就是作者所说的“主客观的交融，我写游记、游记写我”。比如作者游了酒泉，甚为喜爱这座城市，他这样形容自己的心情：

这河西走廊像一支宝剑插在西北区心腹之地，……再以大自然的景色而论，祁连山正是这支宝剑的魅力堂皇庄严肃穆的装璜，像是走廊镶嵌了一道光辉灿烂的彩边，故

---

〔1〕易君左《西北壮游》，台北：文镜文化事业有限公司，1983年，第103页。

无论从地理上的价值说，从大自然的风物说，酒泉实在太令人可爱了，太够令人沉醉了。大诗人李白的“恨不移封到酒泉”，而我呢，恨不移“家”到酒泉了。

如果在酒泉城里或附郭盖一栋小楼，面着一白无垠的祁连山峰，春风拂着白杨古柳的摇曳，从广大无边的瀚海里，清溪头，幽幽地望着驼群马队的经行，或者几个人骑着小驴慢慢走过，我将如饮美酒般地吟哦，所有前代诗人没能描出的心情意境都将一齐涌上我的笔尖了。〔1〕

这里不仅有对酒泉自然风光的描写，还有作者的浪漫观感。这是一个历经战乱困扰的现代文人，对宁静和平而富有诗意的生活的向往。或者说，它暴露了现代人对已逝去或即将消失的田园牧歌的永远的乡愁。

1948年9月20日，作者的“河西秋旅”行将结束之际，他这样告别敦煌：

就在这晚半夜里，我们要离敦煌，预定一天赶回酒泉。一个月明星稀之深夜，我起床到后面荒地出恭，听着一片潺潺流水清泠之音，心里静静的幽幽的空灵圣洁，没有一点尘世的渣汁。白杨参天，微风不动，千佛窟的一排幽影，投射了巨大的轮廓，也没有一个秋虫的鸣声，或一只乌鸦的飞绕，宇宙是这样寂寂的。可爱的敦煌，可敬的千佛洞，我们和你暂别了。〔2〕

在这样万籁俱寂的佛教圣地的夜晚，作者所产生的是遗世独立的超脱之念，所谓“空灵圣洁”，也就是佛教启示我们的至高境

---

〔1〕《西北壮游》，第60—61页。
〔2〕同上书，第182页。

界。在这样的夜晚，万物复苏了他们的灵气和生命，作者面对千佛洞的幽影，就像无言地站在一个临别的友人面前，在和他作无言的诀别。

作者不仅常常触景生情，而且对历史人物、民俗风情、名胜古迹，多有感慨和论断。他在青海塔尔寺参观了“五体投地”的仪式后，一面深为信徒的这种虔诚所感动；另一方面，他觉得佛教徒应该用这种虔诚的精神从事人世的事业，他说：“蒙藏佛教信徒确实有这种伟大精神，可惜错用在‘磕头’上面。”[1]另外，如前所述，他对成吉思汗，对长城、嘉峪关等历史英雄和名胜古迹，都有诸多感慨和议论。正如他所说，这就是“我写游记，游记也写我”。

第三，诗文并置的写法。易君左系出名门，他的父亲是清末有名的大诗人，受父亲熏陶和影响，易君左不仅好作诗，而且善作诗。作为“五四”辈的文人，尽管他早年尝试过白话新诗的写作，但他一生的大多诗作，仍是旧体诗。

易君左的好作诗，可以说是达到了时时诗兴勃发、出口成章的程度。他常在行进的汽车上打腹稿、在马桶上构思、在黑灯瞎火的旅馆里挥毫写诗……，他真是一位“诗文并茂”的游记作家。据我粗略统计，这册小小的，约八万字的游记中，就有诗作66首之多，而且多为歌行体长诗。

《西北壮游》的大多篇章，前以散文铺叙，后以诗词抒情；或者散文之中忽然夹杂诗词。这种铺排与简洁、通俗与典雅、无韵与押韵、散漫与齐整的交织互见，让他的游记读来摇曳多姿，雅俗共赏，颇有韵味。

---

〔1〕《西北壮游》，第103页。

1947年4月23日下午，易君左一行由陕西邠州抵甘肃平凉。他笔下的平凉旅店，惨不忍睹：

斗室一方，土炕一个，墙壁尘垢破裂，地下烂土，进去就一股臭气。墙上用红土大书“小心老鼠”四字。纸糊芦席，被耗子撕得稀烂，地上大洞小洞，均是鼠穴。店里不预备被盖，要到外面租来，油垢一床，污秽可怕。炕上臭虫，被中虱子，一应俱全。加上我们到的这一天雨下得并不算小，滴滴答答，配合室内情调，孤灯暗淡，好不惨然！在这环境下，迫成了我写出一首诗。这首诗，比之杜公秦陇诸篇，似乎并不多让。假使我坐飞机，又假使到平凉即寓旅行社，哪能有此好资料呢？然后知道现实生活的体验才是新诗歌的源泉。[1]

而我们看他的《平凉曲》，却是诗意盎然，妙趣横生：

平凉一宿愁无底，大雨潇潇阻行旅；
平凉一宿笑颜开，大雨潇潇免旱灾。
一人裹足万人福，吾宁凄凄栖土窟：
尘垢满墙鼠满屋，大洞小洞乱砖覆。
白昼漆黑如鬼窦，浓云低压呼吸促；
行李车顶雨湿透，火烘风晾忙鹿鹿。
一炕盈尺两人宿，孤灯荧荧真似豆；
牵绳四角悬衣裤，铜盆盥面兼洗足。
半夜隔邻呼屋漏，大儿号寒小儿哭；
宪警敲门严查究，大官高枕黄粱熟。

〔1〕《西北壮游》，第20—21页。

呜呼！做客之难难如此，君不见：

秦州杂吟杜子美，千古诗人空断肠，

为君一曲歌平凉。[1]

这就是我们平常所谓旅行中的“苦中作乐”，也是诗人童心未泯的体现。

1947年9月10日，易君左客寓张掖甘园，他一大早如厕，在马桶上诗兴大发：“晨，在厕所上成《抵张掖》一诗：‘来访河西第一城，甘州词调旧知名。无人再说江南好，有客新从塞北行。秋水蒹葭孤雁影，黎明灯火万鸡声。风沙茫茫休相扰，梦里祁连雪样清。’”[2]

9月13日，作者于小雨中抵酒泉，当夜，他“枕上听雨不寐，只好作诗，成《重游酒泉》一律：‘游遍河西爱酒泉，祁连千里雪盈巅。麦黄不愿才人老，车少尝为贾客专。砂碛驼峰秋草外，夕阳驴背野村前。来时却认归时路，赖有诗心一线牵。’”[3]

也许有人觉得一个现代作家，在白话游记散文中时时插入古体诗词，是在有意炫耀他的诗才。其实不然，像易君左这一辈在旧诗词熏陶中成长起来的现代文人，旧诗词的声韵腔调，辞藻格式，早已内化为他们的“心灵格式”，最能得心应手地表现他们最深切的感情。再加上中国文人自有登临怀古、伤时悯乱的传统，一旦相似的情境再现，旧诗词的铿锵节奏、辞藻意象，便一一奔涌笔端。况且易君左的旧体诗词，多能推陈出新、不拘格套，诙谐生动、通俗易懂，富有现代气息。

---

〔1〕《西北壮游》，第35—36页。
〔2〕同上书，第150页。
〔3〕同上书，第155页。

易君左与郁达夫的交游及唱和

郁达夫与易君左早在民国初年同在日本留学。20世纪20年代初又同在上海泰东书局当编辑，其间先后赴安徽法政专门学校任教。抗战初期，郁达夫携家人到易君左的故乡湖南汉寿县避难。两人在长期交往中结下了深厚的友谊，易君左对郁达夫充满了崇敬之情，他为数不多的小说创作，深受郁达夫的影响；他们的诗歌唱和，堪称文坛佳话；郁达夫罹难后，直到易君左晚年，他多次著文怀念郁达夫，给予郁达夫高度评价。郁达夫与易君左的友谊，为“文人相重”提供了新的榜样。

曹丕“文人相轻，自古而然”这一论断，并不具有普遍性；“文人相重”的事例，证诸古今中外的文学史上，并不鲜见。李杜、元白用华丽诗篇记录下来的友谊，堪称“文人相重”的典范；现代作家之间，生死不渝、相亲相敬的真挚友情，更是比比皆是。一代又一代文人留给我们的遗产，除了他们不朽的杰作之外，还有他们之间的真挚友情所体现的伟大人格精神。现代文学史上，易君左（1899—1972）与郁达夫（1896—1945）的交往和友谊，即是“文人相重”的一个生动注解。

郁达夫和易君左，均是现代文学史上毁誉参半的名人。前者以其惊世骇俗的文学创作、风流倜傥的浪漫生活和坎坷多舛的命运闻名于世；后者虽为现代文学史上的风云人物（五四新文化运动的积极参与者、“文学研究会”的最早成员、“呜呼苏梅”案的主角、“闲话扬州”风波的当事人、“文学再革命”运动的发动者、“围剿”毛泽东《沁园春·雪》的急先锋……），然因其长期效力于国民党阵营，1949年后又长期居留香港、台湾，所以，大陆学界对他关注并不太多，遑论一般读者。

易君左和郁达夫民国初年同是留日学生，后来又同在上海泰东书局做编辑、在安徽法政专门学校任教。抗战爆发后，郁达夫曾一度到易君左的故乡湖南汉寿避居三月。两人在长期的交游过程中，结下了深厚的友谊。抗战爆发后，易君左撰文《楚天辽阔一诗人——记我的朋友郁达夫》(《宇宙风》1938年10月16日)，报告郁达夫战时的行踪和生活状况。郁达夫罹难后，易君左连续刊发长文《我与郁达夫》(《经纬》周刊1946年2卷6—8期、10—11期、3卷1期)，回忆他们的前尘往事，高度评价郁达夫的文学成就和爱国情怀。直到易君左晚年，在他的回忆录《火烧赵家楼》《卢沟桥号角》(台北：三民书局，1969年)和《易君左自选集》(台北：黎明文化事业股份有限公司，1975年)等书中，都有专文或专章，回忆这位早已殒去的文坛奇才，正是“近来文卷里，半是忆君诗”。

一、郁达夫与易君左的交游

易君左和郁达夫相识于留学日本期间，相知于上海泰东书局，生离死别于抗战期间。易君左对他们的交往始末这样记叙：“我在民初青年时期一度留学在日本东京，就开始认识郁达夫，但相见很少，来往甚稀，……但是到了民国十一、（十）二年我在上海的泰东书局编辑所担任一名编辑员以后，便常常和郁达夫在一起了。”[1]20世纪20年代初，郁达夫在泰东书局主持《创造》季刊等刊物的编务时，易君左任教于上海中国公学，并兼任泰东书局编辑，两人开始熟悉起来。虽然他们二人分属当时中国文坛最有影响，而且时时矛盾对立的两个文学团体——文学研究会和创造社，但这并没影响他们之间建立真挚的个人友谊。

郁达夫夙善交游，常以英国浪漫派诗人勒汉特（Le Hunt）自许。郑伯奇回忆时曾称："勒汉特交游最广，和同时代的作家都处得很好。他希望将来在中国文坛上也能做个勒汉特那样的人。他在当年的文学界中是交游最广、朋友最多的一个。不过他对当时中国文学上的影响，恐怕不是那位英国诗人所能比拟的。"[2]易君左下面这段文字，对郁达夫的交游广泛，有精彩的描述：

> 郁达夫的交际也真广泛。虽像"耗子"般的昼伏夜动，而白天来往他"书斋"的有许多是外国青年，英美法俄德，甚至印度人、犹太人、日本人、朝鲜人都有。假使你坐在隔壁房里，你可以听到那"书斋"里有许多人讲着不同的语言，时而英语，时而德语，又时而法语，又时而日语，简直是在开一个世界语言竞赛会。而究其实，却并不是那些外国人在讲话，全是郁达夫一个人在那里应付，用各种外国语。达夫语言天才之高真匪夷所思，他懂得六七国语

〔1〕易君左《我与郁达夫》，《易君左自选集》，台北：黎明文化事业股份有限公司，1975年，第191页。

〔2〕郑伯奇《忆创造社》，饶鸿競等编《创造社资料》（下），北京：知识产权出版社，2010年，第724—725页。

文，而且精通，并习梵文。[1]

关于郁达夫的语言天才，当时同在泰东书局的郑伯奇也有同样的见识：

达夫知道我读过法文，总怂恿我跟冷食店的法国侍者讲法语，而我觉得害臊，不愿开口。有一次，也许为了鼓励我的勇气，他便自告奋勇，用法语向侍者要东西。我很意外，他从哪里学来的法语，发音竟如此准确。他笑着向我解释，原来他读英国小说的时候，书中引用的法语，学会了不少，并且还向会法文的朋友校正过发音。我总佩服达夫有语学天才，不知他是这样勤学好问，因而就更加佩服了。[2]

当易君左在上海泰东书局里遇到郁达夫时，郁达夫已因《沉沦》诸篇的发表而名声大作，他对郁达夫充满了崇拜之情。他说："《沉沦》一炮打响后，郁达夫之名大著。他那清瘦的身体、憔悴的面容、蓬乱的头发，常常出现在四马路发行所之前，一件酒痕油渍三百年没洗过的长衫，临风飘飘而遐举。……论性情，我与郁达夫最投契。我随随便便，他比我更随随便便。"[3]易君左化用杜甫《梦李白》里的诗句"魂来枫林青，魂返关塞黑"，形容他和郁达夫纯真的友谊："那时我和达夫几个穷文友住在这个马霍路的蹩脚的编辑室里，一个是失了魄的魂，一个是失了魂的魄，大家三魂渺渺，七魄悠悠，糊里糊涂过日子。"[4]易君左对他们在泰东

〔1〕易君左《我与郁达夫》，《经纬》周刊新二卷第八期，1946年9月15日。
〔2〕郑伯奇《忆创造社》，饶鸿竞等编《创造社资料》（下），北京：知识产权出版社，2010年，第724页。
〔3〕易君左《我与郁达夫》，《经纬》周刊新二卷第七期，1946年9月8日。
〔4〕同上书，1946年9月29日。

书局的生活，有生动而细致的描写：如何在马霍路泰东书局编辑所里吃面条，如何到青莲阁看“野鸡”，如何到“新世界”“亦舞台”看戏，如何在除夕狂欢之夜的人群中摔火炮……尤其对郁达夫经常受哥哥的监视和挨哥哥的骂，易君左有翔实的记叙：

> 正因这样生活毫无秩序，精神和身体都渐渐消瘦萎靡，简直疲得不堪，这时，恼了一位他的哥哥，即郁文。……然而郁文有了这样一个天才的弟弟，又觉得实在可爱，不忍坐视其沉沦而不救。法院的工作很忙，他还常抽出时间亲来马霍路看达夫，但总是不容易见到。在达夫的一张小书桌上常常会押着一张小纸条而带着谴责的语气，就是这位法官的留言。看他的留言，似乎达夫并没有去看过他的阿哥。有一次，郁文又来了，已是晚间九十时，是预料达夫回来必晚，故到夜间才来，一直等到半夜二三时，果然达夫回来了。那时我们都已熟睡，忽然被口角声音惊醒，原来两兄弟正在叽叽喳喳。但我们知道，达夫是怕哥哥的，大概为着辩白而忍不住火气，冲犯了哥哥，被哥哥切实教训一番。[1]

郁达夫与易君左的第二段交往，是他们在安徽法政专门学校任教的时期。郁达夫前后于 1921 年 9 月底至 12 月、1922 年 9 月初至 1923 年 2 月初两次在安徽法专任教。易君左对自己在法专任教的时间记忆不大准确，他在 1946 年回忆此事时说：“最奇怪的是，我与郁达夫执鞭法专并不同时，而是间隔。即我教了第一学期，达夫教第二学期……，所以我们两人各当了一年教授，而这

---

〔1〕 易君左《我与郁达夫》，《经纬》周刊新二卷第八期，1946 年 9 月 15 日。

一年却是分开两段。”[1]在他晚年回忆时又说：“到民国十三年我去安庆，在安徽公立法政专门学校教书，郁达夫也同时同地在这间学校教书。”[2]不管他们二人是否同时在法专任教，但易君左对郁达夫在法专的生活及其逸事都非常熟悉。易君左对郁达夫在法专生活的了解，可能来自法专师生的传说或郁达夫的亲口所言：“我不在写我的生活，在写郁达夫。我在安庆教书的一段，在此免提，单说郁达夫吧。以下的一些资料，或是由郁达夫亲自告诉我的，或是由法校同事们告诉我的，甚至于从学生口里告诉我的，一点不假。”[3]第三种可能则是易君左通过对郁达夫小说《茫茫夜》的阅读，获知郁达夫在法专的生活状况的。因为易君左回忆文章中所写郁达夫在安庆的两大趣事——寻找符合“三条件”的妓女、向老板娘买旧针与旧手帕，与《茫茫夜》中于质夫的行为基本一致，而《茫茫夜》这篇小说是在易君左去法专任教前已经发表了的。但不管怎么说，易君左对郁达夫在安徽法专的种种“荒唐”行为，有同情的理解：

> 一个小说家要描写的技巧有进步，必须有一种实际观察的体验，郁达夫的各种浪漫色彩，与其说他是风流倜傥，好色成性，真不如说他是忠实于文学。他常常想写人间的变态病态，尤其是奇（畸）型的性欲心理，他把这些东西当作科学去看，哲学去看，用文字的手法衬映出科学的真实与哲学的根源，再加上宗教虚玄的袈裟。他之钟情于一

〔1〕易君左《我与郁达夫》，《经纬》周刊新二卷第十一期，1946年10月6日。

〔2〕易君左《我与郁达夫》，《易君左自选集》，台北：黎明文化事业股份有限公司，1975年，第195页。

〔3〕易君左《我与郁达夫》，《经纬》周刊新二卷第十一期，1946年10月6日。

个极聪明年长的女子，出乎情理之常，也就是为研究这种变态与病态。因此，他不惜以身说法，牺牲了一切，把全部心身奉献给文学创造的领域。谁能知道他这种心情呢？骂他为颓废派、浪漫派，不能说是冤枉，但如果知道这一个天才是有所为而浪漫，有所为而颓废，就会给他以最大的同情，而怜其一生的不遇。一个天才的文学家何尝容易被人了解，不仅如此，往往是当时人和历史上责骂的对象。[1]

郁达夫与易君左的第三段交往，是抗战期间在湖南汉寿的“一别遂千古”。

1938年7月至9月，郁达夫、王映霞夫妇携子女到易君左的故乡湖南汉寿避难。易君左立即著文向惦念郁达夫的朋友们报告他的行止动静与生活姿态。郁达夫避居汉寿期间，易君左曾回乡探望，他们泛舟于沧浪之水，采菱于南湖之滨，徜徉于花姑堤上，诗酒自娱，流连忘返……

离乱之际，易君左是多么希望这对“神仙侣”能够永续他们诗意而浪漫的生活：

> 我们希望这一双嘉宾永远居在汉寿。希望达夫像苏东坡买田阳羡、王摩诘筑室辋川，希望达夫心身健康多想几篇东西煽动南国抗战的热情。希望映霞惩治大都市的罪恶而鼓励乡村的清气。希望这斗大的城池中永远有一个长身玉立的康健女郎提着篮儿买鱼。希望那三个小朋友永远离不了母亲替他们洗澡一直洗到生出很长的胡子。

〔1〕易君左《我与郁达夫》，《经纬》周刊新三卷第一期，1946年10月20日。

…………

当晚霞流丽的时候，展开了我们的离宴。有些想看王映霞女士的都在篱外窥视。有的夸赞她生得婷匀，有的说她一口好牙齿，有的赞美她秋水般的双眸，有的羡慕她的烫发，羡慕她的衣履。而我们的郁达夫先生呢，却陶醉在啤酒的氛围中了，沉醉在一个忠实的信徒对于教主的伟大怀抱中了！雨后的宇宙像泪洗过的良心，创后的魂灵好像花裹着的裂口。人生原像波纹，没有风，便会镜一般的平静。〔1〕

这次聚会，遂成永别。之后易君左入川，郁达夫于9月应陈仪之邀再赴福建，之后又辗转到南洋。当易君左在抗战后期听到郁达夫惨死的噩耗时，他对一代天才的陨落深感悲痛，也为郁达夫的身后寂寞备感不平："我怀念这一代文友，一代才人，而身后冷淡一至如此！当我在重庆会到沫若时，我总是探问达夫消息，因为他还是挂名文化委员会一委员，我所得到的'主任委员'的答复是那样冷淡的，我甚不解。……可怜的达夫在烽火中牺牲了，而你的老友在烽火中升华了，梦李白的诗，杜甫在哪里啊？"〔2〕

易君左在晚年仍念念不忘郁达夫，他说："郁达夫在我的故乡汉寿居留约大半年之久，便远行到了南洋，在星家坡（原文如此。——笔者注）主编一家大报的副刊，时常发抒议论，拥护国策，而不幸竟遭日寇的残害，含恨以终，至今他死的真正内幕，死时和死地仍然是一个谜。一代才人，如此结束，最堪悲痛！若

〔1〕易君左《楚天辽阔一诗人——记"我的朋友"郁达夫》，《宇宙风》第77期，1938年10月16日。

〔2〕易君左《三叶集人物——生生死死》，《经纬》周刊新二卷第六期，1946年9月1日。

干年后，我两度到南洋，都有诗追悼他。南洋朋友，也有一些至今尚保留郁达夫的诗幅和墨迹，都非常怀念他。”[1]

二、郁达夫对易君左小说创作的影响

易君左虽最早加入了文学研究会，但他更像是创造社的一员。他不仅跟创造社的郭沫若、田汉、成仿吾、郁达夫关系密切，而且他的作品大多由泰东书局出版。他的文学创作，尤其是小说创作很具有“自叙传”的色彩，这跟他受郁达夫的影响大有关系。

易君左明确说过，“郁达夫受了左拉的影响，我受了郁达夫的影响”。[2]易君左小说受郁达夫的影响，分为三个方面：一是作品中的主人公都以作者及其朋友（尤其是郁达夫）为原型；二是易君左小说的部分场景、情节、对话，有意模仿郁达夫的小说；三是易君左的小说也同郁达夫的小说一样，充斥着颓废的色调与情绪。

易君左的小说，目前能够查考到的是分别发表于 1921 年第 4 期、第 11 期《小说月报》上的《烟突》和《命运》，以及收在诗歌小说合集《西子湖边》（初版于 1924 年）里的《失了魄的魂》（1922 年 4 月）和《塔影》（1922 年 10 月）。前两篇小说很短，都描写下层社会穷苦不堪的生活，是很典型的文学研究会主张的“为人生”的小说；后两篇算是中篇，是易君左南下上海，受了创造社一帮人物，尤其是郁达夫影响后的作品。《失了魄的魂》和《塔影》这两篇小说，是易君左和郁达夫交游的产物和见证。在某

---

〔1〕《我与郁达夫》，《易君左自选集》，第 202 页。
〔2〕易君左《我与郁达夫》，《经纬》周刊新二卷第十期，1946 年 9 月 29 日。

种意义上说，易君左是在郁达夫的影响下开始小说写作的，易君左说过："我平生不会做小说，也懒去做小说，这两篇比较长的东西，也许就是我毕生的二大纪念，正和我童年画的那几幅山水一样，我将一天一天一年一年的对不住他们。"〔1〕"我不喜写小说，并不是不会写小说。达夫则立志为一小说家，故必'深入人间，蹭进花丛'，而后'材料充实，资源丰富'。他若不是在日本玩下女嫖艺妓，也写不出那一本《沉沦》。"〔2〕"不喜"又"不会"而且懒得写小说的易君左，之所以写起小说来，是他崇拜郁达夫的结果。

易君左的《失了魄的魂》，就是郁达夫的《沉沦》；而《塔影》，则是郁达夫的《茫茫夜》。易君左小说中的主人公不仅以作者为原型，而且也少不了郁达夫。《失了魄的魂》，"这篇小说描写几个流浪青年文艺工作者在纸醉金迷的上海度其零乱凄哀的生活。小说的主人林佛森，便是我自己。另外一个主角叫作游质夫（在郁达夫小说中名为于质夫。——笔者注），那就是郁达夫的化名"。〔3〕不仅如此，郁达夫甚至是他小说中的灵魂式的人物："一个枯寂无聊的编辑所里，待天真烂漫的游质夫回来，就好像偏僻的乡村，忽然盖起一座显灵的土地庙一样。"〔4〕

《失了魄的魂》中的林佛森不仅在上海荒唐度日，也像《沉沦》里的主人公去"筑港"附近的妓院一样，与朋友一道去了苏州，浪游留园、虎丘。在旅馆里受到妓女的骚扰，在阳台上"偷窥"别人的情事。林佛森像《沉沦》的主人公一样，也时有"自

〔1〕 易君左《西子湖边·跋》，上海：泰东图书局，1928年再版，第1页。
〔2〕 易君左《我与郁达夫》，《经纬》周刊新二卷第七期，1946年9月8日。
〔3〕 易君左《我与郁达夫》，《经纬》周刊新二卷第十期，1946年9月29日。
〔4〕 易君左《西子湖边·失了魄的魂》，上海：泰东书局，1928年再版，第58页。

慰”行为，之后也是喝牛乳、吃鸡蛋，懊悔不已。易君左小说中的人物，饱受贫困和性的苦闷，且都有自我暴露的倾向。他们的谈话，“不是关于情欲问题，就是关于婚姻大事”。[1]易君左对《沉沦》主人公的经典独白烂熟于心，信手拈来，挪作他小说中人物的谈资：

他们的论题，又从金钱方面渐渐的转移到妇女方面来了！“质夫，你所说的‘知识我也不要，名誉我也不要，我只要一个能安慰我，体谅我的心！一副滚热的心肠，从这一副心肠里生出来的同情，从同情里而来的爱情！’到底你得着没有？海棠怎样？静儿，你还想她吧？你未免太对不住你的夫人了！”[2]

林佛森的人生观也是十足的“沉沦式”的：

林佛森的人生观，只是一个“爱”字，但是他的“爱”，又与普通人所说的不同：他绝不是像释迦的“普度众生”那样的爱法，也不是像基督的“四海皆兄弟主义”那样的爱法，他的爱，只是两性间发生出来的一种浓挚而纯笃的热烈而伟大的感情！……他又以为爱之满足，定要“灵肉合一”，跛形的安慰，适足以戕贼自己，所以他自从别离他的夫人以后，他就不得已的在这种戕贼的进程中求生活。他觉得他自己一切不如他人：知识、学问、性质、手段、才干、身体、道德，乃至于相貌，都不如他人，只有这“爱”，恐怕他人能像他的很少；所

〔1〕《西子湖边·失了魄的魂》，第5页。
〔2〕同上书，第7页。

以他打算在他的墓志铭上，加上“以爱而胜友人，亦以爱而胜敌人！”这两句话。[1]

易君左记载他在安徽法专生活的小说《塔影》，更像是《茫茫夜》的仿作。作者本人就是小说主人公汤艺夫的原型。在现实生活中，郁达夫虽和易君左并不同在法专任教，但在小说中，郁达夫和于质夫都不缺席。或者可以说，易君左在法专是按照《茫茫夜》的指导生活的。汤艺夫到了 A 地，连从码头到学校路线，他都早已通过郁达夫的小说了然于心：“他何以会记得一个大概，这是因为他曾读过他的前任者——天才的狄家敦做的一篇小说中，曾经描写过此地的道路。”[2] 在这篇小说里，郁达夫又变成了狄家敦（英语 decadence 的汉语音译，即颓废派）。汤艺夫在学校里的生活，与于质夫极为相似：像新媳妇一样战战兢兢见校长、见同事，遭“法专老爷”讥诮，空闲时到菱湖公园散步……汤艺夫虽未上过妓院，但他的同事因私闯民宅找土妓而演出的滑稽闹剧，比《茫茫夜》中于质夫的逛妓院有过之而无不及。易君左熟知《茫茫夜》中于质夫关于妓女的“三条件”，所以当汤艺夫的同事们，听说学生嘲讽教务主任沈芝候为“饭桶”、校长许玉舟为“破铁”时，他说这与“称狄家敦做‘三条件’是先后比美”。[3]

《失了魄的魂》和《塔影》虽极力模仿郁达夫的小说，但就小说创作的才力和技巧而言，郁达夫与易君左虽非天壤之别，但的确相差悬殊。易君左说他自己“不会”做小说，并非谦辞。这也说明

---

〔1〕《西子湖边·失了魄的魂》，第 49—50 页。
〔2〕易君左《西子湖边·塔影》，上海：泰东图书局，1928 年再版，第 3 页。
〔3〕同上书，第 33 页。

在新文学初创时期，郁达夫的小说与一般作家相比，确实技高一筹。

三、郁达夫与易君左的唱和诗

易君左的小说虽难与郁达夫比肩，但身为诗人之后（他的父亲易顺鼎为清末著名诗人）的易君左，其诗歌天赋和才能，则可以与郁达夫媲美。

郁达夫和易君左均在少年时期开始作诗（郁达夫十五岁始作诗，易君左十岁随父客居岭南时即学为诗）。郁达夫是大家公认的新文学作家当中旧诗写得最好的诗人，而旧诗学养深厚的易君左，一生有好几部旧诗集出版，成就斐然。

我们对五四文学革命以来现代作家的旧诗创作，决不可以简单冠以“附庸风雅”。像郁达夫、易君左这一辈在旧诗词熏陶中成长起来的作家，旧诗的声韵腔调，辞藻格式，已经内化为他们的“心灵格式”，最能得心应手地表现他们内心最深切的情感，尤其是中国诗歌传统中伤时悯乱的情感。一旦诗人在现实环境中目睹前辈诗人曾歌咏过的“国破家亡”的情境，前人所体验过的情绪和铸造的诗句，就同时在他们的心田和笔端奔涌而至。郁达夫曾经说过：“像我这样懒惰无聊，又常想发牢骚的无能力者，性情最适宜的，还是旧诗，你弄到五个字，或者七个字，就可以把牢骚发尽，多么简便啊！”[1]

职此之故，我认为这两位新文学家抗战期间的旧诗唱和，不仅留给文坛一段佳话，也见证了旧诗这一具有悠久传统的艺术形

〔1〕郁达夫《郁达夫全集》（第三卷），杭州：浙江大学出版社，2007年，110—111页。

式所具有的永恒魅力。

郁达夫避居汉寿期间，与易君左的唱和诗，现在能见到的有四首。另外，郁达夫《毁家诗纪》第九首也具有唱和的性质。故将五首诗照录于下，并略加说明。

1.《赠达夫》

君　左

富春江上神仙侣，惨淡流离到此间。
啤酒香从青豆透，爱神光护紫云还。
行吟屈子愁无地，送别汪伦旧有川。
绝似凌霄丹顶鹤，古松聊借一枝安。

易君左《楚天辽阔一诗人——记“我的朋友”郁达夫》文末有“附与郁达夫在汉寿的唱和诗数首”，即为本文所录1—4首诗。陈子善先生所编《回忆郁达夫》（湖南文艺出版社，1986年）一书收入该文时，未附诗。以下2—5首诗在各种版本的郁达夫作品集中较常见，唯这一首易君左的《赠达夫》读者不常见到。

这首诗的“啤酒香从青豆透”看似浅淡，但有一个有趣的典故：郁达夫一家避居汉寿后，易君左首次前去探望，郁达夫从房里、堂屋角落里、水桶里拿出一瓶又一瓶啤酒，王映霞给他们开了一罐青豆，他们便在这啤酒香青豆味里消磨了两个钟头。

2.《戊寅夏日偕眷属自汉寿来辰阳避难同君左作》

达　夫

国破家亡此一时，侧身天地我何之？
同林自愿双栖老，大难宁教半镜差。
岂为行吟来楚泽，终期结绶到南枝。
月明三径垂杨下，元白传杯各记诗！

这首诗又题《自汉皋至辰阳流亡途中口占》《答君左》，是对易君左前诗的答诗。此前因郁达夫与王映霞的婚姻不和，几致分飞，后经友人多方调解才转和好，所以这里“同林自愿双栖老，大难宁教半镜差”既是对易君左“神仙侣”的回应，也是向王映霞表明他的心愿。“元白传杯各记诗”一句，以元稹和白居易生死不渝的友谊，比喻他和易君左的真挚友情。以易君左对郁达夫生前的崇拜和死后的怀念来说，他们的友谊堪比李杜、元白而当之无愧！

3.《偕君左、学艺及易黄诸女伴泛舟南湖，展墓采菱，晚至西竺山，翌日联句》

戎马余闲暂息机（郁），南湖清露湿荷衣（易）。
采菱儿女歌清越，展墓渔樵话式微（郁）。
十里波光流暑去，两船鬖影载香归（易）。
鲁阳戈在能挥日，为吊张颠款寺扉（郁）。

一九三八年七月三十一日　汉寿

这首诗和下一首《刘院长招饮西竺山》的本事都在易君左《楚天辽阔一诗人》中有详细记载，唯末尾两句，借用鲁阳公和张旭的典故，说明他们看似纵情山水，佯狂饮酒，但仍时时以国仇家恨为念，正是“戎马间关为国谋”“报国文章尊李杜”。易君左说：“又因这时正是抗战初期，从达夫所咏‘鲁阳戈在能挥日’的诗句，可以看出郁达夫的爱国精神，虽在游山玩水之中仍然未敢忘记神圣的对日抗战。”[1]

这里需要说明一点，我所见郁达夫诗的各版本，都将“两船鬖影载香归”句中“鬖”字改为“鬓”，而易君左发表在《宇宙风》的

〔1〕《我与郁达夫》，《易君左自选集》，第202页。

原诗为“鬟”。不知原诗有误还是后人误植，有待方家指正。

4.《刘院长招饮西竺山，沿花姑堤一带风景绝佳，与君左口唱，仍用“微”韵》

西竺山前白鹭飞，（郁）花姑堤下藕田肥。
柳荫闲系瓜皮艇，茅舍新开松木扉。（易）
藤蔓欲攀张网架，牛羊亦恋钓鱼矶。
桃源此去无多路，（郁）天遣诗人看落晖。（易）

一九三八年八月二日　汉寿

5.《毁家诗纪》之九

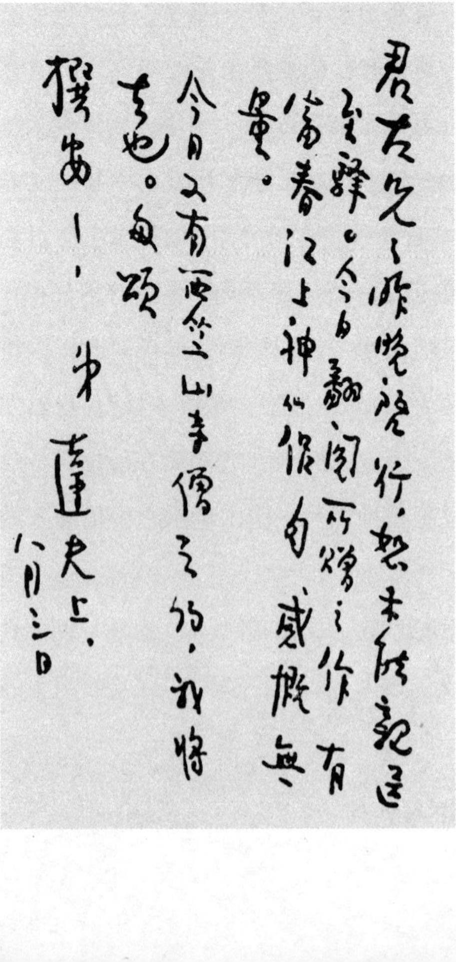

图二十二　郁达夫在汉寿给易君左的手书墨迹

敢将眷属比神仙，大难来时倍可怜。

楚泽尽多兰与芷，湖乡初度日如年。

绿章迭奏通明殿，朱字匀抄烈女篇。

亦欲赁舂资德曜，扊扅新谱上鹍弦。

这首诗后有郁达夫的原注云："映霞出走后，似欲重奔浙江，然经友人劝阻，始重归武昌寓居。而当时敌机轰炸日烈，当局下令疏散人口，我就和她及小孩、伊母等同去汉寿泽国暂避。闲居无事，做了好几首诗。因易君左兄亦返汉寿，赠我一诗，中有'富春江上神仙侣'句，所以觉得惭愧之至。"〔1〕这首诗颈联、尾联所记事为他如何挽救劳燕临歧的婚姻，也希望王映霞能够深明大义。他以梁鸿、百里奚的典故自勉，希望他与王映霞能做相敬如宾、不离不弃的贫贱夫妻。

四、结　语

郁达夫之所以在同辈文人当中，交游最广，也最得朋友信任与崇拜，这首先是因为郁达夫卓越的文学天才。易君左说："我是一个最同情于他的人，尽管有人骂他是'逖家敦'（颓废派），然而他那样了不得的天才，一派天真烂漫的孩气，现代文学家中找不出第二人。"〔2〕其次是郁达夫的纯真天性和独立人格。易君左说，郁达夫的可爱，"并不在其天才之优越，辞藻之华丽，而在其性情之天真，气节之坚定，凡同郁达夫接近过的，一定都会感觉到，

〔1〕郁达夫《郁达夫诗全编》，杭州：浙江文艺出版社，1990年，第213页。

〔2〕易君左《三叶集人物——生生死死》，《经纬》周刊新二卷第六期，1946年9月1日。

他只是一个‘真’字，没有一点虚伪。当年在上海，我和创造社的几个朋友都在泰东书局当编辑，虽同在一起，而不知如何，同我好的只是一个郁达夫；对于郭沫若和成仿吾，便觉得有点格格不相入。何以故？真伪之分也”。[1]他又说：“使我最怀念他的一点，即是他在创造社里是一个嘎然独造的作家，不受任何牵连影响，亦不牵连影响任何人。换句话说：他是一位有善良圣洁的灵魂而又不搞政治和党派的作家，亦即是自由独立的作家。在这一点上，他创造了创造社；反之，郭沫若等不在这一点上，毁灭了创造社。”[2]郁达夫之所以是一个伟大的作家，还因为他是一个有气节、有大爱的文人：“郁达夫毕竟是我国的读书种子，懂得立身处世之道，到了国家民族危难的关头，便毅然斩断情丝，割断爱苗，而一切以国家第一，民族至上，努力于战斗文学之写作了。这就是郁达夫到南洋以后的卓越的表现，也就是他死于敌人手里的真正原因。所以我常对人说：郁达夫是一个最有骨气的文人！……其一生有两大特点：最忠于自己所爱的女人和最忠于自己的国家民族。可以说：他为女人而生也为女人而死的。他生于国家民族内忧外患之时，死于国家民族危亡颠沛之际。他不像那些自我宣传、夸大狂、朝三暮四、矫揉造作、虚伪阴险……的文人们，他只是一个善良的灵魂、纯洁的书生，和对女人有特别兴趣的小说家，以及对国家民族热恋着的爱国诗人而已。”[3]

易君左之于郁达夫，就像子期之于伯牙，他们堪称是知音之交。

---

〔1〕《我与郁达夫》，《易君左自选集》，第203页。

〔2〕同上。

〔3〕同上书，第204页。

“丁玲与彭德怀将要结婚”之“传说”考

“丁玲与彭德怀将要结婚”的传说，是中国现代文学史和中共党史上最神奇的传说之一。但由于该命题的敏感性和传说来源的模糊性，以及延安文献资料的稀缺，后世人们对之欲说还休，欲罢不能，于是各种添枝加叶的衍生版本不断出现。但后世各种版本的传说（除了坊间的口头传说外），其文本均来源于1936—1937年来到陕北的中共地下工作者朱正明的《丁玲在陕北》一文。由于作者特殊的政治身份和他与丁玲的同事关系，该文对“丁玲与彭德怀将要结婚”这一传说始末的叙述，具有较高的可信度。将《丁玲在陕北》中有关“丁玲和彭德怀将要结婚”传说的叙述公之于世，并对其进行辨伪考证，有助于我们认识在激烈动荡的大时代中，即使是大人物的婚爱抉择，也与时势之间充满着纠结。

一、关于“丁玲与彭德怀将要结婚”的传说衍变

自1936年年底丁玲到达陕北，随军到前线采访，并写下《速写彭德怀》之后，有关丁玲与彭德怀结婚或将要结婚的传说，一直流传至今。其中有对丁玲和彭德怀在陕北交往情况的真实报道，

但更多的则是为了迎合社会上对政治人物和社会名流婚恋问题的好奇心理，为了吸引更多读者，而编造的红色爱情传奇。正如王一心所说：“一个著名的女作家同一个著名的红军高级军事指挥员若能有缘千里来相会而在战场中结为伉俪，那的确是红军浪漫曲中一段动人的乐章。”（《丁玲与彭德怀失之交臂》，《人民论坛》1996年12期）

1938年第7卷第42期《电声》杂志上有一则报道，题目就很诱人：《为了想吃糖果，丁玲要做游击队，穿了男装东奔西走，彭德怀送糖给她吃》，其中有一段说：“又有些人带着开玩笑的口吻问她道：‘丁玲同志，听说彭德怀将军顶喜欢送糖果给你吃，是不是？好极了，有这样的好将军。’丁玲也非常温和地笑柔柔地说着：‘对啦，我最喜欢吃糖果，可惜彭德怀同志每次送给我的仅仅两颗，尝的真不够喉啊！听说，游击队每次大胜了 × 人，都抢得不少的糖果饼吃。我也十分愿意能够到游击队去更发扬着战斗的精神，为着抗战更多做一点事，同时也多得一点糖果饼干吃。’”

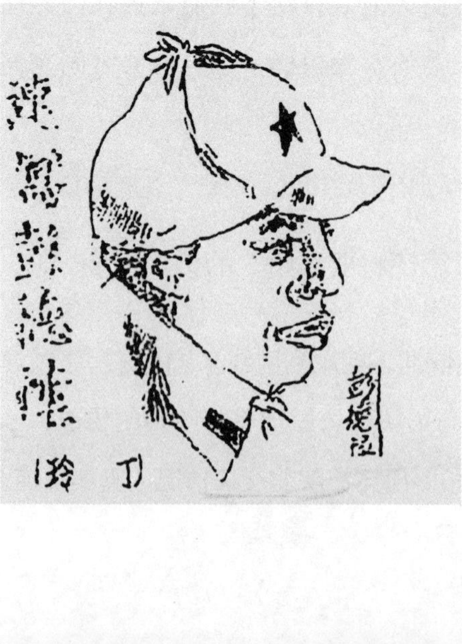

图二十三　丁玲的《速写彭德怀》（附图）（《新中华副刊》1937年第6期）

看这个杂志上其他的题目——《多产作家沈从文战后进了女儿国》《巴金失踪，萧乾寻访》《谢冰莹有了新对象》等等，大家都知道这是三分真实加七分虚构的“故事”。

但除了这些真实基础上的虚构外，还有纯粹的虚构。

1946 年第 2 期《大光》杂志和《图文》周刊，分别刊发题为《哄动延安的黄色新闻——丁玲追求彭德怀》和《红色鸳鸯谱：丁玲追求彭德怀》两则短文，则是纯粹的噱头。如其中说：“然而谁也没有想得到他们会正式结婚，这闷葫芦直到他们正式刊出结婚启事才打破，成为哄动赤都的黄色新闻。”（1946 年第 2 期《大光》）“一个是挥刀舞枪的硬派人物，一个是弄笔挥文的女文学家，惺惺相惜下，终由同志而同居了。……彭未正式娶过妻，丁却由胡门丁氏转变为彭门丁氏，所以丁玲万里投奔共产党，也可以说是万里识新欢了。”（1946 年第 2 期《图文》周刊）殊不知，彭德怀早在 1922 年就与刘坤模结为夫妻，说“彭未正式娶过妻”，是罔顾事实；而丁玲和彭德怀刊出“结婚启事”的说法，就笔者的了解，甚至包括八卦的新闻，这也算是绝无仅有了。

20 世纪 50 年代至 80 年代，除了港台的报刊和学术界偶尔提及此事外，大陆媒体和学界基本不再谈及此事。

新世纪以来，随着网络资讯的发达和大众娱乐文化的崛起，搜奇猎艳之风再度盛行，于是借揭露名人隐私，尤其是爱情秘闻来吸引眼球，遂成风气。于是丁、彭的关系，再度进入报刊媒体，如《人民论坛》1996 年第 12 期王一心的《丁玲与彭德怀失之交臂》和《躬耕》2008 年第 9 期文郁的《彭德怀与丁玲的奇特恋爱史》，这两篇短文，其素材均来自朱正明的《丁玲在陕北》。但更多关于丁、彭关系的文章，频频流传于网络上，如《丁玲为何不嫁彭德怀》

《丁玲和史沫特莱都爱上彭德怀，为何无结果？》等等。

二、“丁玲和彭德怀将要结婚”传说的来源

据我考查，所有关于丁玲和彭德怀将要结婚的传言，有一个“原型”，这就是 L. Insun（朱正明的化名）发表在 1938 年第 2 卷第 4 期 *China Today*（《今日中国》）上的《丁玲在陕北》，后来关于丁玲与彭德怀将要结婚的说法，都是从此文衍生出来的。可靠一点的消息，是读过此文的作者的添枝加叶甚或断章取义；更离奇的说法，是对源于此文的二手资料的再想象和加工；而坊间和网络媒体上的炒作，那更是捕风捉影、无稽之谈了。

所以，将《丁玲在陕北》中关于“丁玲、彭德怀将要结婚”的一段文字公之于世，可以起到“正本清源”的作用，为学术界对此的看法，提供一个比较可靠的历史文献。这既无损于著名革命女作家的形象，也无损于红军高级将领的伟大形象。

关于《丁玲在陕北》一文的写作，朱正明在 20 世纪 80 年代有这样的交代：

……顺便提一下，熊文（指熊守海《关于“中国文艺协会”的几点补充与订正》，《新文学史料》1981 年第 1 期。——笔者注）中还引用 L. Insun 写的《丁玲在陕北》一文中的材料，说是当时有个文学青年曾写过丁玲对《长征记》的一段谈话，这段谈话确是丁玲说的，但这个青年不是一个“文学青年”，只能说是一个爱好文学的青年而已。事实是一九三七年春我离开延安回到上海后，曾写过几篇有关陕北苏区文艺运动的文章，为了迷惑敌人，所以

使用了一个英文姓名 L. Insun 作为笔名，但当时我到底用这个假洋鬼子姓名写过几篇文章，这些文章曾经发表在上海的什么报刊上，我都记不起了。有些文章发表后，可能我自己也没有看到，因为一九三八年初我就离开上海了。例如《丁玲在陕北》一文，我就完全忘了，更不记得当年在什么报刊上发表过，不知道熊同志在哪里找到的。〔1〕

我们看看《丁玲在陕北》中，对丁玲与彭德怀的关系，是如何表述的：

约在西安事变前保安传来了一种传说，丁玲要同彭德怀结婚了。一个著名的革命女作家同一个著名的“红军”高级指挥员，能“有缘千里来相会”而在战场上实行结婚，那确然是“红军”中的一段佳话。彭德怀是“红军”中一个出名的独身汉或“光棍”，他在十年的“红军”斗争中从来没有过同任何女人结婚的传说，现在竟被丁玲感动而放弃“独身主义”了。大家都在替他们二人祝福。

西安事变突起，丁玲和彭德怀结婚的传说便被激动的历史事件压抑下去了。“红都”迁到延安后，丁玲自三原伴史沫特莱回来，她才再碰到我们。

午后，从“抗大”那边出来，大街上走在我们前面的有一排三四个女子，我急冲冲地赶过她们面前，已经走过了十余步，忽然有一种响琅琅的熟悉的声音传进我的耳朵，回头一瞧，那排女将军们中间却就有一个丁玲在内，她也已瞥见了我，我们很高兴的奔近了，“咦，丁玲同

〔1〕 朱正明《关于〈长征记〉和毛主席赠丁玲词的情况》，《新文学史料》，1982 年第 1 期。

志。”“呀，L. Insun。”大概是因为突然遇见，我们很兴奋地握着手，丁玲并没有消瘦，反而更比以前胖了，身体也似乎更健强了一些，脸孔呈着一种健康的黄颜色了。丁玲只知道我回外面去，她没有知道我在下县遇险的事情，所以她想不到我会逗留在延安。

她说今天午后没有空，女同志们请她吃饭，她现在住在城外外交部院内，答允明天去找她。她仍回到女将军们的队伍中去了。

翌晨，我在外交部内找到丁玲，她正同一群学生排成圆圈坐着，在同他们开关于中国文艺协会的座谈会，她叫我也参加在内。

同丁玲回城时，我问到她同彭德怀结婚的事，她说：“我曾经打回来了一个电报，你大概已经先看见了。电报是给毛泽东的，中间说到我个人对彭德怀极钦佩，因为他确然在处处地方都显出是一个最好的布尔希维克。于是外间就流传我同彭德怀结婚的消息，其实我钦佩彭德怀不一定就是同他结婚，正好似我也非常钦佩毛泽东，不能就说我同毛主席要结婚了。但是，我也不必否认我同彭德怀没有结婚的可能。”我只微笑着静听了丁玲的自述，我相信她这几句话完全是率直坦白的，因为她的个性也是如此。如果这一对革命的男女，因互相衷心地敬爱而结成夫妻，那只是同志关系的更进一步而已，也只是一种简单自然的发展而已。因为丁玲确乎钦佩彭德怀，那末老彭可以是她的一个很好的丈夫，而丁玲做了彭德怀的妻子，也不会辱没这位著名的“红军”司令。

确然地，丁玲对彭德怀有真正的钦佩。我记得她曾说在此次前线生活中，彭德怀给她的印象最好。丁玲认为他是一个十全的布尔希维克，一个真正无产阶级的化身。他是慷爽的坦白的，他的生活完全无产阶级化，对一切同志与“红军”战斗员无不亲爱而温和，但是前线上每个“红军”士兵都敬畏他，尊崇他，据丁玲说：彭德怀有些厌烦女性（这并不是说他轻视女子或侮辱女子），“他曾说过一句批评某种女性的话，而这句话现在是不能给它公开的”。这句话是丁玲当时告诉我的，但我也不想在这里“公开”。从我个人的猜想上说来，彭德怀同丁玲的同志关系是相当亲密的，但这种仅是我个人的猜想而已。

丁玲在《特区文艺》上曾写过一篇《速写彭德怀》，而且还亲笔画了一幅彭德怀的速写画，也在《特区文艺》上印出来。她自称这张速写非常神似，我没有见过彭德怀，而丁玲说彭德怀就活现在她这张速写里面，她还问别人：“你见过彭德怀吗？老彭的神情不完全是这样的吗？”因此，我得感谢丁玲，她替我弥补了时常懊悔没有见到彭德怀的缺憾。

知道丁玲同彭德怀结婚事件最清楚的恐怕是徐梦秋和老王二人了。有一天，我到徐梦秋那里，他正在起草一封关于丁彭婚姻的信，由于要求的结果，他答允誊写好后给我一看。这信是写给前线上同彭德怀在一起的几个同志们的。梦秋颇有玉成此事之意，同时托他们也做月老。梦秋是后方政治部的宣传部长，写得一手很好的文章，他这封信尤其写得情意菲菲，美丽动人。我看了以后，觉得就凭这封信中的动人词句也足够迫的月老们努力玉成此段佳话了。晚上，丁玲恰巧也来了，她一面看这封信，一面脸上不由的流露出了一个女性的特有的微笑，在闪摇的烛光下我看见她的脸上泛出了微羞的红润，她也觉得梦秋这封信写得太美丽动人，但终于他收了回去并且说即将寄发。

可是后来就听说这封信并没有发出去，而且说是决定不寄了。什么理由，我虽问过，但没得到答复，于是丁彭的婚姻就这样的慢慢地消散下去了。

为了什么理由，直到现在我始终没有明白，他们也没有更详细的告诉过我。这事倏然而起，骤然而终，前后的因果只好待丁玲将来自己宣布了。[1]

三、朱正明关于“丁玲和彭德怀将要结婚”报道的真实性

要说明朱正明此文的真实性，先要说说作者朱正明。

朱正明于1934年由齐速和何家槐介绍，在上海加入“左联”。1936年秋，他由徐汉光从上海带到陕北，同来的有后来与丁玲非常熟悉的王亦民（即汪仑）。他到陕北后，先在李克农负责的中央联络局（对外称“苏维埃政府外交部”）工作，并在白区训练班学习，准备培训后派到白区做党的地下工作。其间，曾奉命赴上海寻找许广平，拟将中央的密件通过许广平转交上海的地下党组织，

〔1〕 L. Insun著、正明译《丁玲在陕北》，《文摘》，1938年第16期。《丁玲在陕北》一文最初刊发于1938年第2卷第4期*China Today*（《今日中国》），但现在只能查找到转载于《文摘》上的该文。本文所引《丁玲在陕北》，均出自《文摘》上的《丁玲在陕北》。为行文方便，本文其他地方征引此文，不再一一标注。

但因途中遇阻未能成行。1936 年 11 月底，调到陕北中央红军的军委二局工作。1937 年春二三月间，一度调到总后宣传处工作，专事中国文艺协会的工作。同年的春夏间，返回上海。抗战爆发后，长期在武汉沦陷区从事党的地下工作。解放后调北京工作。朱正明是我党优秀的地下工作者。

他之所以常用化名，是为了防止其身份暴露。作为党的地下工作者，他在《丁玲在陕北》一文中，涉及对红军高级将领生活的反映，应是严肃认真的，其内容也应是真实的。

就朱正明与丁玲的个人关系而言，朱正明在“外交部”工作期间，负责的就是接待包括丁玲在内的从白区到陕北苏区来的人员。朱正明在《丁玲在陕北》一文中说：“因为同住在外交部，所以常常见到丁玲，虽然我心中很热忱的想同她谈谈，但是我在表面上连仅有的欢迎仪式也没有，至多是微微地笑笑，我是在一个应酬中混过来的人，但我非常厌恶应酬或是什么‘久仰’和寒暄之类的行动。过了一二天，我们住的那间屋子中间用石块胡乱堆砌起来，分成了二间，里面的一间就供给了丁玲以及和同来的二个女同志住，于是丁玲就搬了过来和我们同室而居，于是接近的机会更多。”

他后来又在丁玲负责的“中国文艺协会”工作，与丁玲都是非常熟悉的同事。这种关系，一方面使得朱正明能够从丁玲那里获得有关她和彭德怀结婚“传说”的第一手资料；另一方面，这种关系，也使朱正明不可能编造一些不实之词。而且，丁玲后来从未质疑或否认过朱正明对她与彭德怀将要结婚的消息的报道。

《丁玲在陕北》一文，是朱正明 1937 年春夏间回到上海后所写，发表在*China Today*（1938年第2卷第4期）上的一篇长文，记录了丁玲初到陕北的工作情况、生活琐事以及她和毛泽东、彭德怀等中共领导人的交往细节。1938年，复旦大学文摘社出版的《文摘》杂志（该杂志在七七卢沟桥事变后，编辑了一期“卢沟桥浴血抗战特辑”，发表了燕京大学学生任天马在陕北采写的《集体创作与丁玲》），又转载了此文。

此文发表后，1938年第1卷第9期《前卫》周刊署名“晓村”的作者在《丁玲在陕北的贞节》一文中批评道：“在《今日中国》二卷四期上面有一篇《丁玲在陕北》的文章，把丁玲在陕北的生活说了一大堆，看了之后，并不令人感到什么兴趣，更谈不上对于国家民族与抗战建国有什么好的影响。对共产党宣传了些什么，也不见得。”作者说，《丁玲在陕北》一文对毛泽东到丁玲住的窑洞闲谈的情景和丁玲与小汪“同睡一炕”的描写，“确实耐人寻味”：“我们不知《丁玲在陕北》的作者是什么意思，他描写这两段的用意，不知是不是想表明丁玲的贞节。……不过，《丁玲在陕北》的作者，始终没有参加过毛泽东和丁玲的谈话，没有参加小汪和丁玲相依为命的生活，究竟他们尝的是怎样的滋味，恐怕《丁玲在陕北》的作者还是不大十分明白，这只好让读者们去意味着了。”

“晓村”的批评，代表了文坛上一种比较普遍的观点，有必要在此做一分析。

其一，在抗战期间，文学创作上与抗战无关的题材有无意义的问题，这也是抗战期间不同区域、不同文学流派之间长期争论不休的问题（“与抗战无关论”），孰是孰非，历史已经做了证明。其二，怀疑朱正明是否意在暴露丁玲的“贞节”问题，这完全是他的断章取义和有意误读。朱正明在写到毛泽东同丁玲的闲谈时，明明这样说："从我个人的眼光看来，毛泽东似乎就是丁玲的父亲，而丁玲也就是他的一个喜欢的大女儿。"所以，"毛泽东在他们睡的炕上同丁玲闲谈""毛泽东就是一个家长"的表述，没有任何歧义。不能在作品中一见到"炕""家长"，就想象为夫妻，这是十足庸俗无聊的读法和批评。笔者长期生活在大西北，非常了解其生活习惯与环境之间的关系，不要说延安时期，就是现在，由于条件简陋和气候严寒，在大西北很多地方，家里来了客人，（尤其冬春季节）多要请其"上炕"。至于朱文中说丁玲在前线期间，与小汪"同睡一炕"，殊不知，革命战争年代，同志之间为了"掩护"的需要，假扮成夫妻都是太寻常不过的事。

四、丁彭最终没有成婚的原因分析

从《速写彭德怀》一文中表现出来的丁玲对于彭德怀的钦佩，以及其他的相关报道来看，丁玲确实对彭德怀有好感。加之丁玲又不否认有同彭德怀结婚的可能。以此推断，丁、彭没有成婚，其因素不在丁玲。既然其阻碍因素不在丁玲这边，那就有其他可能的因素：其一是彭德怀，其二是第三种阻力（组织、现实环境等），或者这两种力量的合力，都有可能。

《丁玲在陕北》一文中有几处叙述，颇值得玩味。

其一是丁玲在前线发给毛泽东的电报，谈到她个人对彭德怀的钦佩。她认为这是"外间就流传我同彭德怀结婚的消息"的缘起。我的疑惑是，丁玲给毛泽东的电报是汇报她个人在前线的工作、生活的，还是有其他主题。如果仅仅是汇报她个人在前线的战斗生活，顺便谈到他对彭德怀的钦佩，而给他人留下这一印象，至少说明她给毛泽东的电报中，表现出来的对彭德怀的“钦佩”是有些“过度”的。抑或有一种可能，是丁玲就她与彭德怀是否可以结婚，试探、征询毛泽东的意见。所以外间就有了“丁玲与彭德怀将要结婚”的消息。

其二是“彭德怀有些厌烦女性”，“他曾说过一句批评某种女性的话”，丁玲是否名列彭德怀所批评的“某种女性”之中？

彭德怀的“厌恶女性”“批评某种女性”，这跟彭德怀长期作为一名军人，在出生入死的严酷环境中养成的性格有关，他是不屑于“儿女情长”的；同时，这还跟彭德怀出身的社会阶层有关，“文小姐”和从社会最底层打拼上来的“武将军”之间，在情趣、作风和生活方式等诸多方面，确有不少差距。

其三，徐梦秋起草的促成丁彭婚姻的信，为什么最后没有寄出？可能的情况是，他们写信玉成此事的消息，传到了延安高层，高层人士征询了彭德怀的意见后，遂令此事作罢。网络和坊间流传的周恩来亲自过问此事的情形（彭德怀的回答是：“我已经慎重地考虑过：军人，尤其我还是指挥员，与女作家在工作和生活上，均难以协调，不太合适。”）未必有多少依据，但它是合乎逻辑的。

其四，我们常说战争取胜的条件，有天时、地利、人和。在丁彭这件大事上，只有地利，人和居半，天不作美。怎奈此事才起了个头，“西安事变”突起，国内军政形势危机四伏，彭德怀哪有心思“儿女情长”？所以，朱正明说这事“倏然而起，骤然而终”者，正说明了客观环境的逼仄，使得此事没有进展的良机。

附：丁玲在延安期间的一次答记者问

——浩歌的《丁玲会见记》

今年恰逢丁玲逝世30周年和到达延安80周年，谨以此文纪念这位现代文学史上“文武双全”的才女作家。

丁玲在抗战爆发的前一年来到陕北，成了从白区来到苏区的第一个著名作家。加之丁玲具有新女性、革命作家、“出牢人”、“武将军”等新奇而耀眼的身份，丁玲初到陕北，引起了不小的轰动。朱正明这样记载丁玲初到保安的情景：“丁玲的到来，的确造成了那晚上外交部的一番小闹热，跑来瞧她的人很多，宣传部长吴亮平也急冲冲地一直跑进那间宾室中去……。”〔1〕

丁玲到陕北后，不仅引起了一般人的好奇，也成了众多记者竞相采访的对象，《大公报》《妇女生活》等知名报刊和艾格尼丝·史沫特莱、黎夫、埃德加·斯诺及其夫人海伦·斯诺等一大批享誉世界的知名记者，纷纷前来采访丁玲，留下了珍贵的文字记录或图片。

但在这些众多的采访中，最为翔实的当属署名浩歌的《丁玲会见记》(《新西北》1937年第1卷第4期）和1938年4月27日《新华日报》署名江横的通讯《丁玲访问记》(又刊登于《华美》1938年第1卷第4期、《孤岛》1938年第2卷第6期等)。后一次

〔1〕 L. Insun（著)、正明（译):《丁玲在陕北》,《文摘》，1938年第16期。

图二十四　丁玲与女飞行家林鹏侠在西北前线闲谈

图二十五　丁玲、革非与萧红（《东方画刊》1938 年第 2 期）

采访，是丁玲率“西战团”由山西途经西安时接受的，这次采访的相关信息和内容，已被学界注意。[1]而前者的相关信息，在《丁玲年谱》和《丁玲研究资料》等丁玲研究文献中，均只字未提。所以丁玲的这则答记者问，对研究丁玲初到陕北的生活、思想、创作，尤其是对研究丁玲从事苏区文艺的组织设想，具有重要的参考价值。现就丁玲这篇答记者问的相关问题阐释如下，以就教于大家。

一、《丁玲会见记》的出处、时间和采访者

现在见到的这篇《丁玲会见记》是刊登在1937年第1卷第4期《新西北》杂志上的，但文末标注该文“转载《西安工商日报》”(《西安工商日报》是何刊物，现在无从查考)。而《新西北》同名杂志有四种，分别是1929年创办于西安的西北大学校刊《新西北》(著名社会学家余天休为首任主编)，“西北学会”于1932年创办于上海的《新西北(上海)》、“西北学会”开封分会1933年创办的《新西北(开封)》和1937年陕西留平学生创办于北平的《新西北》月刊。《丁玲会见记》就是刊登在北平出版的《新西北》月刊上的。

这期《新西北》上除了《丁玲会见记》外，还刊登了一篇据称是转载自太原《文化引擎》第二期的《丁玲谈陕北文艺现状》。有人误将其当作一篇丁玲的轶文，其实它就是发表在1937年5月11日延安出版的《解放》周刊上的《文艺在苏区》(现收入《丁玲

〔1〕王增如、李向东：《丁玲年谱》上卷，天津人民出版社，2006年，第139页。

文集》第四卷)，只不过是《文化引擎》或《新西北》转载该文时将其改头换面而已。

这次采访的时间，当在1937年春天《解放》周刊创办之前(《解放》创刊于1937年4月24日)。因为丁玲在采访中谈到对中国文艺协会工作的设想，也提到《解放》"快要出刊"之类的话。知道这个时间节点是非常重要的，因为这是丁玲担任中国文艺协会主任之后不久，陪同史沫特莱由保安到达延安之后接受的采访，而此时"七七事变"尚未爆发。丁玲的这次答记者问，反映了丁玲初到陕北的感受、对当时文坛的评价、组织延安文艺工作的设想等，对研究延安早期的文艺运动，具有重要的参考价值。

因为当年的大部分采访者，多用笔名、化名，所以关于采访者的身份，除非名人，一般就很难确认了。所以，关于采访者"浩歌"，现在也无从查考(赛珍珠发表于1941年第1卷第6期《作家》上的《龙的子孙》译者也署名"浩歌"，不知是否为同一人)。另外，值得一提的是，丁玲在陕北(延安)期间，采访、报道她最多的当属化名为L. Insun的左翼作家的朱正明(又称李殷森或李荫森)，他署名"江横"的《丁玲访问记》(《孤岛》1938年第2卷第6期)和署名L.Insun的《丁玲在陕北》(《文摘》1938年第16期)，这些后来又收在《丁玲在西北》(广州新闻研究社，1938年5月初版)和《女战士丁玲》(每日译报社，1938年12月)中，为我们留下了研究丁玲在陕北时期生活、创作、思想非常珍贵的文献记录。

二、采访的主要内容

这篇答记者问，看起来共提了六个问题，实则主要包括三个方面的内容：一是丁玲对当时文坛的看法，包括对鲁迅去世和上海文坛的看法；二是丁玲当时的创作情况。在这次采访之前，丁玲到陕北后的作品大多发表在《红色中华·红中副刊》（后改名《新中华副刊》）上，这个副刊是丁玲到保安后建议创办的。丁玲1937年初到延安后，将《红中副刊》改名为《苏区文艺》单独出版，但不久因为印刷的困难而停刊了[1]。这之后，丁玲的作品主要发表在《解放》周刊上了。丁玲这个时期的创作较少，一个原因是她对这里的新生活还体验不够，另一个原因是她此时参与整理《长征记》。整理《长征记》是丁玲到陕北后思想上经历重大转变中非常重要的一个因素。所以她在谈到《铁流》时说："在十余年来艰苦的斗争和数万里的长征中，一定有些事实是会比《铁流》更伟大更英勇的。"

三是对"中国文艺协社"成立以后工作的设想。丁玲认为，在苏区，文艺有巨大的需求，也很重要："我们得承认文学在抗战的行列中，是一支坚强的生力军。"同时，边区文艺队伍的水平较低，要做好工农作家的教育和提高水平的工作。

丁玲会见记（浩歌）

是一个残春的黄昏，由朋友 × 君介绍，大家想见的丁玲便到了我们的寓所，这寓所是很破烂很古旧的一座院落。

丁玲是非常健康的。她朴质的穿着一套灰军服，矮矮的身体，古铜的颜色，嵌着一对非常英爽生动的眼，分外显得明朗而有力。

"这是蒋先生。"朋友这样的介绍着。

---

〔1〕朱正明：《〈红色中华〉报文艺附刊的一些情况》，《新文学史料》，1983年第3期。

“啊！蒋先生，我在沈从文的《记丁玲》上面，已经见过面了，回忆起先生在上海编《北斗》的时候，距离现在已经是很长的时间了，光阴真过得快啊！”

以下便开始了我们正式的谈话：

问：蒋先生到这里来，生活方面能过得惯吗？

答：当我初来的时候，饮食方面，感觉着有些不方便，不过，日子一长，自然就会慢慢好起来的。到现在，我丝毫不觉得一点痛苦，而且身体是一天比一天的健康起来了。

问：蒋先生最近有什么创作？

答：过去这里曾经出版过一种文艺刊物，经常在上面写写短篇文字，现在因为印刷的关系，已经停刊了，日前曾给《大公报》寄去两篇东西，算起来，现在还没有到收到的时候。

问：听说蒋先生在最近的将来，要写一部中国的“铁流”，现在是否开始了？

答：这在外面恐怕是风传，我从来没有这样想过，当然更谈不到创作，因为我没有实际经验，晴天的枪声和雨天的枪声，都是有分别的，连这个我现在还不知道，那里还能够谈到实际的创作。不过，我觉得中国要找像苏联绥拉菲摩维支的《铁流》上面所写的事实，实在是太多了，在十余年来艰苦的斗争和数万里的长征中，一定有些事实是会比《铁流》更伟大、更英勇的，不过，中国现在没有这样的作家，能够把它整理出来，这确实是一个憾事。

问：鲁迅先生的死，蒋先生感想怎样？

答：鲁迅先生的死，这是中国文坛上一个极大的损失，同时也是国际文坛的损失，今后中国文艺界将会暂时失掉中心的领导，同是一样的话，在别人口里说出来，不能发生效力，而在鲁迅说出，一定会得到广大群众的拥戴的。他十几年来的苦斗，才得到了这样深厚的信仰，这是不容易的一回事啊！

问：关于上海文坛最近的情形，蒋先生有什么意见？

答：因为离开上海的时间很长了，实在隔阂得很，最近的情形，一点也不知道。

问：这里的文艺协社，准备要做些什么工作？

答：过去因为事实的关系，这里似乎对于文艺不大注意，干脆的说，就是没有时间来注意这方面的问题。最近，我们觉得在这样广大的集团中，里面不乏酷好文艺的人，同时，我们得承认文学在抗战的行列中，是一支坚强的生力军，凡是爱好社会科学的人，当初没有不是从读文艺书报入门的，而且文艺书报的销路，到今天为止，是较能得到更多数的读者嗜好的，所以，我觉得文艺工作的开展，到这里也是一件极需要的工作。

这里的作家很多，只要他们能抽出一点时间，自然会做出些事情的。过去这里的刊物刚出版，我因为其他工作，曾经离开了一个很短的时期，现在因为印刷纸张的关系，决定停刊，不过，我们并不因此而放弃了文艺工作，我们将会更努力的来推动它，在快要出刊的《解放》后面，每期总能有一点篇幅。

文艺协社自从成立后，没几天就得到了广大的群众，而且稿子是非常的拥挤，在遥远的地方，也是源源的寄到，由这证明他们对于文艺是具备着如何的热诚与爱好啊!

虽然，因为读书机会短少和书报缺乏的种种限制，他们的修养是非常的不够，因之，写出来的文章，都是很幼稚的。可是，我们不能因为幼稚就可以不管，我们将要把这种艰巨的教育工作，用最大的努力担负起来，务使他们能够更进一步的提高研究与写作的兴趣。

所以，凡是收到的文章，都经我们一一的阅读，能够发表的马上发表，不能发表的我们都很细心的修改一番，同时再给他们写一封信，教他们些普通写作的技术，这样，他们自会一天比一天的努力，成绩也会一天比一天的进步的。

谈到这里，× 君来约我们去参加今夜的晚会，于是丁玲同我们一路到了晚会场，在这里，充溢着热烈紧张的情绪，力量，在整个会场的每个群众的脸上。

《新西北》1937 年第 1 卷第 4 期[1]

---

〔1〕 浩歌《丁玲会见记》,《新西北》, 1937 年第 1 卷第 4 期。

洪深的“如戏人生”

洪深作为现代中国戏剧和国产电影的开拓者，其人生轨迹和命运沉浮颇富戏剧性，正如常人所说：人生如戏，戏如人生。然而正因洪深是一个戏剧家，所以，他的“如戏人生”就更显吊诡（paradox）。本文试图通过洪深生平中的“不怕死”“遗嘱”“自杀”、五十寿辰、书信函电、唱和诗、画像等微末细节的事件，勾勒洪深生动和极具个性的形象，展示一代文人在动荡年代中的精神风貌和人格魅力。

洪深（1894—1955），江苏武进人，字浅哉，号伯骏，其六世祖为清代经学家、文学家洪亮吉（1746—1809），其父洪述祖（1855—1919）为民国初年刺杀宋教仁的主犯，于1917年被捕，1919年处以极刑。出生在如此显赫的家世，而又经历如此的不幸，对洪深一生有莫大的心理创伤。

1916年，当洪深在清华读书时，就流露出了厌世主义的思想：“虽知万事皆空，终不能一尘不染。世之有厌世主义，何哉？世之自谓看破一切者又何取哉？”[1]

洪深后来多次提到这件事给他的打击：

---

〔1〕洪深《课余漫笔》,《清华周刊》第63期，1916年1月。

我父亲不幸的政治生命，使得我陡然感受人情的惨酷。我父亲下狱之后，许多亲戚朋友，尤其是我父亲得发时常来亲近的，立刻都拿出了狰狞的面目。一个不负责任无能为力的我，时时要被他们用作讥讽或诟骂的对象。而普通的人士呢，更是怀疑你，鄙视你，隐隐地把你不齿人类；仿佛你做了人，吸一口天地间的空气，也是你应当抱歉的事情。……但身受的我，却从此深深地认识到了一个人处在不幸的环境中的痛苦；自己做过“在底下的狗”（Under dog），总能广遍地同情于一切在底下的狗的。[1]

1933年9月，洪深再次为自己因父亲而背负的沉重“遗产”而鸣不平：

你最刻薄的，恐怕也就是你最得意的笔，就是说我是“洪述祖的令郎”“先天遗传下反革命的种子”，反革命等于杀头，这不就是立即就地明正典刑枭首示众的罪名吗？一个人和别人有仇嫌，便连人祖宗八代一起骂……”[2]

洪深的学生马彦祥在1981年的一次访谈中说：“1942年我和洪先生都在江安剧专教书……有一次谈到了他的家庭问题所给予的影响。他说：‘我的那次家庭变故，给我的打击实在太大了，从那个时候起，我就决定，第一，我这一辈子决不做官；第二，我决不跟那些上层社会的人去打交道。我要暴露他们，鞭挞他们，这样我就只有学戏剧这一条路，这条路我在国内学校读书的时候就有了基础的。’他还说：‘有的人以为我的转业是由于看破红尘，受了‘人生一场戏耳’

---

〔1〕 洪深《印象的自传》，《文学月报》，1932年第1卷第1期。
〔2〕 洪深《问卜少夫》，《晨报·每日电影》，1933年9月9日。

这句话的影响，是一种消极的表现，这是他们对我的不理解。”[1]

洪深于1916年从清华学校毕业后，先后在美国俄亥俄州立大学学习烧瓷专业（1916—1919）、哈佛大学学习戏剧与文学（1919—1922）并获硕士学位，成为中国到国外去专攻戏剧的“破天荒第一人”，同时，洪深还在坎雷博士所办“波士顿表演学校”学习发音、表演和跳舞，在考柏莱剧院附设的“戏剧学校”学习表演、导演、舞台技术和剧场经营管理。

洪深1922年回国后，一边在多所大学执教，一边又从事于戏剧和电影的编剧、导演和演出工作。经历过二三十年代的白色恐怖、抗战期间的颠沛流离……直至1955年去世。

我说洪深“人生如戏”者，并非混世主义的意思，而是说在洪深并不算很长的一生，其经历跌宕起伏，荣辱交替，生离死别，悲喜交加，其本身便是一出令人扼腕顿足的戏剧。

纵观洪深一生，他既为名门之后，又为“逆贼”之子；他先学陶瓷，后学戏剧，当导演，做演员；他精忠报国，愤而自杀……在他身上，我们看到的，既是人生如戏，也是戏如人生。关于洪深的生平事迹，已有多部年谱、传记做了详尽的考察，无须在此赘述。本文拟就洪深的“不怕死”“遗嘱”“自杀”“五十寿辰”等事件和关于他的画像、书信函电等微末的文人逸事，为这位戏剧家的“如戏人生”做一生动注解。

一、电影《冯大少爷》的片名与黎锦晖给洪深的信

《冯大少爷》是1925年由洪深给明星影片公司编剧、执导的

〔1〕陈美英《洪深年谱》，北京：文化艺术出版社，1993年，第11页。

无声电影，是洪深自编自导且搬上银幕的第一部影片。这部影片在从构思到编导、拍摄的过程中，得到不少影剧界同人的关注和建议。影片开始定名为《纨绔子弟》《冯大爷》，后经朋友的建议，才改为现名。下面黎锦晖给洪深的这封信，就是对这部影片定名的建议：

洪深先生：

昨夜与杨君闲谈，觉得《冯大爷》之定名，不及《冯大少爷》好，何以呢？因为大爷的称谓，及其所含之象征意义，似乎只限于北直一隅；正定、开封、西安、青岛等处，便不甚确切了。（多半系称伯父为大爷，而一般尊称用之如咱们北京所谓“大爷”者，悉称“老爷”。）至于江浙闽粤，大爷之意义亦与北京不同。鄂湘川桂多以大爷二字为卑贱老迈之人的尊称；黔湘之一部及赣省，呼男仆为大爷；故鄙意以为不如改成《冯大少爷》较切当。因为“摆大少爷架子”一句话，差不多全国一致，与剧情且十分切合。不知高见以为如何？

黎锦晖

七月廿日[1]

黎锦晖（1891—1967）是我国现代著名的儿童歌舞音乐的创始人，其兄黎锦熙是著名的语言文字学家和国语运动的倡导者，兄弟八人号称湘潭“黎氏八骏”。黎锦晖1921年到上海中华书局，负责编写中小学国语课本。同时，与上海影剧界的交往也非常密切。所以，当洪深编导的这部电影正在酝酿时，黎锦晖从他非常

---

〔1〕《黎锦晖给洪深的信》，《明星特刊》，1925年第3期。

熟悉的语言民俗角度，为该片的定名，提出了非常专业的建议。

黎锦晖不仅关心洪深拍摄的这部电影，而且非常支持洪深干脆放弃教书生涯，专心投入中国新兴的电影事业。就在《冯大少爷》初演成功、好评如潮时，影评人唐越石对黎锦晖鼓励洪深投身电影界，有这样的记载："《冯大少爷》影片，在中国自制的影片里，可当'空前'这两个字无愧了。"黎锦晖在剧场门口对洪深说："你不是下半年预备教书吗？请你赶快向各方面取消成约，来专做导演影片的事业。"这种话讲得很得当，"因为在中国影片的摄影场里，的确少不了要有一个称职的导演者。"[1]

二、"不怕死"·遗嘱

我们常说某某伟大，这不是要给他贴张标签了事。伟大者是要以其伟大的行动来证明其伟大的。而且这些行动本身，若没有慷慨赴死的精神和勇毅坚决的人格者，是做不出来的。

1930年2月22日，洪深去大光明戏院看美国喜剧演员罗克主演的《不怕死》，该片以唐人街为背景，主要描写华人的盗窃、绑架、贩卖鸦片等有辱华人的行为。洪深看到这些情节便愤然登台，怒斥影片无中生有地侮辱华人，声明"我们是中国人，应当有爱国心，不能默受这样的侮辱与诬蔑，最起码应该退票"。于是观众纷纷要求退票，洪深被围殴和拘捕。这就是中国电影史上有名的"不怕死"事件。1930年第144期《大常识》以**"爱国同胞大家起来：打倒'不怕死'的罗克，欢迎'不怕死'的洪深"**表

〔1〕唐越石《冯大少爷之舆论——评冯大少爷影片》，《明星特刊》，1925年第5期。

达强烈义愤，1930年第3卷第22期《新银星与体育》以**“举国注目的：不怕死影片案，开审情形”**对该案在法院的诉讼进展进行报道。迫于社会舆论和民众的压力，大光明戏院不得不登报向国人道歉、检查所有放映影片、承诺不再放映罗克主演的电影，同时决定遵照电影检查委员会的决定，上缴罚款5000元，充作教育经费。

为褒奖洪深的爱国壮举，中国国民党江苏省党务委员会给洪深发去褒奖电，电文云：

洪深同志大鉴：前大光明公司，开演《不怕死》影片，同志以该片侮辱我国家民族太甚，振臂一呼，唤醒人心，乃竟遭租畛捕房之侮辱，本会对于同志此种不畏强御之精神，弥深钦佩！近据报载，同志已向法院起诉，尚祈再接再厉，奋斗到底，务达合法解决之目的，以争国家民族之光荣，临电神驰，诸维亮察！

中国国民党江苏省党务整理委员会叩皓。[1]

在此事件中，洪深为国家民族之荣誉挺身而出，大义凛然，拍案而起的义举，十足代表了中国知识分子威武不屈的抗争的精神！

抗战爆发后，洪深时时准备以身殉国，一再发扬他“不怕死”的精神，其壮言壮行，堪为士林楷模：

洪深先生为一血性男儿，欧战时洪深先生曾一度加入美国义勇队，但未开至欧洲即退出。中日时局未发，洪先生即语复旦诸生云：“若中日一旦开战，洪深而不牺牲于战

---

〔1〕《电上海洪深同志为慰勉其对于反对不怕死影片一案再接再厉奋斗到底由》，《江苏党务周刊》，1930年第12期。

场，则过去数十载所呶呶者，皆等于虚说。”闻者固信而不疑也，沪战起，洪先生感后方更重于前方，毅然率领演剧队至内地流动演出，近日沪上友人得洪先生电，则已由洛抵汉矣。

洪先生离沪之前，因表示此去为国宣劳，义无反顾之决心，遂草拟遗嘱，对于家族著作书籍，皆有详细支配，是由洪先生之知友某君发签字证明，此遗嘱因洪先生之公子尚未成年，故由洪之知友顾仲彝君保管。

当洪君由沪转京时，唔田汉寿昌先生于京寓，握谈殊畅，临别执田先生之手凄然曰："从此永别！"语出，泪滴几应声而下，可见洪先生为国牺牲之念，初不因前方后方而或改也，洪先生为吾国戏剧界之祭酒，而吾国将来之文化建设，需要洪先生努力者尚多，愿洪先生之"善保玉体"也。〔1〕

对此"遗嘱"，顾仲彝在1958年的回忆文章中说：

"八·一三"抗战开始，他热情地组织救亡演剧工作，第一个带了一队人马到战地去演出，临走前，他到了家里，把他的遗嘱交给我，要我好好保管。他说此去九死一生，万一战死疆场，要按照他的遗嘱办。他那种为国牺牲的决心感动了我，我把他的遗嘱保管到抗战胜利后，才还给他。〔2〕

1937年8月20日，洪深负责的"上海话剧界救亡协会战时移动演剧第二队"组成，出发时队员宣誓："我们十四人同生共

〔1〕南无《洪深的一张遗嘱》，《大地图文旬刊》，1938年第1卷第2期。

〔2〕顾仲彝《回忆洪深先生二三事》，《文汇报》，1958年1月19日

死，为中华民族解放，誓死不屈！”[1]演剧队到南京后，因经费不敷，先是面向公众募捐，再由洪深去向国民党宣传部长张道藩借钱，他见张道藩时说：“我们为了抗日，从上海出来了，现在需要些钱，来向你借，胜利之后，我还回上海当大学教授，从我的收入里可以保证照数归还。如果胜利不了，我想我们大家都要同归于尽，那时，恐怕你也不在乎这几个钱了。”[2]

三、戏里戏外的“自杀”

1941年2月5日，身在陪都重庆的洪深，与妻子常青真双双服毒自杀，幸因抢救及时得救。洪深自杀前，曾留下绝命书说：

> 一切都无办法，事业，家庭，食衣住，种种，如此将来，不如且归去，我也管不尽许多了。[3]

消息一经传出，震惊文坛，各大媒体纷纷报道救治的经过，并猜测洪深自杀的原因。在众多的报道文章中，《大众影讯》对洪深自杀的报道、分析最为详尽。洪深时任“文化工作委员会”委员并兼任“文艺奖助金保管委员会”委员，其爱女洪铃的肺病已进入后期，病情沉重，医药费异常昂贵，洪深为此举债二千元，其间并向“文艺奖助金委员会”借贷一千元，“但后来因一部分人稍有微词，会中议决委员不得贷借，洪氏身为委员，乃首先将一千元归还”。“洪氏本拟多写稿子，偿还债务，但心绪异常恶劣，

---

〔1〕古今、杨春忠《洪深年谱长编》，北京：中国戏剧出版社，2009年，第216页。
〔2〕张季纯《忆洪深同志的话剧导演工作》，《戏剧报》第19、20期合刊，1961年10月30日。
〔3〕《导演洪深自杀前后》，《大众影讯》，1941年第1卷第35期。

往往举笔不能写一字。自杀前五六日曾对朋友道：'我现在只好无聊的玩，吸烟，喝酒。'"[1]这是洪深自杀的直接的、个人的因素。

至于当时的大环境，1941 年初"皖南事变"发生后，国内政治气氛骤然紧张，身为知识分子，除了个人家庭的痛苦之外，政治时局的无望，也是导致他选择自杀的非常重要的原因。《由洪深的自杀说起》一文，虽然对洪深自杀的原因说得比较隐晦，但不乏深刻之处："洪氏全家服毒原因，在电讯里没有说起，为的什么，实不能令人无疑。通常的原因，有许多都不大像，部分的虽有可能，但觉亦不甚合理。自杀一般地说总是为了厌世的，洪氏的厌世又为了什么呢？说到这里，使我想起了杜重远先生的被扣，和马寅初教授的被拘，洪氏及其妻女的不欲生存，也就不足为怪了。"[2]

《上海周报》的一篇文章则直言不讳地说："我们认为洪深的自杀，生活困迫是一原因，而政治之不进步，怕是更大的原因。我们知道洪深与党国要人间，私交极厚者，大有人在，如陈立夫，如张道藩均为其至友。若为生活困迫，决不至于'借贷无门'……重庆自前年下半年以来，言论之被取消，文化人活动之被压迫，已成公开之秘密，……像洪深那样爱民族爱国家的人，那是没有不悲愤至极的。他希望祖国抗战的胜利，他不愿见祖国的失败与投降，而又生活困难无法过日，两因交错，他自杀了。"[3]

洪深的自杀虽是一个悲剧事件，但当时围绕这个事件出现的很多有趣的报道，传为文坛佳话。其中有些是大家熟知的，有的则属逸闻轶事。这些逸闻轶事，一方面显示了洪深人格精神中卓

〔1〕《导演洪深自杀前后》，《大众影讯》，1941 年第 1 卷第 35 期。
〔2〕《由洪深的自杀说起》，《学习》，1941 年第 3 卷第 10 期。
〔3〕《洪深的自杀》，《上海周报》，1941 年第 3 卷第 8 期。

特高尚之一面，另方面也说明，在艰难困苦的战乱环境中，文人之间如何相濡以沫，共赴国难，由此建立起令人感动的人间友情。

《中国影讯》当时有一篇题为《洪深的自杀，在银幕上两度出演》的文章，颇为有趣，说洪深在第一次现身银幕的《爱情与黄金》默片中，虽扮演了一个负心郎，但最后还是以自杀结果了他的生命；在洪深编导的有声片《旧时京华》中，“由他自己主演了一个清廷皇室中独醉独醒的角色，因为忧愤国事，而终于服毒自杀”。[1]人生如戏，戏如人生，正如庄生梦蝶，令人惘然。

洪深夫妇自杀第二日，国民党政治部下属“文化工作委员会”举行会议，议决聘任洪氏为设计委员，月薪二百元左右。政治部主任张治中亲临会议并送洪氏一千元医药费。洪深对张治中的赠款，口授友人撰写辞谢文字，全部璧还，并表示友辈捐赠，一律谢绝。自谓“生性狷介，否则以不致有今日”。[2]

得知洪深自杀的消息后，田汉赋诗以安慰，《电影生活》以《田汉作诗慰洪深，七绝五首，句句血泪》为题，刊登田汉的五首诗：

> 洪深自杀详情，本刊已有详细报道（见后），兹又接得名剧作家田汉闻其老友服毒而作之慰诗七绝五首，上有小跋云：“闻洪深兄惨变，骇我心魄，席间写此为慰并质沫若兄”：
>
> 憔悴双江只自哀，当筵常欲纵千杯；
> 新来亦有怀沙意，相对何言慰浅哉？

〔1〕《洪深的自杀，在银幕上两度出演》，《中国影讯》，1941年第1卷第47期。
〔2〕《导演洪深自杀前后》，《大众影讯》，1941年第1卷第35期。

（记者注：浅哉，洪深号）

好活不能宁恶死，桥头何必苦张罗？
过桥名士今如鲫，犹是先生勇气多！

披发缨冠为救亡，金陵赠别忆心长。
果然道偶成佳偶，直把歌场作战场！

海内争传包得行，纷纷屠狗化干城。
书生报国非无计，我辈胸中有甲兵！
（记者注：《包得行》为洪氏所写剧本，描写
发国难财，在各地上演，风行一时。）

描来黑白眼无花，二十年来老作家。
莫堕新亭红涕泪，铜琵铁板走天涯！
（注：洪深兄曾导演影片《铁板红泪》）[1]

远在香港的诗人柳亚子闻讯后，愤然命笔，吟诗一首《闻洪深教授自杀有感》：

十一日报载洪深教授全家自杀，留书有"政治事业一切都无办法"之语，具见愤世苦心。而论者又嚣嚣然攻讦不止，殊可怪也。感成此什。

〔1〕《田汉作诗慰洪深，七绝五首，句句血泪》，《电影生活》，1941 年第 20 期。该诗后收入《田汉全集》第 11 卷时题目为《惊闻洪深兄惨变》，个别文字与《电影生活》上的有异。

一切都成无办法，岂无办法奈群嚣！

梁亡真切剥肤痛，齐王终悭反手劳。

大义自难衡岱岳，苛求奚忍责鸿毛。

史鱼尸谏应同感，直笔阳秋定见褒。[1]

得闻洪深自杀遇救后，周恩来托人捎信，以致慰问。延安文化界人士转托周恩来向洪深致以慰问，慰问电云：

重庆周恩来同志转洪深先生：惊闻不幸消息，深为遗憾。抗战三年余，不独日寇未退，反而亲日派、投降派的活动日益嚣张，思想自由剥夺殆尽，先生愤不欲生，凡我士林，无不同声感喟。延渝遥隔，不能亲往存候，聊递金五百，以寄同情，唯望早日康复，继续为新文化事业奋斗。夫人令媛，亦当摄护。此祝健康。

吴玉章 徐特立 林伯渠 范文澜……（笔者注：共三十二人，其余姓名从略）

三月十日[2]

四、热闹的五十寿辰

抗战期间的陪都重庆，文人过寿，名卿巨公，往往前来祝寿。其规模之宏大，规格之高尚，莫如1941年11月郭沫若的五十寿辰，后人对此颇有微词，但殊不知，这也是周恩来为了争取更多文化界人士的统战方式之一。

---

〔1〕 柳亚子《柳亚子诗词选》，北京：人民文学出版社，1959年，第84页。
〔2〕《边区文化界慰问洪深先生电》，《解放》，1941年第126期。

1942年12月30日，重庆影剧界在百龄餐厅为洪深举行五十寿辰祝寿茶会，文艺界人士三百余人到会，老舍任主席，郭沫若致颂辞。次日中午，周恩来为洪深五十寿辰举行宴会，并在席间讲话，对洪深在进步的戏剧文化运动中的贡献有极高的评价。[1]下午，老舍主持召开了有郭沫若、茅盾等三十五人参加的“洪深先生五十寿辰座谈会”。得知重庆为洪深祝寿的消息后，身在桂林的田汉、欧阳予倩等，也召集祝寿会，以洪深的生活“典故”和剧作名称等联成长诗一首，由柳亚子即席写就后，寄给洪深。联诗颇为有趣，照录如下：

洪深一代才（蕻良），才大如江淮（亚子）。
照人以肝胆（云彬），叱咤生风雷（田汉）。
名成不怕死（空了），艺逐蔷薇开（田汉）。
啄余香稻米，桃花历劫灰（蕻良）。
五奎桥畔柳（孟超），多年媳妇哀（钢鸣）。
离离寄生草，仆仆京华街（蕻良）。
铁板录红泪，醉梦谈悲怀（田汉）。
犹有包得行，妙笔脱旧胎（亚子）。
压岁钱多少，海棠花之魁（安娥）。
黄白又丹青，妍蚩巧安排（郁风）。
世事如棋盘，慷慨共徘徊（予倩）。
风雨压归舟，把舵不可歪（佛西）。
今日为君寿，美酒红香腮（秋）。

〔1〕古今、杨春忠编著《洪深年谱长编》，北京：中国戏剧出版社，2009年，第279页。

心如飞将军，遐龄祝浅哉（仲寅）。[1]

此外，中国艺术剧社的金山、于伶、孙师毅、章泯、王苹、凤子等联名写就给洪深的祝寿诗：

祝洪深先生五十寿辰

洪先生，五十庆；穷虽穷，骨头硬；
写剧本，宣民隐；做导演，有本领；
上舞台，包得行；教学生，满有劲；
剧运史，第一人；戏剧家，学兼品；
不怕死，向有名；老青年，打前阵。
古话说，知天命；新道理，才十龄；
好戏码，×××；到最后，定输赢。
不成文，三字经；词虽俗，意思诚；
祝高寿，剧运幸；祝多产，为人民。[2]

五、洪深的几幅画像

1. 马徐维邦的《导演洪深先生画像》

马徐维邦（1905—1961），原名徐维邦，浙江杭州人，毕业于上海美专，后加入上海明星电影公司任美工兼演员。1926年，马徐维邦自编自导了他的第一部电影《情场怪人》，并兼任主演，后又主演、导演过很多影片。1937年，他导演了中国第一部电影恐怖片《夜半歌声》，使他获得“中国的希区柯克”的称号。1947年

---

〔1〕秋飔《桂林祝洪深寿》，《新华日报》，1943年1月8日。
〔2〕金山等《祝洪深五十诞辰》，《万象》，1943年第3卷第4期。

图二十六 《导演洪深先生画像》
（《明星特刊》1925 年第 4 期）

移居香港，1961 年遇车祸去世。

上海明星公司成立后，马徐维邦与洪深都供职于该公司，洪深是编剧、导演，马徐维邦是美工兼演员。马徐维邦担任过洪深《冯大少爷》的美工，又同时出演过《爱情与黄金》等影片。他们之间非常熟悉，加之马徐维邦又学过美术，所以，他给洪深的这幅素描，既传神又专业。

2. 黄苗子的《作家漫写——洪深》

黄苗子（1913—2012）于 1932 年离港赴沪后，先后任上海卫戍司令部上尉书记、上海公安局监印股科员。1934 年 1 月，兼任梁得所先生主持的大众出版社《小说》半月刊编辑，创作封面和插图。这几幅剧作家的漫画，就是他为《小说》半月刊所作的漫画。该“漫写”还包括唐槐秋和欧阳予倩的两幅，因篇幅关系，忍痛割爱。

3.《洪深自画像》

其实，从严格意义上讲，这并不能算是洪深的自画像，而是

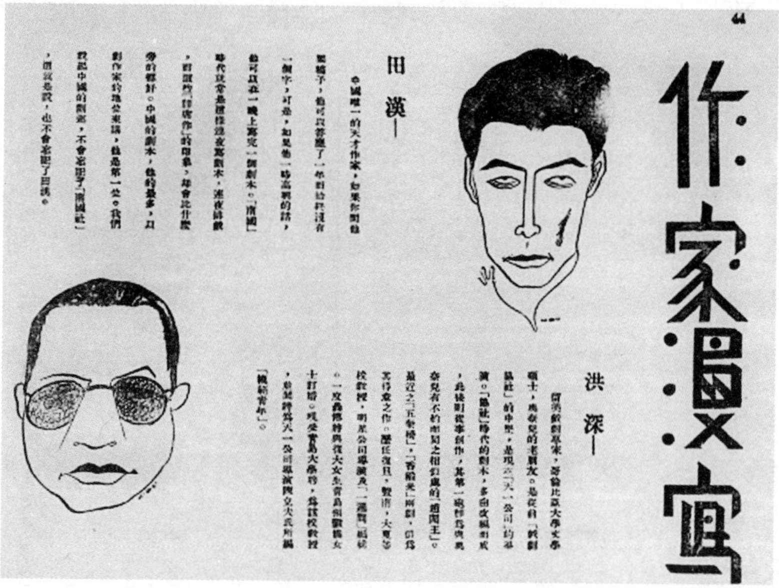

作家漫寫

洪深——

留洋的戲劇專家，哥倫比亞大學文學碩士，為田漢的老朋友。是從前「戲劇協社」的中堅，是現在「天一」公司的導演。「協社」時代的劇本，多由改編而成，此後則從事創作，其第一砲即為與奧奈兒有不約而同之相似處的「趙閻王」。最近之「五奎橋」，「香稻米」兩劇，仍為其得意之作。歷任復旦，暨南，大夏等校教授，明星公司導演及「一週間」編輯。一次為體[illegible]與復大女生青島[illegible]女士訂婚。現受青島大學聘，為該校教授，最近將為天一公司導演洪文夫氏所編「[illegible]青年」。

田漢——

中國唯一的天才作家，如果你關他黑屋子，他可以答應了一年對於你沒有一個字，可是，如果他一時高興的話，他可以在一晚上寫完一個劇本。「南國」時代就常是這樣通宵寫劇本，連夜排戲，對於「群衆作」的印象，却會比什麼旁的都好。中國的劇本，他的最多，以劇作家的地位來講，他是第一位。我們說起中國的劇運，不會忘記了「南國社」，因爲是說，也不會忘記了田漢。

图二十七 《作家漫写——洪深》(《小说》，1934 年第 5 期)

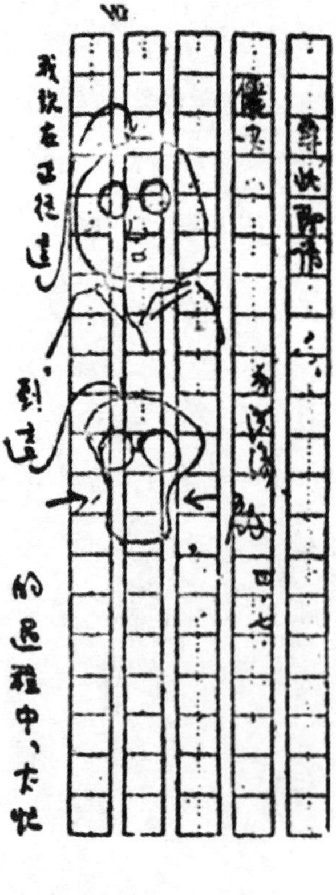

图二十八 《洪深自画像》(《现代文学评论》，1931 年第 1 卷第 2 期)

洪深给马彦祥的信后所附的一幅草图。图中两人脸部的变化是“由胖到瘦”。洪深所题文字为：“我现在正从这（上图：胖）到这（下图：瘦）的过程中，太忙。）这幅草图，同时被《现代文学评论》（1931年第1卷第2期）和《文艺新闻》（1931年第7期）刊登，只不过后者刊登时题为《洪深自画生命的过程》。至于洪深画这幅图的缘由，我们看《现代文学评论》上的一段文字，即可明了：

> 译《西线无战事》的洪深氏，本来，是在上海从事电影即戏剧事业，并兼复旦、暨南两大学教授。最近，因一再被人指控牵累，给他吃了不少官司，乃顿感灰心，毅然辞去在申一切职务，飘然赴津，就任大陆银行秘书长职。戏剧家马彦祥氏与他最为友善，近在南京《中央日报》发表了一篇《洪深论》，洋洋洒洒将近万言，为天津《庸报》所转载，洪氏阅及，大加赞赏，深觉言之中肯。乃飞函马氏，询问起居，以作投桃之报；信尾并自画肖像一幅。一胖一瘦，颇堪发噱，由此，可见洪氏在津的近况了。[1]

4. 洪深近影及手迹

范泉主编的《文艺春秋》杂志，创刊于1944年10月，终刊于1949年4月，前后总共出版44期。这是40年代上海乃至国统区持续时间最长、服务国统区绝大多数重要作家、进步倾向明显的一个文艺刊物。

《文艺春秋》杂志上刊登的洪深这封书信手迹，即是他写给主编范泉的信，根据内容推测，大概是洪深此前给《文艺春秋》答应过稿件，但当1946年7月27日范泉来取稿时，适值洪深不

〔1〕《现代中国文坛逸话——洪深自画像》，《现代文学评论》，1931年第1卷第2期。

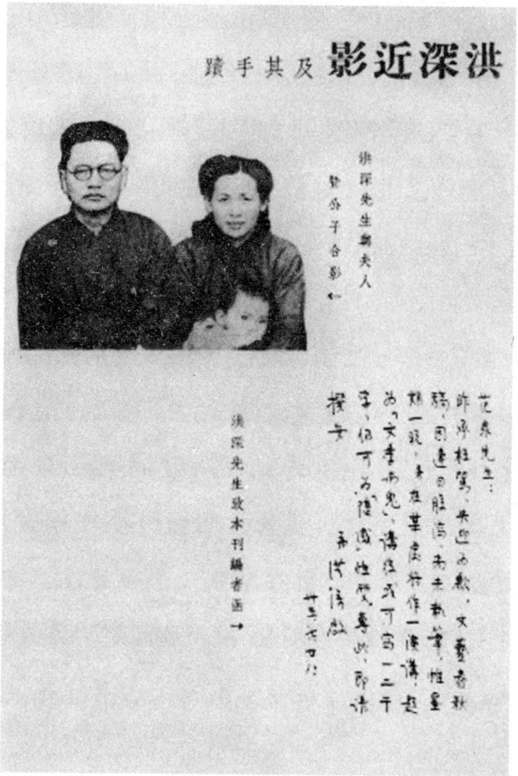

图二十九　洪深近影及手迹
（《文艺春秋》1946 年第 3 期）

在家，所以第二日即给范泉此信，答应过几日将在某处的演讲稿《文学与鬼》给《文艺春秋》，充还文债。

当《文艺春秋》1946 年第 3 卷第 3 期刊发洪深的《文学与鬼》时，范泉将洪深的《文学与鬼》和靳以的《禁军教头王进》、郭沫若的《文艺与科学》作了封面标题。同时，还将洪深此信和洪深三幅照片：《洪深先生与夫人暨公子合影》《战时洪深》和洪深导演的《春寒》剧照刊于该期杂志，足见范泉对洪深的重视。

另外，值得一提的是，范泉对作家手迹有特别偏好。他主编的《文艺春秋》，就刊登过柳亚子、熊佛西、施蛰存等名作家的书信手迹。

附：洪深在“不怕死”事件中的几封信函

1930年春发生在上海的“不怕死”事件，是民国史上非常重要的文化事件。由于国民党和国民政府以及社会各界的“团结御辱”，才取得了这场反对美国对华傲慢与歧视斗争的胜利。在此事件中，当事人洪深与各方的信函往来，真实地记载了此事件的真实过程和洪深的态度，是研究这一历史事件最为珍贵的史料。但这些书信，长期以来散轶在各种民国时期的老旧报刊中，很难为一般研究者利用。

目前的洪深研究资料，包括文集、传记、年谱和资料选编，还有诸多不完善之处，主要的问题，一方面是资料的不全，很多资料还散轶各处，未能搜集整理；二是已有的年谱和传记等文献，所选用的材料，多取自20世纪80年代以后的回忆录等二手资料，有很多失实之处。以1930年“不怕死”事件而言，这种缺陷表现最为明显。目前的洪深传记、年谱对这一事件的述评，多取自后人的回忆和转述文字，其实，当此事件发生后，当时各大报刊对事件的发生、进展及结果多有翔实的报道，这些报道，比起若干年甚或几十年后的回忆文字，要可靠得多。尤其是洪深本人关于“不怕死”事件的很多信函，更是弥足珍贵的史料，对我们研究洪深以及社会各界在此事件中的反应，都有重要的文献价值。

一、“不怕死”事件（又名“罗克事件”）始末

“不怕死”事件源于美国派拉蒙公司出品、哈洛德·罗克主演

的滑稽片 *WELCOME DANGER*（中文译名为《不怕死》）。该片于 1929 年秋季在美国上映后，于 1930 年初运至中国，于 1930 年 2 月 21 日在上海大光明戏院和光陆戏院同时上映。观众中对于影片中有辱华人的情节和场面不满者大有人在，于是有人在《民国日报》上联名抗议《不怕死》的辱华场面。洪深于 2 月 22 日，即该片在上海开映第二日即去观影。于是酿成轰动一时的"不怕死"事件。事件的经过在下引洪深的《呈市党部文》中叙述得非常详细，兹不赘述。事件发生后，洪深一方面向上海市党部呈文，要求通过外交渠道与美交涉，禁止该片在全世界任何地方放映，严惩戏院和相关审查人员；同时，洪深将大光明戏院诉上法庭。1930 年 3 月 13 日和 7 月 24 日，上海临时法院两度开审此案，但均未果。期间，大光明戏院提出和解方案，也未能与洪深达成一致。

迫于社会舆论和民众的压力，国民政府训令各地禁映《不怕死》影片，并转饬外交部与美交涉，取缔该片。在各方的抗议之下，罗克于 5 月 29 日致函中国驻旧金山总领事张谦，向中国道歉。而大光明戏院先是对上海市电影检查委员会的处罚阳奉阴违，拖延到 10 月 15 日，才上呈电检会，承认错误，表示愿意登报向国人道歉、检查所有放映影片和不再放映罗克主演的电影。同时上缴罚款 5000 元，充作教育经费。洪深也于 1930 年 10 月撤销了对大光明戏院的上诉，双方也在法官的调解下实行了庭外和解。

洪深之所以在此事件中，率先挺身而出，表现得特别义愤，一是因为洪深是那个时期到西方学习过戏剧和电影的为数不多的专家，作为一个电影专业人士，他对影片中意识形态偏见具有高度的敏感；二是洪深在美留学时，感同身受地了解美国社会非常普遍的歧视华人的态度。

他在《印象的自传》里讲了几件不容易忘记的特殊阅历，其中之一便是留美时所受白人的歧视：

> 第二件便是我在美国留学时所受白种人的待遇。我在清华读过四年书，正是周寄梅先生做校长。他曾反复地叮嘱我们，在美国学校里，我们将被视为中国学生中的最优秀者，一举一动，影响中国人的地位和荣誉。后来我到了美国，处处用心，处处检点，总还不坍台，而学业方面，甚至也获得师友的尊重与赞扬。但是无论美国人怎样恭敬你，待你有礼貌，和你亲热，那鄙视华人的心理，不知不觉地会显露出来，使得你感到了难受。[1]

正是因为洪深早年所培养的强烈的国家观念和荣誉感，使他特别敏感地意识到作为弱国子民生存中无处不在的自卑，而为国家和民族争光的强烈使命感，又使他在最为危险的情况下，总是以飞蛾扑火般的热情去殉国。洪深后来在抗战中的一举一动，生动地注解了他这种一以贯之的为国献身的精神。

二、“不怕死”事件中的信函

1.《洪深呈市党部文》

> 呈为奸商无耻，唯利是图，开映影片，侮辱我中华民族，请求制止事：
>
> 窃洪深于今日下午因朋友之邀，赴大光明戏院观看美国制造、罗克主演之影片，译名《不怕死》，不料开映之后，该

〔1〕洪深《印象的自传》，《文学月报》，1932年第1卷第1期。

片所描写乃华人之为盗贼也，华人之为绑票也，种种下流、野蛮、恶劣，其侮辱、诬蔑我民族者，无所不用其极，而尤以贩卖鸦片为情节中主要之点。举凡《不怕死》之罗克所加诸“怕死”之华人身上，而引起西人之大笑者，在深观之真如刀割。继乃恍然大悟，罗克之所取贩土为背景者，亦系投机，因“高英士案”在美曾轰动一时，各地报纸，曾用极大号字登载，美国人心目中，大都有此一件事故演之在影片中，不但动听而且可信也，深思念及此不忍卒读，遂即离座，至马路上，茫茫然行走，因天冷乃回家，易去西装，惟影片所给予之侮辱太深，不欲甘心忍受，乃重又回至大光明门口欲寻得同去观看之友人，一询全片情形，在门口遇见数青年议论此片，正欲写信给报馆公告国人，勿再往观，其中一人并以当日《民国日报·觉悟栏》内三十六人具名信见示，深此时大受感动，乃谓此种办法，远水不济近火，何不此刻即对观众言之。深遂挺身而入，向观众报告片中侮辱华人各点，请华人勿再观看，群众表同情于深者数百人，纷纷离座，并邀深同去售票处交涉退票，而此时该院大股东兼经理潮州人高镜明，竟指使其雇佣之西人经理，将深揪如经理室内，加欲禁闭，并动手揪殴，击破深之嘴唇，夺取深之呢帽及围巾，并指挥院中侍役及印捕西捕将深围逼，该西人经理又用英语对英捕言：“吾欲拘捕此人。”即有两三西捕将深揪入该院，一路揪至爱文义陆捕房，到捕房后，该西捕谓此人系大光明影院经理嘱我拘捕者。深乃将经过情形说明，据理与原捕房力争。计深自五点三十五分至捕房，至八点二十分走出，前后约有三小时，既无原告随来负责保证，又无正式罪名，无故拘留数小时，直至戏院人散，始行将深释出，该高某亦可谓善用西人之势者矣。窃思做人皆有人心，受侮辱必然悲愤，受压迫必然反抗，天下之同理也。该租界当道，赖我华人所纳之租税而生存，但何以因英人不满于《残花泪》之写华人优于英人也，则禁止之，又何以在意国水兵不满于《街头人》之写意妇女之卖淫，夺片焚毁后委屈调停之，而对于侮辱华人之影片，如《不怕死》绝不加以取缔，任其开映，且深在美国六年，曾在华人所经营之店内做过工，且亦曾居住所谓唐人街矣，只知侨胞刻苦如（茹）辛，于重重压迫下求生存，永不忘我民族之光荣，绝不似《不怕死》片中所描写之丑恶，即有一二不良分子，亦如美国驻沪之领署法庭内，两年前其检察官胡萨受贿数万元犯法而下狱，此系特别情形而非普遍情形也。国人或有未曾去美，误认《不怕死》片中所映系根据事实者，但在深所授课之暨南复旦大学中，侨胞之子弟亦不少，国人何不一往会晤之，询问之，岂其父兄皆如片中所描写者耶？事实决非如此。总之，此片于戏弄之中寓鄙贱之意。于侮辱之外又附会而诬蔑，其流弊不堪设想，其在美国开映之结果，恰在高英士案之后，可使全美人民相信我海外之侨胞在美所作，专是此类杀人、绑票、贩土等事，其影响于我国际地位者为如何，其影响于我民族前途者为如何，思之思之，不寒而栗。忆民国十五年深在美时，南美黑人因《重见光明》一片，有侮辱黑人之虑，乃在芝加哥某戏院开映时，夺片而焚之，该导演格雷衷斯特于后多加一千尺，专写黑人之自办之学片以及黑人之种种进步优良，以为谢罪。同为被压迫之民族，我老大之中华岂竟不如美洲之黑人耶？谨将管见所及之救济办法数端条陈于后，即祈鉴察 酌量施行：一、转呈上级党部转咨国民政府外交部从速与美国政府交涉。禁止此片在美及世界任何各国开映。二、已运来华之《不怕死》影片，立即当众焚毁，以后不论何时何地，不准开映。三、严惩依此租界势力而实系华人资本之两个影戏院，即（一）影片得利之光陆。（二）对观众谎言此片已经市政府检查且依借外人势力压迫国人之大光明，并着两院将连日所获之利数万金，悉数捐给公益慈善事业。四、严惩租界所设定之影片审查会华人委员关炯之卖国媚外通过此类侮辱国人之影片。五、此后在租界开映之外国影片，亦须同受市政府检查，不得享受“治外法权”。至于除个人所受之损害，已委托律师正式提起诉讼，合并声明。敬呈上海特别市党部宣传部。[1]

2. 洪深致关心“不怕死”案读者的函

关心“不怕死”案件的诸位先生均鉴：

今天看见诸位的来信，督促我就是帮助我，不胜感激。现在有几件事愿意向诸位报告一下。在上月的念（廿）几里，有大华制革公司的乌泽先生转托明星影片公司的张石川先生，来负责任的对我说：大光明方面自己愿意：

（一）以后永远服从市党部及市政府电影审查会的命令。

（二）登报对国人道歉。

（三）将开映《不怕死》影片大光明戏院营业所得的全部收入，完全捐给慈善事业。这样的三个条件，问我是否愿意和解。如果这样不愿意到底要怎样才可和解，我当时

〔1〕 洪深《洪深呈市党部文》，《新银星与体育》，1930年第3卷第22期。

想了半天回答说：如果大光明是诚意的，这三个办法，本来是我当初上给市党部呈文里三个办法，是可以满意的，不过不必现在来对我说，在开审时对法庭上说，或有被告律师将这三个自愿的办法，呈报法院，至于要同我私相授受，私下和解都是绝对做不到的。这样，说了之后，大光明方面，在四月六七号又托人来说，已经预备呈特区地方法院，并且说，呈文底子，还要请我看一遍。我当时信以为真，我说不要看，不料在四月十四五大光明又由原人来说，前言一概作罢，现在又想到了更好办法，一定不肯说，我是至今不知道。可怜我这个老实人，又被人家玩弄了一次了。至于我的态度呢？是简单而明白的，我相信：

第一，大光明开映《不怕死》是侮辱国人，而公然的辱人是犯罪的；

第二，大光明所登《不怕死》的中西文广告，含有诈术而许欺取财是犯罪的；

第三，我被强制禁闭无故拘捕，是不争的事实，被告也不否认。我有证人证明被告在场；而被告只是空言抵赖。我既求法律的救济了，我更相信将来一定有公平的判断。万一在第一审我败诉了，我还可上诉。万一第二审我输了，我还可三诉。我个人必然尽我的一份能力，还求你们大家帮助我。我已经请律师进呈催请开审了。听说法院因改组手续繁多，有许多案子未曾排出开审日期。我们无从性急，迟早总是要审的。“公道有时迟延，但是必定的。”[1]

〔1〕洪深《致关心“不怕死”案件诸位先生的函》，《民国日报》，1930年4月20日。

3. 洪深复《新银星与体育》杂志社的函

在“不怕死”事件发生后，《新银星与体育》杂志对此极为关注，搜集了与此相关的详尽资料，准备出一期资料最全的专刊，但等到6月，眼看此事的了结遥遥无期，于是将已搜集的相关资料会齐，出了一期《罗克事件专刊》，介绍了《不怕死》的故事梗概、电影的引进过程与广告，对事件经过、法院庭审及庭外调解等，进行了详细报道。

编者按：五月九日本社曾致函洪深君询问此案最近进行消息，已承洪深君覆示。谓此案无和解之可能。并在案未结束前不愿发表任何意见。洪深君之来函已制成铜图如上。本杂志本拟于上期即行刊载“不怕死”案始末。初意候其结束，即可登出，奈此案愈候愈久，结束无期。恐此案日久则无形消灭，不独枉费洪深君个人热诚义愤即国人对于如此重大之国际问题（本社月来接到外国电影刊物甚多，无不谈论此案件）乃视之等闲，贻外人以五分钟热度，则反抗何为，查禁何为，徒一场虚张声势耳。国人坚持到底，无怕死。

来函敬悉，“不怕死”一案，绝无和解可能。但在诉讼未曾终了以前，深殊不愿有所表示。辜负雅意，至歉，此复

新银星杂志社　洪深　五.九[1]

4. 国民党给洪深的褒奖电

为褒奖洪深的爱国壮举，正当“不怕死”事件持续发酵，引起社会强烈共鸣之际，1930年4月，中国国民党江苏省党务委员会给洪深发去褒奖电，电文云：

---

〔1〕 洪深《复〈新银星与体育〉杂志社的函》，《新银星与体育》，1930年第3卷第22期。

图三十 《罗克事件专刊》封面

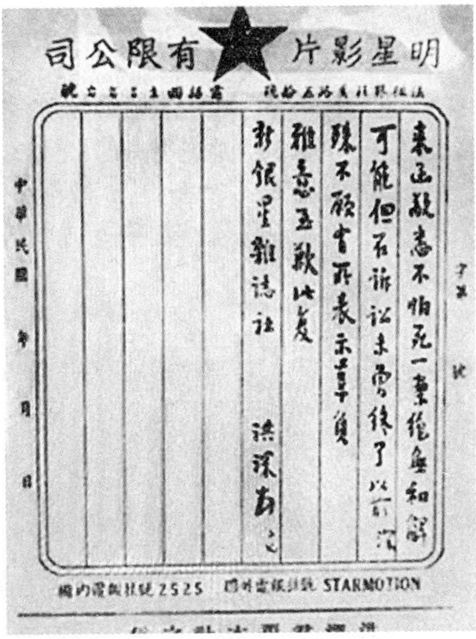

图三十一 《洪深来信》(《新银星与体育》1930 年第 22 期)

洪深同志大鉴：前大光明公司，开演《不怕死》影片，同志以该片侮辱我国家民族太甚，振臂一呼，唤醒人心，乃竟遭租畛捕房之侮辱，本会对于同志此种不畏强御之精神，弥深钦佩！近据报载，同志已向法院起诉，尚祈再接再厉，奋斗到底，务达合法解决之目的，以争国家民族之光荣，临电神驰，诸维亮察！

中国国民党江苏省党务整理委员会叩皓。[1]

上述四封信函，既是研究中国电影史上“不怕死”事件的重要文献，也是研究中国现代文学作家洪深的重要资料。对这些资料的整理发掘和对相关问题的解读，有助于我们全面理解洪深，也有助于我们更详细地理解与洪深相关的重大文学事件。

〔1〕《电上海洪深同志为慰勉其对于反对〈不怕死〉影片一案再接再厉奋斗到底由》，《江苏党务周刊》，1930 年第 12 期。

李健吾文学论战书简及其他

李健吾（1906—1982）是中国现代文学史上卓有成就的作家，尤其是他的文学批评，在现代文学批评史上更是独树一帜。可是由于各种原因，他的作品及相关资料，至今没有得到全面的搜集整理〔1〕，虽然在他诞生110周年之际（2016年），终于由北岳文艺出版社出版了他十一卷本的文集，但是他的大量书信仍未结集出版，而这些书信，对于研究李健吾和现代文学史是弥足珍贵的第一手资料。

李健吾书信究竟有多少，真是难以估计。据笔者所了解，到目前得以整理、发表的李健吾书信，有李健吾致蹇先艾5通（《山花》，1983年第4期）、钦鸿辑李健吾致华铃9通（《文教资料》，1995年第6期）、李健吾致巴金20通（《收获》，2013年第3期），张丹辑李健吾致冯锦钊2通（中国作家网：http：//www.chinawriter.com.cn 2015年8月19日），李维音辑李健吾致巴金3通、致陈西禾1通、致常风1通、致柯灵1通、致师陀1通、致华铃3通、致宋维州2通（《新文学史料》，2016年第1期），除去重复之外，共计44通。

---

〔1〕 目前所见的李健吾研究资料有：1988年第2期《文教资料》编辑了一辑“李健吾研究资料”，包括《李健吾传略》《李健吾生平和文学活动大事记》《李健吾著译书目》；1989年第1辑《运城文史资料》出版一期《纪念李健吾专辑》，除了李健吾本人的《自传》和记录早年生活的散文外，还登载了李健吾很多同辈作家与友人的回忆文章。

据李健吾的女儿李维音说，即将出版的李健吾书信共计 271 通。应该说，这个数目还不是李健吾书信的全部。而且目前发表的这 44 通书信，只有 3 通是 1949 年前的，其余都是 1949 年后的。

笔者近年在民国期间出版的报刊上，发现了一些李健吾与他人讨论文学问题的书信，涉及的问题，有的甚至是现代文学史上的重要问题，其中有些内容，虽被学界偶尔提及，但从未完整披露。由于年代久远以及查阅原刊的难度，使这些珍贵资料少为人知，给李健吾及现代文学研究造成了不少缺憾。所以，将 1949 年前李健吾的这 7 通文学论争书简，按发表时序完整胪列，并对相关背景及论争双方观点做一简要考释，很有必要，以期能对今后的李健吾研究和现代文学资料积累有所补益，同时也希望得到学界同人的批评指正。

另外，李健吾替他大哥李卓吾主编的《工余》所做的代售广告，虽与本文主题有些游离，但也是了解李健吾早年文学活动难得的史料，故附录于此，以飨读者。

一、小通信

爱读《工余》的朋友们！《工余》第十二期已到，存书无多，购者从速！

代售处：北京魏染胡同本社发行部，又北京粉房琉璃街解梁馆。

李健吾[1]

这是现有的报刊上查到的最早的李健吾书信。这则虽名为

〔1〕李健吾《小通信》，《学汇》第 108 期，1923 年 2 月 4 日。

“小通信”，实为广告。但是这则“小通信”对了解李健吾早年的生活有重要的意义。

首先，《工余》是一个什么样的杂志？它为什么由李健吾代售？

《工余》是“工余社”在巴黎创办的机关刊物。“工余社”是1921年秋在法国成立的旅法华人无政府主义者组织，该组织于1922年初创办了机关刊物《工余》杂志。“工余社”的主要发起人有华林、陈延年、陈乔年、李卓四人。这个李卓即李卓吾，正是李健吾的大哥，曾任中国留法勤工俭学学生总会山西代表，华法教育会中学生事务部干事。《工余》是一种三十二开本的油印月刊，最初由陈延年负责编辑，陈延年参加共产党后，由李卓主编。[1]

同期《学汇》还登载了李健吾与蹇先艾、朱大楠三人创办的《爝火》杂志的出版消息和创刊号目录：

出版介绍

文艺创作的刊物《爝火》定于二月十日出版，要目如左：

小说：《人类底同情心》（大楠著）、《哀音》（先艾著）、《病中》（伯瑜著）

童话：《萤火虫》（仲刚著）

剧本：《出门之前》（仲刚著）

批评：《读蕙的风》（一苇著）

社员余兴

诗

〔1〕《互助月刊》1923年第3期“同志消息”栏报道：“法国之《工余》杂志，为吾党旅法之机关报。前为陈延年君编辑，近陈君因改变为共产党，编辑事务改由李卓君担任矣。”

其次，为什么《工余》和《爝火》都在《学汇》上登载代售广告和出版消息？

《学汇》是《国风日报》的副刊，而《国风日报》是由李健吾的父亲李岐山的结拜兄弟、同乡景梅九（与白逾桓）于1911年创办的宣传革命的报纸。李健吾的父亲李岐山于1919年遇害后，李健吾兄弟在许多方面都得到父执景梅九的关照。不仅《学汇》给他们刊发《工余》的代售广告和《爝火》的发刊消息，而且在《爝火》停刊后，李健吾又创办《爝火旬刊》，作为副刊随《国风日报》发行："附中时期，我的同班同学如蹇先艾、朱大楠……也爱好文学，我们组织曦社，在景定成（即梅九先生，安邑人，也是同盟会会员）主编的《国风日报》隔十天出一期《爝火旬刊》，没有报酬，能够发表写作，我们已经很高兴了。"[1]

二、读《从滥用名词说起》——致梁宗岱先生

宗岱兄：

我必须谢谢你，因为你，古语说得好，你看得起我，你才拿我开刀。回想我去年听你那些名贵的话匣片子，再看我贸然于无意中用了一个"生风尼"字样，我就知道我触上了你的大拇指尖。你可以轻轻把我弹到沟里的。是的，那个"生风尼"字样，应该如你所云，改成"夜曲"，或者索性通

〔1〕李健吾《李健吾自传》，《运城文史资料》，1989年第1辑。李健吾在《怀王统照》一文中又说"我那时还在厂甸附属中学读书，班上有几位同学如蹇先艾、朱大楠等等，很早就都喜欢舞文弄墨，办了一个《爝火》周刊附在景爸的《国风日报》出版，后来似乎还单独发刊了几期……"《李健吾文集》，北京：华夏出版社，2000年，第412页。

常些，就用“音乐”好了。但是你最中肯的话，是那句“至理名言的集句”随你说做“至理名言”也罢，但是我自己所感到我最大的缺陷，却正是一座桥，或者少用一点比喻，正是几个接续词，或者再换一句话，若干详细的解释。我这种毛病，在你说到以前，我向朋友正不知说过了多少次。我的简、我的断、我的涩，老天爷！怎样生在我的老根上，拔也拔不起来！你奚落了孟实兄和我一场，但是，你一点不晓得你无意中暗示了我一个深刻的意义。就是我没有孟实兄的长处。什么时候我学会他那样行云流水的文章，什么时候我就有胆子碰碰你这举例只举自己，一点也不 delicat 的大个子！你那样会斟酌字句，就欠斟酌一下你和字句加在一起，写到这里，我心会心地笑了。看看你，见解多中肯，就是少点儿 Gont！你的欣赏力绝高！但是你看不见自己。把孟实兄推敲过了，把我指教过了，你就应当举几个别人的例，不用多说，例多极了，可是你压轴子的例，不是梵乐希，不是蒙田，不是巴斯喀，而是，你允许我说吗？梁宗岱！

你表现的是你自己。可是你不见其就认识自己。这是两回事。而且甚于不认识自己，你充满了自己。这里有两个出口：一个是你挡住你去认识别人，一个是你只有你去认识别人。君子交友以直，何况来而不往非礼也，我接收你的金石，你也不妨试试我的针灸。让我来引你一句话：

“……那比较空泛的十九世纪初叶或者末叶——都是有它们特殊的含义，代表一定的事物，一定的品格和性质的。”

如若我用了一个“十九世纪的初叶”，你以为“空泛”何以马上一个黑线之下，你就接着说它也有“特殊的含义。代表一定的事物，一定的品格和性质”呢？我这句话：“而气质上，却更其纯粹，更是诗的，更其近于十九世纪的初叶。”我承认措辞不当，但是这是程度上的问题，而不是滥用的问题。我的意思是说何其芳先生，更其抒情，更其近于浪漫主义所呈现于文学的共同的表征。他依恋于他的童年、故乡，而有所憾于现实、现世。这种向往的心情，处处有自我和感伤做根据，你能否认不是十九世纪初叶的特征吗？我觉得语病如若在“十九世纪的初叶”（你把何其芳先生的诗看作“英法世纪末作家底影响”，这是你的自由，但是我绝不敢轻易使用“影响”两个字的，因为在诗人没有说话以前，我们只能推测，所以我用了一个“近于”，初不肯妄加指定，因为我明白还有若干东西把诗人和十九世纪的初叶分开的。如若我的毛病是滥用名词，你贸然用“影响”两个字，不将同样的为诗人所笑吗）却更其在“纯粹”和“诗”。你必须饶恕我，因为这需要几部大书来解说的，而我这外行人，多也不过三言两语了事。用这两个名词的时候，我想到通常对于诗的解说，情绪的，特别是爱伦坡所谓的短诗，而另一方面，我更想到 l'abbe Bremond 的 La poésie pure 的宗教的情绪。一个名词，在我使用的时节，随我的需要而来，而不是随着你的需要而来；同样一个名词，每人有每人特殊的见地；在你没有完全抓住我的背景的时节，你仅能存疑，而不应当说我和广州商人一样“卫生”“卫生”他们的食品。我即或聊想错误，问题不在“滥用”，而在我有没有了解我字句的含义。学问是大家的，只要公说有理，婆说有理，我都加以考虑。所以，我立即欣受你对于《生风尼》的更正，因为“生风尼”是一个学名，而我随手拾来，要的只是它一般的意义，音乐，交错的音乐（我想起来了，我用这个名词的暗示大约是从李广田先生那首小诗《生风尼》来的）。是的，这是你最不了解我的地方（记得梵乐希同样有文章谈到名词的滥用，至少芮恰兹痛加鞭挞过）。甚至于说到“十九世纪的初叶”，我用的也只是它归纳来的精神上的倾向。而绝不要说何其芳先生有意模仿某某英法诗人。你举了许多震撼中外的名姓，不是我不晓得，是我有意回避他们各自过多的个性。

然而你尤其误会我的，是你那一大段引证。我第一个过失是不应当谈象征主义，第二个过失是不应当谈梵乐希，尤其是我没有引用你的《诗与真》，显出我的浅陋。但是，宗岱，我也爱梵乐希，你许我，是不是？说我往往不懂，我也酷爱象征主义各家诗人，你许我，是不是？那么，原谅我，收我做你一个不及门的弟子。

你的好处是精湛，是勤慎，而你的可爱处是直来直往。你不明白为什么“方法”会和“气质”摆在一起。像你那样好学深思的人，把“气质”看作“属于那被表现的本体”，而不来补起我最大的缺陷，实在是一种遗憾。气质是左右作者的一个最基本的条件，同时也就是左右作品的气质的最基本的条件。作者于无形中把他的气质输进他的作品，然而这不一定就是他所要表现的本体。（你的意思是指自我？）我说不一定，我说无形中，福楼拜拼命要把自己删出他的作品，然而他删出了多少？他不要表现自己，但是无形中，谁做得主？但是，在我们意识上，谁用心在表现他的气质？我怕没有一个人。他们在表现自己，不错；他们在表现宇宙和自己加在一起的东西，不错；表现他的气质？我怕没有一个人。但是，决定一件作品的气质的，出乎人的意外，正是作者的气质。现在，宗岱，这就是为什么我要说“一切临了不过是一种方法，或者说得更安当些，一种气质”。我的意思是说，象征主义和古典主义，以及一切其他的主义或者抽象的名词，都不免有一个生理的、心理的根据。我们的气质是遗传（先天）和环境（后天）的混合物。观察一个名词的产生，剥脱到底，我们便明白决定它命运的最基本的一个条件，有时不是别的，而是使用者的气质。你尽可以说我晦涩，否认我的论点，但是你得事先加细想一想，不能随便说我“滥用”。

同时你奇怪我那句“古典主义告诉我们，下雨就得说下雨”。这句话，“下雨就得说作下雨”，不是杜撰的，而是若干年前念教科书我就记住了的：这在拉布瑞耶（La Bruyere）的 Les Caracter 里面。书不在手头，但是你一定记得起在那一节的。有一个例，我没有举，不过你也一定烂熟了，就是莫里哀的 Le Bourgeois Gentilhomme 的第二幕第六场后半场的对话。你说“古典主义最讲究迂回的说法”，我完全同意。你劝我读一下腊辛的戏剧，我一定等一个机会来重读的，然而这依旧止不住我说，“古典主义平衍出来”。而且，宗岱，你帮我在证明古典主义和象征主义没有绝对的区别，你就没有看出来吗？

但是，第三，你说我应当先下一个定义或者界说，再来使用这些名词，你就那样凭信我字典式的才学，而且，你也不怕把我熬死，像我这样病弱的身躯？我不是你那类健康的真理的探讨者，没有使用象征主义这个名词，先写上一两万言的伟丽的诠释。可是，当你把诗歌一切的杰作看作象征主义的时节；你没有想到我只是拾你的牙慧，妄想打开若干名词的囚笼？而且，你多学究！我不是在下定义，我是在根据我全人的经验写出几句自己要说的是非。我要错，就全错；因为我说什么，我想什么。我也许才识浅妄，我也许言不达意，但是你必须追究一下我的来源。有几个人是自己的？我们还不是都是一个记忆的组合？幸福的是天才，幸福的是自负，然而我们常人先是一堆打着过去的戳记的肉罢了。你知道我喜欢学着写戏，有也就学着分析。让我做你一个实验，要不，宗岱，你供我一次牺牲。你注意我的字句，你却停留在它们的门限。你扫开别人的“交响乐”，却想到自己的“交响乐”，那不耐寂寞的“‘象征主义’末尾关于波特莱尔的一段文字”。这还罢了，你不知道我“中心思想何在”，虽说你秤一秤第一句话，掂一掂末一句话，你不知道“中心思想何在”。我是在写文章，不是在做纲要。我没有义务告诉你那一句话特别重要，那一句话是我的中心观念。随你看。看错了，除非我不会写文章，否则只是你看错了。我承认我不会写文章，然而你没有看出来，也是真的。假如你一定要我指明的话，就是：那一句话也不全是，那一句话也是。假如你说我滑头，好了，我给你一句话，就在你的文章里面：

“象征主义和古典主义不独不是不相容，并且也不一定是相对立的。”

三月三日

（《大公报·文艺副刊》）[1]

李健吾的这封信，原来发表在《大公报·文艺副刊》，不久，上海的《月报》转载了此文。1942年1月初版的《咀华二集》收录此信，但1947年4月《咀华二集》再版时，作者删除了该信，故后来一般读者较难看到此信。

这封信很值得一提，因为它涉及1937年文坛上闹得沸沸扬扬的“滥用名词”“眼泪文学”和“《最后的晚餐》是否油画”三个几乎同时展开的笔战。

李健吾这封致梁宗岱的信，是对梁宗岱在《从滥用名词说起》一文中对自己批评的回应。事情的缘起，是梁宗岱前几天正在评阅南开大学学生的参赛作文，“其中一篇是两千字左右的随笔，作者却用了两三次‘交响乐’这名词来描写风景底姿态和人物底动作，最刺眼的是下面一句：‘室内什么声音都没有，只剩我们四人底呼吸织成了一曲交响乐。’我看了几乎要生气，顺手在稿上批道：‘四人底呼吸怎么能织成一曲交响乐？这种名词自有它特殊的含义，最忌滥用。’”[2]于是他想到最近读过的朱光潜的《文艺心理学》，被作者对贝多芬的不着边际的论述惹得非常生气。正在这时，又忽然收到李健吾先生寄来的《咀华集》，其中正好有“每次我读何其芳先生那篇美丽的《岩》，好像谛听一段生风尼”。[3]

于是，梁宗岱觉得文坛上的这种流弊，自有渊源：“光潜和

〔1〕李健吾《读〈从滥用名词说起〉——致梁宗岱先生》，《月报》，1937年第1卷第7期。
〔2〕梁宗岱《从滥用名词说起》，《宇宙风》36期，1937年3月1日。
〔3〕同上。

健吾都是我们现今特别成功的散文家，并且两者都是标榜着‘艺术’‘匠心’和‘风格’的。他们对于名词的运用竟这样疏忽，这样苟且：源头既已如此，流弊可想而知了。”

殊不知，两年前指责巴金《爱情三部曲》“滥用字句”[1]的李健吾，自己也不能幸免“滥用名词”的尴尬：“由滥用名词我又想起现在一般文章另外两种关系颇密切的通病：论理不严密和引例不确当。”[2]梁宗岱将文坛的这种流弊的源头归到朱光潜和李健吾：“读健吾底散文，我们往往感到一段文章是许多关于文艺的至理名言底‘集句’：拆开来有时很精警，联缀起来却找不着他命意所在，最少丝毫无补或无与于全段主意底进行。”[3]

好争辩的梁宗岱[4]遇到了对头，李健吾以他惯有的机智俏皮的文风，回敬了梁宗岱对他的批评。梁宗岱又给李健吾作答，认为他那篇文章批评的，并非仅仅针对某人的一己私见，而是为了倡导一种良好的文风与学风：“应该努力树立一种绝对‘无私’的态度，”“一天不能放下‘面子’和‘客气’而在真理底面前毫无掩饰、毫不迟疑地低头；一天不能——一句话说罢——成立一种自由与超然的批评，我们底文坛将永无长进的希望。”[5]

当“滥用名词”的笔战正酣的同时，朱光潜和巴金之间的

---

〔1〕李健吾在《爱情的三部曲》中说：“通常我们滥用字句，特别是抽象的字句，往往因而失却各自完整的意义。”见刘西渭《咀华集》，人民文学出版社，2001年，第4页。

〔2〕梁宗岱《从滥用名词说起》，《宇宙风》第36期，1937年3月1日。

〔3〕同上。

〔4〕梁宗岱与人“好争辩”“好抬杠”成就了现代文学史上众多“佳话”与“美谈”，梅子的《可爱梁宗岱》(《名人传记》2012年第10期）对此多有记载，该文现已收入高中语文课本。

〔5〕梁宗岱《〈从滥用名词说起〉的余波》，《大公报·文艺副刊》，1937年4月28日。

"眼泪文学"之战[1]也在如火如荼地进行。对于朱光潜的嘲笑"眼泪文学",称巴金为"一位批评家"[2],巴金很是生气,当他看到自以为是的朱光潜也被梁宗岱"奚落"和"推敲"时,终于找到了反击朱光潜的勇气和证据:"无怪乎梁宗岱先生要责备朱先生常常'滥用名词',甚至说这种缺点'他每部书乃至每篇文章里都可以发现。'梁先生是朱先生的好友,当然不会存心污蔑。"[3]

由于看不惯梁宗岱在论战中过于傲慢和尖刻的态度,沈从文以上官碧的笔名,与梁宗岱进行商榷,首先,他认为"滥用名词"不可免;其次他认为与人论争的态度应该"谦虚"一些:"我以为值得凡是拿笔——尤其是拿笔议论人或讨论事的朋友注意。因为这种注意可以去掉执笔的一些不必需的傲慢,却又可以稍微增加一点应有的谦虚。写出来的文章也许不那么雄赳赳、理直气壮、热烈兴奋,但自己立场总站得稳一点,也就比较容易接近'真理'。真理是一个渺茫名词,就常识言,不妨说它容易有'效果';如作者所等待的效果。一篇批评文章辞胜于理,而又气胜于辞,他会得到相反的效果。"[4]

由于巴金在《向朱光潜先生进一个忠告》中,对朱光潜在《谈美》一文所说《最后的晚餐》是"油彩画"提出质疑,于是"滥用名词"和"眼泪文学"论战中又加入了一个"第三者"——"《最后的晚餐》是否油画"的新论题,又引起梁宗岱、朱光潜等对《最后的晚餐》是否油画的论争,直到署名"佳冰"的作者,在《"最后晚餐"与油画》[5]一文中,以丰富的材料和严密的考证,对巴金、

---

〔1〕辛人《由于巴金批评〈日出〉引起眼泪文学战将扩大》,《学校新闻》第65号,1937年6月19日。
〔2〕朱光潜《眼泪文学》,《大众知识》第1卷 第7期,1937年1月20日。
〔3〕巴金《向朱光潜先生进一个忠告》,《中流》第2卷第3期,1937年4月20日。
〔4〕上官碧《滥用名词的商榷》,《月报》,1937年第1卷第7期。
〔5〕佳冰《"最后晚餐"与油画》,《月报》,1937年第1卷第7期 。

朱光潜和梁宗岱三方的观点予以纠正，才使这一纷争渐趋平息。

三、给冯锦钊（华铃）的信

锦钊学兄：

你的信很感动我。那首《再会了》的诗中间有两节诗格外感动我，例如“你嘱咐我不必写信来”二节。也许因为你的情感太重，哭喊太过，所以有几节略欠意味。例如第四节，我删了，原因是拖沓、重复，没有特别的力量。第七节和第八节我也删了，几乎因为同一的原因。另外还觉得是散文，而不是诗。你也许问我诗和散文的区别。自然很难说。最后三节我完全替你换了三节新的。因为我非常喜欢这首诗，读着读着，不由得化入你的情感，另补了三节。看你的来信，你也许有道理，我倒后悔删削你的末三节，另外补上我的了。我昨天另抄了一份，用你的笔名，当面交给王先生发表，共总是十二节。如若不用，或有稿费，都会直接寄给你的。你必须饶恕我的修改。我实在后悔我多事。这至少证明我多爱这首诗。我希望你区别一下 crying mood 同 contemplative mood，你有前者而少后者。发表之后你可以骂我，再同我讨论一番。因为我想这首诗还可以写好的。匆匆。

健　吾

（一九三八年）七月廿六日[1]

---

〔1〕张丹《李健吾致冯锦钊书信两通》，中国作家网：http://www.chinawriter.com.cn 2015年08月19日12：17。

华铃是李健吾在暨南大学任教时的学生，他和李健吾亦师亦友，1949年后移居澳门，直到李健吾逝世前夕，还念念不忘乃师。他们二人之间的通信应该很多，但目前面世的，只有钦鸿整理发表出来的九封。[1]后经张丹考证，上引这封保存在现代文学馆的信，是紧接钦鸿发表的那九封信的第一封之前的一封信，日期与内容都合乎逻辑，是目前发现李健吾致华铃最早的信。由于这封信涉及李、冯二人之间“改诗”的小小风波，故撮录于此，以供研究者参考。

李健吾信中所说《再会了》那首诗，全名是《再会了亲爱的朋友，欧裕昆》，为了呈现全诗原貌，征引如下：

再会了亲爱的朋友，欧裕昆

锺思！你死了？
你死在安徽的舒城！
茗子哭你哩！
不！茗子在南宁当女兵。

裕昆，你走了？
你赶马当？
你已回梧州，扒出您的爹妈祖父埋葬？
我不怪你不来让我抱一抱就赴前方。

裕昆！你还没有告诉我，怎样了
我们的小胖子黄铭光！
是的，我也不应多问了

〔1〕钦鸿辑《李健吾致华铃书信九通》，《文教资料》，1995年第6期。

要么跟你们合伙，在前方

裕昆！你真够朋友
你没有，没有把我看得无望——
你走前还给我信，
嘱我努力后方。

裕昆！我记得你拉得好提琴，
如今我更认得你，
是天才，还是个勇兵！
我就不能再抱一抱你吗？欧裕昆！

裕昆，你使我记起了，
拜伦，普式庚。
我提琴撇了
我也不要这儿躲着，做什么劳什子的诗人！

裕昆！你爹妈祖父变肉泥，
两个弟弟一个应征，一个当志愿兵。
我一家子安安全全，
最近还添了人口一丁！

裕昆！
我实在待不下去！
我来了，

欧裕昆！

裕昆！你嘱我不必写信来，
当然！谁知道你如今在汉口，在马当！
在第几师，第几连，第几班！
难道地址我可以写得如此荒唐：

“裕昆——汉口——马当
一个天才一个战士
一家子全炸死
只剩有两个当兵的兄弟！”

裕昆，你嘱我千万别使她知道，
好！依你就是！
我相信她晓得的确是会伤心，
她深悔前时不曾送你一张照片。

裕昆！我说，告诉她也好的，
她这回准爱你了
谁不爱你英勇的战士？
是的，她要哭，不过，她又骄傲得笑了。

裕昆！我顶希望
得拿张她的照儿，战壕亲交你。
裕昆，我现在就动身，

是不是也可以赶上你?

裕昆，你猜，除了她的照儿，口信，
我还有什么带给你?
扑疟母精（注）
一大瓶!

裕昆!
我告诉你
你战士
不配有脆弱的身体!

裕昆! 我怕你又发冷了!
我看见你热得打抖，眼睛很红，全是血筋!
再会了，我身子脆弱的勇士!
再会了，我亲爱的朋友欧裕昆!

注：扑疟母精是治疟疾的神药。

按：裕昆、锺思、黄铭光都是笔者最亲爱的朋友，都去了! 都给带走了! ——一个高个子、一个小胖子、一个文弱的才子! 都去了! 三个最要好的朋友都去了! 裕昆身体素弱，他的出走——坚决的、悄悄的——是在告诉我们，“大事情不一定是条件十足的人好干的!” 愿大家努力! 我也给你们招了吧，我这篇是哭过了写的! 我也告诉你们了：“我不只哭!”〔1〕

〔1〕华铃《再会了亲爱的朋友，欧裕昆》,《文艺》第1卷第4期，1938年8月10日。

就在刊载华铃这首诗的《文艺》半月刊上，还登出了《华铃的诗》出版预告：

> 一、《向日葵》；二、《牵牛花》；三、《昙花》；四、《勿忘侬》；五、《玫瑰》；六、《满天星》
>
> 华铃的诗，既不做作，也不堆砌字眼，只用白描的方法，写出心底的实感，这种写法，无疑地替新诗开辟了一条大道。现在他把历年所写的诗，编成六集，依次出版。《向日葵》和《牵牛花》，已在印刷中，不久就可和读者相见。

在诗集《向日葵》中，这首诗的落款时间是1938年7月20日，推算起来，应该是华铃写完后就给了李健吾，李健吾自作主张删了第4、7、8节，改写了最后3节，并交给了王统照主持的《大英夜报》副刊《七月》。华铃复信李健吾，认为李健吾的改写即使比原作更好，也使他的诗作失了原貌。于是李健吾很后悔"改你那三节的冒失"，向华铃提出补救办法："我回头到王先生那边去，如若能要回来，顶好。我再斟酌一遍，重新把你的诗交给他。怕的是他已然发了，那就糟透了。但是，我还有一个补救的方法，就是用你的原文寄到香港去或者内地去。无论如何，你的庐山真面可以露的。"[1]

因无法查到《大英夜报》的副刊《七月》，不知该诗是否经王统照之手发表，但时隔不久，华铃的这首诗确是发表在上海的《文艺》半月刊了。只不过不知是李健吾记错了，还是华铃后来又改写了，这首诗总共16节，删去3节后，应是13节，而非李健吾所说的12节。正如上述出版预告所说，华铃的《向日葵》在1938年12月由五洲书报社出版，诗前有李健吾作的序。李健吾

---

〔1〕钦鸿辑《李健吾致华铃书信九通·其一》，《文教资料》，1995年第6期。

在诗序中，如同信中一样，再次列举感动他的9、10两节诗并说：“‘真’是这里动人的力量，‘自然’再把力量加上力量。”[1]

20世纪80年代初，身在澳门的华铃很想在大陆出版他的诗集，让李健吾给他联系出版社，李健吾回信说：

> 但是要我介绍一个出版社，把话许下来，就收不回了，而我又确实无把握。……把你的作品交给我吧，先让我读一遍，再说吧。出版不做保证。但是读你的作品还是非常感兴趣的。[2]

直到1992年华铃逝世，他的诗集一直没能在大陆出版。1994年，百花文艺出版社才终于出版了由钦鸿编的《华铃诗文集》，但遗憾的是，其中没有选入那首引起风波的《再会了亲爱的朋友，欧裕昆》。

四、给《万象》编者的信

> 编者：
>
> 你赏了我一个题目，叫我为《万象》的话剧特刊写些拜读剧本的印象，里面有好些剧本都是一般读者不曾见到，虽然有时候见到，也只是在舞台上，难得有机缘一字一句欣赏。我冒昧答应了。我说冒昧，因为我想不到我连五分之一的愿都没有还清。接到我这封信的时候，我正在旅途之中。出门不好带书，行前无以应命，行后更无以应命了。我向来不大失信，这次为了孩子们跑一趟远路，只有请你鉴谅。假如可能，你愿意连续刊载的话，我每期给你写一篇剧本拜

---

〔1〕 李健吾《序》，华铃《向日葵》，五洲书报社，1938年，第4页。
〔2〕 钦鸿辑《李健吾致华铃书信九通·其六》，《文教资料》，1995年第6期。

读，不比一定全在话剧特刊发表，因为说实话，我嗜爱文学，至于话剧，重要更在演出，我是门外汉，也就不必冒称好汉。我虽然了却你一个情，同时又许了你一个愿，半斤对八两，你并不吃亏，我想你也应该一笑纳之。现在我不妨把下一个剧本预先告诉你，就是师陀先生的《马戏》，我将要给他一个“严厉的批判”，让作者“不寒而凛”。我当然不会谈到演出，因为，说实话，对于我这种书呆子，读书要比看戏愉快多了。作者在舞台上失去了许多，但是，读的时候，我追回那失去了的许多。真就追得回来吗？天晓得我的自负又要打多少折扣！没有一个人是另一个人。就是师陀先生，我相信你现在同他提起《马戏》，他也要“敬谢不敏”。然则我今先声夺人，又有何益？曰：益在做广告耳！此候　撰祈

西渭

京沪路上[1]

1943年10月《万象》出了一期“戏剧专号”，受柯灵之托，李健吾为吴祖光当年初发表的《风雪夜归人》写了一篇与剧本同名的“名剧介绍”，这封“致编者信”就附在这篇剧评后面，李健吾的这篇剧评后来不曾收入他的各种文集，这封信就更鲜为人知了。李健吾信里预告的《马戏》，就是师陀改编自安得列夫的《一个吃耳光的人》的剧本《大马戏团》。师陀当时改编好这个剧本后，首先交给了李健吾，由李健吾推荐给上海剧艺社的导演黄佐临，该剧于1942年10月上演，创下首演连演四十天七十七场的记录。[2]

---

〔1〕李健吾《给〈万象〉编者的信》，《万象》第3卷第4期，1943年10月1日。

〔2〕师陀《我为什么改写〈大马戏团〉》，《师陀全集》(8)，开封：河南大学出版社，2004年，第326页。

虽然下一期的《万象》登了《大马戏团》演出的很多剧照，但没有李健吾的剧评。李健吾预告的“严厉的批评”并未兑现，但他之前有《大马戏团与改编》一文，并非“严厉的批评”，而是对师陀改编剧本的溢美之词：“……师陀先生用了两个多月来改编。假如改编还有意义的话，我想这应当换一个更神圣的字眼称呼，那就是创作。有谁看完《大马戏团》，还会想到《一个挨耳光的人》？有谁想到了，不转而为我们这老大的中国庆幸？一位旧俄的大作家供给材料，一个从来不曾接近舞台的无名的中国人完成了这些材料的使命。……同样是《大马戏团》，师陀先生往人性里面再填进人性，所以它那样和人生一致，而实际却也是诗，另一种诗，一首更完整的诗。”〔1〕

李健吾改编过很多非常成功的现代话剧，他对这种移花接木、妙手回春的二次创造艺术活动，甘苦自知，所以对师陀的成功改编，心领神会。

五、给徐光燊的信

光燊先生：

你给我的荣誉太大了，一个人的寿命是有限的，然而分出那许多宝贵的时间，糟蹋在我的无聊的东西上面，我还有不感谢的！有许多话，你都过于客气，领教的是我，那不是你。

〔1〕李健吾《〈大马戏团〉与改编》（原刊1943年4月艺光公演特刊之七《大马戏团》），刘增杰《师陀研究资料》，北京：知识产权出版社，2010年，第240—241页。

你指出我那些戏的过失，使我清醒了不少。将来再有写作，我希望你的教诲能够帮我走些正路。

喜剧，特别是高级喜剧，例如恨世者misanthrope，往往是和悲剧为邻；它让人在笑后感到悲哀，不由不坠入思维；这种笑，才有韵味；这种戏，不仅仅一笑了之，往往倒是真正的悲剧。人世或者由于制度的缺陷，或者由于性格的缺陷，往往形成一种错误，悲剧家把它们看成悲剧，喜剧家把它们看成喜剧。莫里哀伟大的地方就在这些特殊的造诣。

《青春》不敢妄和这些大道理攀附。我起初想在第四幕，把它的故事转往悲剧，后来我放弃了，经过三天考虑之后，我采取了现在的形式。我觉得它需要和谐，喜剧是它的表现，艺术必须在协调之中进行。把笑给大家，但是，眼泪最好倒流。你不期望团圆，那是对的。人生有的是不团圆；不过，这是戏，这是喜剧，就如任何喜剧，它的团圆仅仅（或者往往）是一种止痛剂，收剧场内一时之效，回头等你笑笑过后，满足了，你一回想，一回味，于是感到它的虚伪，于是艺术的目的就达到了若干：幻觉和现实有一种微妙的关联。

我不为《青春》辩护，它只是一出寻常的喜剧而已。至于其他三出戏，全有所本，它们的结尾我不好一个人担当。但是，有一点隐衷，剧作家往往不得不讨好观众：杀死王士琦，他们称心；这是一种效果。《花信风》的重圆也是这种讨好观众的心理在作祟。你站高了一级，自然就要看破它们的纰缪了。这三出戏全是舞台剧，所谓well-made plays者是，在法国文学的地位并不高。《金小玉》比较干净，那因为我删削了不少，当然也添加了不少。

我很渺小，我经不起你的分析，但是，我愿意努力，不太辜负你的期许。

健吾 十月卅日[1]

李健吾给徐光燊[2]的这封复信，与徐光燊给李健吾的信，一同发表在1944年11月的《万象》月刊“剧坛往来”栏目中。徐光燊是抗战时期小有影响的“孤岛”和沦陷区青年作家，只不过他创作时多用笔名坦克、晓歌，他的本名少为人知，所以，有学者误将徐光燊仅仅看作是李健吾剧作的一个“观众”。[3]与徐光燊同期的“孤岛”青年作家杨幼生，在20世纪80年代的回忆文章中说：“……徐光燊（晓歌、坦克）这一批当年就以善写散文见长……晓歌作品的深邃，林莽作品的凝重，阿湛作品的泥土气，各具特色。而晓歌则以坦克的笔名写散文和杂文，以晓歌的笔名重写小说。”[4]徐光燊以晓歌、坦克的笔名在《文艺春秋》《万象》《周报》《文汇周报》等刊物上发表过很多作品，同在这些刊物圈子里的李健吾不会不知道徐光燊，而且徐光燊后来还在李健吾主编的《文艺复兴》（1946年第4期）上发表过小说《被锁在土地

---

〔1〕徐光燊、李健吾《剧坛往来》,《万象》第4卷第5期，1944年11月1日。

〔2〕陈玉堂编《中国近现代人物名号大辞典》（续编）中所收徐光燊词条为：“徐光燊（1920—　），广东中山人。笔名坦克（见于1938年9月上海《译报》，发表《乡愁以外》。后见于《大晚报》《大美晚报》《正言报》《文汇报》《万象》杂志等）、晓歌（见1944年上海《万象》3卷9期，小说《尝试》。又见于《文汇报》等。后曾以行、君、绿阶、越缨、屠龙士（以上均见1945年后《文汇报》）。1944年毕业于上海东吴法学院。任上海正中女子中学教职。1949年5月参加中国人民解放军，先后任《战斗与工作》《胜利》等报刊记者、编辑。1953年后，任职于山东工学院。著有中篇小说《赌场·魔鬼·地狱》、短篇《黄金时代》等。《中国新文学大系1937—1949》11集散文卷2节选其《启示录》。”（杭州：浙江古籍出版社,2001年，第257页。）

〔3〕陈学勇《李健吾一封谈自己剧作的信》,《中华读书报》（2011年1月12日第14版）。

〔4〕杨幼生《侵略者鼻子底下的战斗——回忆柯灵同志编〈万象〉》,《上海师院学报》，1981年第1期。

上的人》(同期有李健吾的剧本《山河怨》、钱锺书的《围城》和巴金的《寒夜》两部长篇小说连载)，这说明李健吾与徐光燊是有过许多交集的。徐光燊不仅爱看戏，也写过介绍美国话剧的剧评《最短的独幕剧：赏格》(《万象》1943 年第 6 期)和以话剧为题材的小说《导演先生》(《万象》1943 年第 4 期)，算是一个比较专业的话剧人。所以他给李健吾的信，也是专业的讨论。

徐光燊以《云彩霞》《花信风》《青春》和《金小玉》为例，分析了李健吾剧作的优缺点，并提出了他对李健吾的不满："你底剧本中底近作'浪漫蒂司'的结构，往往超过它可能容受的限度。""以你底技巧与天才，若果放一部分在具有完全现实性的剧本创作上，也许对文化上的贡献更要大，功绩更见辉煌。"[1]李健吾在复信中认为，他之所以将看似应该写成悲剧的情节写成了喜剧，那是因为他认为喜剧更有韵味和深度："喜剧，特别是高级喜剧，例如恨世者 misanthrope，往往是和悲剧为邻；它让人在笑后感到悲哀，不由不坠入思维；这种笑，才有韵味；这种戏，不仅仅一笑了之，往往倒是真正的悲剧。"另一方面，李健吾不得不坦诚，他之所以将某些剧情写成"大团圆"的结局，那是他"不得不讨好观众"的心理在作祟。[2]

六、与石挥书

读到你在《周报》发表的文字，那为演员的地位和待遇而呼吁抗议的文字，我觉得石挥这孩子可爱，也究竟会

〔1〕徐光燊《剧坛往来·致李健吾》,《万象》第 4 卷第 5 期，1944 年 11 月 1 日。
〔2〕李健吾《剧坛往来·致徐光燊》,《万象》第 4 卷第 5 期，1944 年 11 月 1 日。

写，说出弟兄们的惶惑，谦虚而有分量，委婉而有情理，深深触到我两三年来闷在心里的一点观感。我是一个从演戏演出来的小伙子，大概我十六七岁在北平走红的时候，你还不清楚爱美戏剧运动是一个什么东西。二十年来，我没有法子戒我这个演戏的瘾，咱哥儿俩同过台就是一个证明，上海的演员我几乎很少没有配过戏。所以，我如今回应你的文章来写文章，一大半是站在你的立场的。

你和弟兄们一向看见了我就喊我“李先生”。我如今把开场白表过，你千万不要骂我倚老卖老，老气横秋。我只是要老老实实地和你谈谈你提出来的问题。老老实实，因为话剧这个圈子（我是久已站在圈子外沿，不敢仔细往里看，可是看见的也就）充满了热情，却也更充满了假里假气的矛盾现象。

话剧前途虽说无限光明，但是有些风气叫我看了头疼，天地在上，一字不假。又如，你提出来的切身问题，就岌岌可危的全局来看，似乎还有比这个更急切者在。政治、经济、教育和社会所赐与的厄难，远在话剧内部的不合理纠纷之上。

其实，你既然提出来给大家讨论，趁话剧没有完全走上事业化、职业化和商业化的正轨以前，我觉得正是一个很好的准备。

电影演员的酬劳可以分成两类，一类属于明星，特别高，有时候远在编导以上。例如最近有一张在摄制中的国片，主角听说有一百数十万元的收入；一类属于鸡零狗碎，能够多饶一个镜头，就是天大的恩遇。电影完全商业化，尽管没有根基，大概永远朝着这个方向走。

话剧似乎另有一个传统。

一个文艺的苦斗的传统。

话剧和辛亥革命不前不后，一同在中国落地。这个光荣的起点暗示了一个光荣的使命，直到如今，而且将永远为革命服役。文艺者乐于和话剧携手前进，因为只有在这里，工作的意义似乎更坚实，也更积极。在它进展的过程上，商业化几乎是它每次跳不过去的磨难。春柳社是一个最早的例子。中旅未尝不又是一个例子。那么，话剧真就走不得这条道路了？

然而事实上，它在朝这个方向走，而且似乎也只有这个方向留给它走。它不能像一个叫化子，永远等人施舍。它应当以自力争取生命，争取一个辉煌的存在。

有一个东西不要它完全走上商业的道路。这是无形的，却比形体更有力量。那就是它的富有革命精神的运动体系的暗潮和反应。拿我自己来说，我年轻时候在北平演了好几年的爱美戏，没有拿过一个钱。吃饭是有的，喝茶是有的，此外甚至于衣服也是我自己筹备（我的衣服全是姐姐帮我缝剪）。我虽说是一个中学生，在剧团和大学生一样平等。任何人在这里全是平等的，年龄、学龄、性别、资望，统统不起作用。这种不问职别，一视同仁的态度一直把根（是祸是福？）种到八年前我参加的上海剧艺社。

上海剧艺社对于职演员的待遇是相当平等的，我做演出主任同时演戏，待遇大概并不比韩非英子黛云他们多。大概是从荣伟剧团起，演员开始有了高低的等级，也渐渐有了拉角儿的风气。直到如今，有些组织严密的剧团，为了争取一种更合理的劳力的待遇，同时又要保持大量的传统的平等观念，采取时长的递增酬劳制。底薪不算，另以戏的长短计算。似乎“苦干学馆”就采用这种办法。就在同时，电影明星大量流入话剧，商人看作摇钱树，自然而然就把个别价码的电影传统带给了平静的话剧。

凡是带有运动性的集合，我相信，无论是政治的、社会的或者文化的，在草创时期，都富有这种民主精神的作风。这是一种志愿、一种兴趣、一种许身的事业。社会不会接受它。孤零零站在一个闭塞的角落，它必须为自己开辟出来一条坦途。缺少经济的基础，工作上分轻重，才识上有前后，职别上有高低，它仅仅以同志的团结来弥补事业上生活应有的清苦。公平是最强有力的口才，信仰是最牢不可移的财富。

但是，这不可能是永久的，历史和经验全有明白的显示：可以共患难，不一定可以共安乐。话剧并不例外。艺术上最高的成就往往仰仗物质的条件的充适。它从学校的讲台跳到都市的舞台。它的原有的形态不够应付这个扩展的局面。政治和生活的不稳定加深了它的内在的裂痕。和商业接触的结果，便是艺术性社会化了，价值有了广大的外在的评鉴，个别的部门的存在有了特殊的认识，也就有了竞争性的自尊心。资本主义的社会的自由的活动给了艺术一个新的估价的条件，一个不可避免的致命的条件，那就是臭而不可闻也的钱，左右生活的钱，钱，一言以蔽之，曰，钱。最有才能的应当挣钱最多。所谓“地位”和“待遇”，就是话剧职业化（不提商业化），生活都市化之后的一种自然的形成。

从革命观点去寻找中国话剧运动的本质，我相信是最准确的角度。话剧之能切合现实，尤其是八年来蓬蓬勃勃野火一般配合着抗战不懈不怠，便是它的本质的优良和传统的优越的证明。毛病出在政治不曾给它带来任何方式的安定，正如不曾给任何事业（除去贪官污吏投机事业）带来任何方式的安定一样。这是一只敲碎了，也解决不了的玉镯。于是话剧漂泊到都市和商业的怀抱。

因为，说实话，话剧另有一个本质，那成为本质的本质，那就是，它之所以成为尖锐的文化运动的艺术观点。话剧犹如任何戏剧，在艺术上少不了两座基石，一座是物质的培养，要钱，要观众；一座是人性的自由，要钱，要独立。要钱，以本身的力量去赚几个干净钱，在演出上为了争取物质的配合，在事业上为了发扬有主见（不然的话，就变成化妆品似的消遣了）的作为。钱不是目的，但是，没有钱不可能达到目的，一个只有乱糟糟的中国才有这么多的方面：革命的、政治的、文化的、艺术的，一个综合性的目的。这就是活在资本主义的都市社会的悲哀，钱是一个最最少不了的东西。一文钱逼倒了英雄汉，那是说韩信，不是说鲁滨逊。

所以你，石挥，一位优秀的演员，你对于演员地位和待遇的争取，不足为奇，深深值得考虑。你问："为什么演员就应该这么苦，而编剧与导演倒抽去百分之若干的税？"你的友谊的语态掩饰不住你心里的忿忿不平。让我这个比较冷静（丢开演员这碗饭不吃）的人帮你再往问题的底里钻钻。

话剧在中国假如有传统，是一个什么样的传统呢？我方才分析了几句，你是聪明人，想必也已有了一个数目。它是我们文化运动的一个最活跃的部门。所谓文化运动，是起于几个觉醒的人，所谓知识分子者是。这就是为什么，领导话剧运动的一直是前进的文艺之士。他们属于少数。他们以坚强的意志、卓越的学识、明确的认识，此仆彼起，把话剧弄成了今天的热闹场面。社会第一眼看见的先是他们。他们是灵魂，也是旗帜。不仅演员，就是投资话剧的商人，也跟着演员喊他们“先生”。话剧如今虽说走上了商业的道路，依然活在他们的雄厚的掌心。没有剧本（好坏不去管它），没有话剧；没有导演（好坏不去管它），没有演出。你可以说，没有演员，也没有演出，但是，你忘记了演员的创造，就舞台全部效果来看，止于传达。他不是傀儡，然而他的艺术的性能是解释的，并不属于独立的创造，导演的艺术性能同样是解释的，不可能独自完成一个艺术的境界，但是和演员比起来，他是全个舞台的灵魂，不是绝对的，却也需要全付人生知识做基础。在某一意义上，剧作者的匹敌是导演，不是演员。我知道这种看法并不完整，因为从戏剧的立场来看，剧本只是导演的表现的工具，剧作者正如舞台上任何工匠。但是，现在我们来看话剧在中国的传统，它是文学的，所谓少数先觉者都是文学之士，文艺这个名词说到最后乃是相当狭义的。尊敬剧作人的心理，不算剧作本身，就是这个文学传统的结果。演员称呼他们“先生”，商人更不敢不称呼他们“先生”。所以，他们有优势为自身争取权益（他们大都是生活上没有保障的危险分子：在常人心目之中，他们远比演员危险，政治上有了问题，总是剧作人先受迫害），上演税高于导演税。

但是，这个传统可能有一天会换一个样子的，一切在朝前走，一切在演变中。老实说，剧作人已经开始在由剧团退出，把责任交给导演担当，明白舞台是一部专门学问。这些先觉者得到应得的酬劳，完成使命，退到组织的外围，形成友谊的壁垒。这个组织将要变成一付什么样的面目，我不敢预言，但是，我可以说的就是，环境和艺术本身的交流的结果一定会让它起决定性的影响。

所以，你的建议是有道理的，这个良好的传统有些地方还需弥补。“苦干学馆”的组织在上海今日算是最有条理的了，演职员即是股东，然而你属于“学馆”的演员，首先发动这个切身的地位和待遇问题，决不是无理取闹。拿我自己来说，一个久久被你和兄弟们喊作“李先生”的人来说，我喜欢演戏，固然有许多别的东西不肯腾我时间，待遇的确不够让我热衷。我最亲近的人往往这样拿话拦我：“你懂戏，你天性里面有戏，可是你有一群孩子，演戏那几个钱怎么够一家人的开销？你那个身子骨儿一来就病，演戏那几个钱还不够你看病的。人家一来就喊你李先生，可是你李先生就不好意思和演员一样嚷嚷，我也演得好，该给我大份儿。身份害了你。你这叫抢人家饭碗。你骂那些明星不会演戏拿大钱，可是叫你去做明星，你又扭扭捏捏嫌难为情，说没有这种道理。算了罢，你就死了那做演员的心！”

石挥，你说这戳我的心的忠告有没有若干道理？当然有。没有的话，你先不会提出抗议。我早就在两三年前意识到艺术的估价和酬报的问题。一个资本主义社会的必然的反动。明星制度又是不可抗拒的诱惑。公平在都市的商业社会是建筑在金钱上的。

我把这话当作事实讲，没有一点讽刺的意思夹杂在里面。至于解决这个问题，我觉得不仅仅仰仗技术，像你所说定些标准就可以算数。复杂得很，困难得很，因为艺术是相对的，人事是错综的。尤其是碰到了这个倒霉的时代，剥削演员的不是编导税，不是正当的捐税，而是那名不正言不顺的岂有此理的娱乐捐。我们有巡警，我们有宪兵，我们有士兵；巡警闹穷，宪兵闹穷，士兵闹穷；巡警不足额，宪兵不足额，士兵只有多（其实也不足额，明眼人明白）；斜刺里忽然钻出什么保卫团，要小民出钱养活，小民该死，到今不懂里面的奥妙。一百块钱戏票少收三四十块，石挥，你知道你和弟兄们的损失是多么大。自然了，总有一天要解决你提出来的问题的，不过，目前只有扩大话剧本身的创伤。

“总有一天”可能不在最近。

而且，我担心，最后你争到的是明星制，和艺术的公平没有关联。谁见过男的卖得过女的？一副漂亮脸子比掉了十个有才分、有修养的石挥。这是什么社会！这是什么场合！当然啦，咱哥儿俩都不悲观，可是眼前的生活又怎么煎熬？我说了这半天理，其实想来想去我为你想不出一条切合实际的大路。

然而不必绝望。我卖秀才人情响应你。“总有一天”会上正轨的。我的关切希望有一点点力量给你，虽说我也属于“先生”阶级。我绝了做一个演员的美梦，这个美梦我留给你和弟兄们做。但是临到控诉，我的话并不就比你们的话少。

四月二十九日。[1]

---

〔1〕李健吾《与石挥书》，《周报》第35期，1946年5月4日。

李健吾与石挥两人早年都各自参加过话剧演出，小有名气。20 世纪 40 年代到上海后，又同在“上海剧艺社”和“苦干剧团”共事，一个是“剧坛盟主”，一个是“话剧皇帝”，同台演出或合作的机会很多，都是老熟人。但毕竟李健吾是留洋归来的学者和作家，在话剧界的声望、地位和收入均远高于石挥。像石挥这样优秀的演员而言，在话剧界毕竟没有多少话语权，只有“被哄来哄去的做牛马，暗无天日的做奴隶”。于是，他在《话剧演员的地位与待遇问题》一文中，向这种不合理的制度提出质疑：“现在的话剧演员所拿到的是个什么待遇？是不是一个人的待遇？”他认为“这是不合理的传统制度的必然结果”，于是，他提出要把“演员”的水准与资格划出个标准来，实行所谓的“名星制”。

李健吾的这封信是对石挥《话剧演员的地位与待遇问题》一文的回应。石挥对当时话剧界（尤其是“苦干剧团”）编导对演员的“剥削”甚为不满：“为什么演员就应该这么苦，而编剧与导演倒抽去百分之若干的税？”“编导为什么要拿税？是谁定出来的法则？国民政府？话剧祖师爷？没有，谁也没有给他们定，然而他们要拿税，并且拿得很多。我们看见了他们还得称他们做‘先生’，为什么？”[1] 同为“苦干剧团”而又是编剧的李健吾，对石挥“首先发动这个切身的地位和待遇问题”甚为敏感。他认为演员待遇的不合理，症结并不在“编导税”，“毛病出在政治不曾给它带来任何方式的安定，正如不曾给任何事业（除去贪官污吏投机事业）带来任何方式的安定一样”。而编导优于演员的待遇，与他们在话剧运动中的“功劳”（“领导话剧运动的一直是前进的文

〔1〕石挥《话剧演员的地位与待遇问题》，《周报》第 34 期，1946 年 4 月 27 日。

艺之士”）和在话剧体系中的独创性工作有关。（“没有剧本，没有话剧；没有导演，没有演出。”）

石挥说他本来不想让外人知道苦干剧团的这些内部龃龉，以免叫外人看了，“以为我们‘话剧园地’起了内讧，演员跟编导宣了战，分起家来了，不太好听，也不大好看”。[1]但既然李健吾这么轻轻一笔将问题归咎于政治的腐败、时局的动荡，竭力为自己的“编导税”辩护，并且语带“俏皮”（如“我觉得石挥这孩子可爱”，“大概我十六七岁在北平走红的时候，你还不清楚爱美戏剧运动是一个什么东西”，“一副漂亮脸子比掉了十个有才分、有修养的石挥”等），这就惹恼了石挥。所以，石挥又专门致信李健吾，对李健吾抬高编导而贬低演员的观点极为愤怒，他说：

> 这段话，您太抬高了剧作人，也太贬低了演员，您没有称一称他们互相间必然的“相等”的重要性。“少数先觉者都是文学之士”里边包括着演员，因为“演剧艺术”虽然不专属于文学，而它有文学的成分在，彻底的说，仅只“文学”是不能育成一个完美的演剧艺术的，他一样要有剧作人和导演者的“全付人生知识做基础”，此外他还要有剧作人与导演者所不必要有的“表演技能”，您说“演员的创造止于传达，他的艺术性能是解释的，不属于独立创造”，如果您不否认刘宝全和杨小楼的演艺价值的话，我就不必要再有更多的解释了。[2]

石挥对李健吾的“俏皮”和“倚老卖老”，也以其人之道还治其人之身：

〔1〕石挥《覆李健吾先生》，《周报》第43期，1946年6月29日。
〔2〕同上。

商人称剧作人为“先生”，商人也称演员为“先生”，这是“人敬人”的一种正常现象，不见得剧作人称商人为“儿子”吧。剧作人应当被人尊敬，因为他们同演员一样是先觉的知识分子，因为他们是大众的先觉者，是大众的福利，权益争取奋斗的先觉者，他们有先觉者的精神，革命的精神，肯走在大众的前边，肯牺牲，他们不是单单为了“他们有优势为自身争取权益”，“上演税高于导演税”更不是他们的目的！如果这些先觉者所争的目的是这个，这真是个重得可怕的侮辱！

石挥与李健吾关于话剧演员待遇问题的论争，引起了不小的风波，有人说这是石挥鼓动罢工，蓄意向编导宣战，最使石挥啼笑皆非的是说他一定是共产党！[1]当时上海的媒体，对二人的笔战也有报道。《是非》周报报道说：“最近石挥在某周刊发表了一篇关于编导与演员之间的‘利益问题’的文章，据说李健吾看了之后很想针对这那篇文章，来一个‘答辩’（因为他是编导），现在恐怕因为石挥在《金小玉》里有戏，而李老先生就此将‘答辩’的事作罢了吧？”[2]《海晶》以《李健吾教训石挥》为题报道说：“石挥在第三十四期《周报》上发表了一篇提高演员地位的文字，很引起了些骚动，话剧圈内和圈外（此处句意不完整，但原文如此。——笔者注）。李健吾也因此在第三十五期的《周报》上写了《与石挥书》，站在‘识途老马’的立场上说了好些中肯的话，而且说得很俏皮。……‘李先生’的眼光的确比石挥看得远。”[3]但殊不知，这次笔战，与其说是李健吾教训了石

---

〔1〕石挥《覆李健吾先生》，《周报》第 43 期，1946 年 6 月 29 日。

〔2〕银羽《李健吾和石挥开笔战》，《是非》第 6 期，1946 年 5 月 10 日。

〔3〕王子《李健吾教训石挥》，《海晶》第 15 期，1946 年 5 月 30 日。

挥，还不如说是石挥教训了李健吾更恰当。

李健吾与石挥的这次论争，涉及中国话剧发展过程中非常重要的一个问题，即中国话剧如何走向职业化、商业化的问题？如何平衡编导和演员的地位与待遇的问题？话剧自清末民初“舶来”以后，长期以来由于社会环境的制约，不曾全面走上职业化、商业化的正轨，也不曾建立起合理的内部利益分配制度，但抗战的胜利，给话剧改革带来一线曙光，于是石挥又再次提出关于话剧职业化的核心问题——演员的“明星制”。但由于牵涉具体的人事纠纷和社会大环境的逼仄等各种各样的复杂因素，上海影剧界对此问题的讨论并未深入展开。

七、与田汉书

——论改良平剧与地方戏

写这封信是向先生表示尊敬，也是有些意思想藉这个机会提供先生做做参考。最大的不幸是，我对于我的见解虽说有信心，对于问题本身乃是一个大大的外行，这也就是为什么我必须把解决的方案留给先生和先生的同志，而我自己则仍然惶愧地像进了贡似的退出你们的事业以外。

这就是改良平剧和地方戏的问题。

我觉得这里有两条路线，一个是文人的路线，如先生及先生的同志所走的路线，一个是音乐家的路线，似乎到现在由于修养和技术的关系，没有获得明确的认识。同时完成这两个平行不背（悖）的路线，我以为我们的歌剧才可能达到它的完整的要求，因为说到临了，平剧和地方戏虽有雅俗之别，实际本质属于歌剧，以音乐歌唱舞蹈的综合方式和自来的观众相见。换一句话说，现今有志者的工作是“制词”，所谓“谱曲”大都沿着旧路循行。

若干年前，欧阳前辈约我去看他的《梁红玉》，唱词我听不出，看说明书才知道词意和时代攸关，以历史的抗战事实警惕醉生梦死的现时，用心极苦，博得友朋的赞服。旁边坐着一位文化圈外的老戏迷，以好奇的心理或褒或贬，告诉他的朋友这一段是“四郎探母”，那一段又是平剧的某出某调。《梁红玉》假如在政治意识上有所成就，在歌剧本身的立场上显然没有新东西贡献，不能代替传统的歌曲，风靡一时如电影所制的流行歌曲，或者习之已久如平剧烂熟的调门。

我看改良地方戏的经验，就是先生同夜也在欣赏的《祥林嫂》。演出无疑是相当成功。场面干净，交代有余味而又明白，尽量采用分幕和布景灯光的配合，袁雪芬的心灵的确渗有人物的感情，不瘟不火，恰到好处。编导懂，主演者懂；他们不懂的东西乃是歌剧本身的音乐条件，例如用扩大机放送西乐，以为可以造成气氛，不料生吞活剥的结果，不伦不类，反而破坏效果。

然而真正使我这外行人惊奇的，另是一个基本现象，歌调的贫乏。我不懂音乐，但是我听来听去不外乎那几种哼唧。音乐在这里是一般的，仅仅可以传达一种或者两种情绪，然而缺少个性的适应，永远停留在简单的重复的阶段。我只看过两次越剧，假如这也好算作经验的话，我觉得哀婉是它的音乐的情绪。

我最受感动的是文艺节那天早晨拜领《兄妹开荒》的改良秧歌歌剧。什么东西让我落泪。我明白语言是最大的原因，我在这里听到乡土的声音。假如山尊夫妇不临时“逗根（哏）”，扯到辣斐大戏院开会，艺术的气味或许还要浓郁。然而我必须说，故事的简短正和音乐的单纯相得益彰。如若故事重了，繁了，民间的音乐有没有力量可以追踪，我愿意先生和山尊夫妇有所指示。

现在听我回到另一个经验，一个完全不同的经验。许久以前，我去看研究中国音乐多年的阿父夏洛莫夫的心血之作《孟姜女》；他采用了一个流行很广的民间故事，但是缺欠一颗中国人的灵魂，一颗活在民间故事之中的灵魂，他的演出是那样戏剧的、驳杂的，外国成分多于中国成分，不大容易为中国歌剧（也就是平剧地方戏或者其他新型尝试）的观众倾怀相与。工力和成效并不旗鼓相当。这里太少中国的土性。

我不大和人谈我这些猥琐的经验，但是当着先生的永远年轻的心灵，我不敢过分藏拙。先生和先生的同志一向抱着热烈崇高的情愫，“我不入地狱谁入地狱”，怀着一腔社会革命的赤血。先生希望话剧人员转向兵工农各阶层，基于同一的社会改革的要求。先生是对的；先知先觉永远是对的。为了达到这种救国救民的教育目的，先生和先生的同志大多在字句和内容上琢磨，着眼在意识的正确和推进。我相信这是一种为苦难的祖国服务的良好的方案。

但是，为了完美的收获，为了艺术同样有所成就，为了表里一致的艺术效果，我希望先生能够（或许已经有了）

遇到一位娴于中西音乐的同志，长期合作，直到事业走上正轨，早日底定。因为我相信，把话剧的优点全部交给改良的平剧或者地方戏，改良的平剧或者地方戏的本质的亏损不就可以弥补得了。歌剧的主要成分是音乐，假如不弹不唱，在今日舞台相成相长之下，话剧势将取而代之。一种艺术既然是一种艺术，一定就有形成其为艺术的明显的个性，因为根据同一人性，自然息息相通，然而表现方式不同，成效也就各别。

往年在巴黎读书，偶和程砚秋先生相值，他提出改良平剧这个问题来和同学们讨论。我说了一番迂论、一番书生之见的骇话。我不妨再向先生烦渎一次。我这样说：改良平剧实际应当先从音乐入手，这才是一了百了的办法。平剧的致命伤乃在音乐失却了创造力。没有新调新谱出来，永远在老戏（原来是新的）之中兜圈子，等于生命停滞。唱些什么是重要的，但是怎么唱似乎更其重要，因为这是它本身存亡的艺术关口。当然，中国乐器的简单先就限制了音乐的繁复的适应。不过改良中国乐器，又要根据中国音乐本身的需要和乐理的使用。是人驾驭乐器，不是乐器驾驭人。这不容易。第一要真懂，懂中国音乐，懂外国音乐，然后第一的第一，他还得生来就是一个天才。有这样一位天才，平剧（应当称作歌剧）就复兴了，就又活了，不然的话，有一天，平剧模仿话剧，会成为一个四不相的。

先生属于大智大勇一流人物，或许可以原宥我的狂妄。中国今天处在一个极急不容缓的革新的时代，只许往前走，不许开倒车，先生和先生的同志的工作意义就在这里。我们没有时间去等。原子时代已经到了，我们还在黑暗的蒙昧年月。不过，假如有可能，或者有这种幸运的话，先生的同志中间多来几位音乐之士，收集材料，整理材料，然后因为需要，配合新的材料，基于生命的要求，完成真正的创造，改革平剧或者地方戏将不止于“改良”。我不至于再听到那种似是而非的论调：“《徽钦二帝》真好，因为有话剧的手法。”“或者说：《祥林嫂》真可以，因为有话剧的手法。”《血滴子》早就有了话剧的手法，文明戏原来就是话剧哩。然而，他们是他们自己吗？

拉杂说来，不成道理，唯先生谅之。

五月八日。[1]

李健吾和田汉分别是抗战期间沦陷区和大后方戏剧界的代表人物，他们虽尊重对方，但文学主张、戏剧观念（尤其是对改良地方戏）差异甚大。田汉于战后的1946年5月初来到上海，李健吾于5月8日致信田汉，田汉于5月14日复信李健吾，讨论关于“平剧和地方戏”的改良问题。两封信均以“剧艺大众化的道路”为题，同时发表在1946年5月25日的《周报》上。

李健吾的这封信，虽说是“表示尊敬”“提供参考”，但事实上是借此表达与以田汉为代表的左翼文学界对旧戏改革的不同看法。他们两人之间的不同主张和观念，代表了当时以至延续到解放以后很长时期关于文艺的内容与形式、普及与提高、民间形式的改造和利用等问题的不同观点。

李健吾认为平剧和地方戏改良，只有同时完成平行不悖的

---

〔1〕 李健吾《与田汉书——论改良平剧与地方戏》，《周报》第38期，1946年5月25日。

“两条路线”（“文人路线”和“音乐家路线”），才算达到它的完整的要求。但当时左翼所推动的旧剧改革，“着眼在意识的正确和推进”而忽视形式的创造，只有对旧形式的简单利用（所谓“谱曲大都沿着旧路循行”）。而地方戏的音乐“是一般的，仅仅可以传达一种或者两种情绪，然而缺少个性的适应，永远停留在简单的重复的阶段”。于是，他提出改良平剧和地方戏“应当先从音乐入手，这才是一了百了的办法”。他认为“唱些什么是重要的，但是怎么唱似乎更其重要”。[1]

田汉认为李健吾的这些观点，代表的是与左翼不同的路线。他并不认为他们的旧剧改良偏重内容而忽视形式：“新的思想内容真能与旧有的形式糅和混合，是会使那形式起质的变化的。再若把新的形式适当地渗透到旧形式里面，更可使旧剧的艺术形式丰富广阔，成为新内容的优秀的容器。改革旧剧的内容使其适合现代需要是我们的政治任务，由此而创造戏剧的民族形式是我们的文化任务。”而且，田汉旗帜鲜明地表明内容比形式更重要：“我们却以为最重要的毕竟是‘唱些什么’，其次才是‘怎么唱’，因为表现方法毕竟受它所表现的内容的决定。进步的表现方法只有与进步的思想内容相配合才能相得益彰，否则徒然加强其反效果。因此我们以为内容的改革始终应该放在主位，最好是新的内容与新的形式的高度配合，这是我们追求的最高目的。但其准备工作，是把新的内容注入旧的形式里，使它变质，使它增加新的活力。这样做还要占据我们很长的时候。”他之所以强调对旧形式的利用，是由于他从根本上与李健吾的着眼于艺术的“提高”不同，

[1] 李健吾《与田汉书——论改良平剧与地方戏》，《周报》第38期，1946年5月25日。

而是为了向大众的“普及”：

> 先生指出他们（绍兴地方戏。——笔者注）音乐曲调的简单是对的。他们是刚从民间来的农民戏啊！他们曲调的单纯是他们的弱点，也是他们的特点。
>
> …………
>
> 这在他们一时还不能完全做到的今日，我们不如还要相当尊重它的纯朴性。过于复杂，过于平剧化，特别过于“欧化”，便离我们知识分子日近而离农民日远了（现在离农民已经颇远。昆腔原也是农民的，但一经“水磨”，便只宜大雅了）。[1]

李健吾和田汉关于“平剧和地方戏改良”的通信，可以看作是战后非左翼作家和左翼作家之间交流思想、弥合分歧的一次尝试，但由于在根本问题上的巨大分歧，他们在战争环境中所建立起来的短暂而脆弱的协作和信任，也逐渐消逝，二者之间似乎渐行渐远，且已呈现李健吾有被左翼围攻的端倪。

八、敬答适夷兄

> 读过适夷兄的文字，非常感谢他的善意，因为当局者迷，经人一点，虽是顽石，也有成金的味道。有些事情，我不太清楚，所以也无从了解，但是，适夷兄心中有数，我全盘收下，我相信天佐兄的话，应当沉默。这是一种学习。希望自己有一天还可能长进，所以谢谢适夷兄的仗义

〔1〕田汉《剧艺大众化的道路——复李健吾先生》，《周报》第38期，1946年5月25日.

直言。但愿他有一天还和我谈天气。特别谢谢天佐兄，他把做人的道理教我。[1]

这封信是李健吾与他人文学论争中最简短，也最无奈的一次。他改编自希腊喜剧家阿里斯托芬《妇女公民大会》的话剧《女人与和平》，于1947年1月在上海辣斐剧院演出获得成功，赞誉鹊起而谤亦随之。正当该戏演出之际，李健吾的朋友和同人如洪深、柯灵、丰村、叶圣陶等都著文赋诗，给他"捧场"，认为"李健吾并不是只会写写'英雄与美人'的低能剧作家，他也是一位能够站在时代前端，批判现实，暴露社会上丑恶现象的进步剧作家"。[2]本来抗战期间大后方和解放区的左翼作家对留在沦陷区的作家是有看法的，看到这些现象和评论，左翼作家便怒不可遏了。1947年1月20日，上海的《评论报》发表了两篇评论文章，观点颇为接近，文章认为，李健吾这出戏从题目上看，好像是表现"反对内战，争取和平"主题的，但其实是为了"迎合""取媚"[3]观众的"娱乐文学"，走上了"无原则迁就观众的歧路"，"看重了商业义务的完成"而脱离了"战斗的本质"，"变成了虚无党的游戏和魔术"[4]，并戏称那些无原则地吹捧李健吾的前辈评论家为"捧场家"，警告他们说："我对于一些前辈们的捧场，要提出控诉和批判。我觉得，向观众介绍一个戏，宣扬出这个戏的优点和长处，原本也是一件极有教育意义的工作，不过，必定得负有责任……。这种不负责的挑逗和勾引的态度，是犯罪的，是不能被

〔1〕李健吾《敬答适夷兄》，《观察》第2卷第4期，1947年3月22日。
〔2〕联薰《〈女人与和平〉的观感》，《半月新闻》第3期，1947年1月10日。
〔3〕青真《评〈女人与和平〉》，《评论报》第11、12期合刊，1947年1月20日。
〔4〕王戎《〈女人与和平〉观后》，《评论报》第11、12期合刊，1947年1月20日。

原谅的！”[1]

接着，署名安尼[2]（即是当时上海有名的电影人唐纳）在他的《桥边私语》中不点名地批评道：

最近有几个剧本遭受了若干指摘。

虽然我也很想参加论争，但遗憾的是没有看到它们的演出无从谈起。

我只觉得，当前艺术工作者，正与当前的政党一样，有两个不同的倾向，一是真正为有益于人民大众的目的而工作，一是挂羊头卖狗肉，实际只为自己的利益而工作。[3]

面对这些批评，李健吾为自己辩护说，他之所以拉朋友“捧场”，那是为了拯救濒临倒闭的“辣斐”剧院，是为了还观众演出公司欠了几千亿元的债，是为了救救这群等饭吃的苦孩子！至于戏剧本身，他认为从剧名到剧情的安排，一方面要考虑吸引观众，另一方面又要规避现实的政治风险，所以只能寓讽刺于滑稽之中。他奉劝批评家们不要再纠缠于该剧的艺术问题，它挣到了钱就算完成了它的使命，“假如有谁想出笔墨确定它的价值，我劝他赶紧放弃，那是太糟蹋时间，也太浪费精神”。[4]李健吾再次以他一贯

---

〔1〕王戎《〈女人与和平〉观后》，《评论报》第11、12期合刊，1947年1月20日。

〔2〕至于曰木、安尼是谁，李健吾晚年回忆说：“胜利后，我改编《和平颂》，是张骏祥导演的，由沈扬主演，曾在你的《笔会》上发表，张公将剧名改为《女人与和平》。……《文汇报》同时还发表了叶老的诗，洪深的文章，赞不绝口。（不）仅胡风反对，满涛也跟着反对，只是没有写成文章而已。满涛原来和西禾都很尊重我的，他倒向胡风了，用笔名在报上骂钱锺书和我。钱公告诉我，他气坏了。该戏上演情况，你该知道，因为你当时是《文汇报》的编辑人。”李健吾《致柯灵》（1981年7月16日），《新文学史料》，2016年第1期。

〔3〕安尼《桥边私语》，《文汇报》副刊、《浮世绘》副刊，1947年1月28日。又见陈润琼编《马季良（唐纳）文集》，上海：华东师范大学出版社，1993年，第439页。

〔4〕李健吾《从剧评听声音》，《观察》第2卷第4期，1947年3月22日。

的嬉笑怒骂来回应批评者：

> 李健吾是个什么东西，也配盼和平，那是挂羊头卖狗肉。我赚了几百万元上演税是事实，所幸全派了师友的正经用场，算是替自己减减罪修修福。但是，观众演出公司清了债，还赚了不大不小一个数目，苦的是没有戏演，愿诸公有以教之。[1]

对于李健吾的反批评，安尼当时并没有做出回应，而是由左翼批评家楼适夷“仗义执言”，对李健吾进行了严厉的批评：

> 一个作品不借作品本身来争取观众，而必须借助于庸劣的商业广告已经太可怜了，而更可怜的是那许多捧场的朋友，他们的时间、精力，他们对于读者与观众的信用和责任。
>
> …………
>
> 不幸正是这种连加以批评都“太糟蹋时间，太浪费精神”的作品，杀死了艺术，阻塞了话剧的前途。今天的话剧所以搅得那么悲惨，那种死拉观众的营业路线是应该负责任的，像李先生之流的话剧运动者，眼睛死盯盯望着上座的场子，完全放弃艺术路线，纯正的艺术的优秀作品不敢搬上舞台，而明星和噱头又搞不过姚水娟和大世界，进步的与落后的双方观众都拉不住，这就是话剧剧院闹得如此冰冷的真原因。即使《女人与和平》卖了钱，辣斐还清了债，然而纯正的承受了进步传统的新话剧又何在呢？[2]

在这次批评之后，左翼批评界对《文汇报》“笔会”的负责人柯

〔1〕李健吾《从剧评听声音》，《观察》第2卷第4期，1947年3月22日。

〔2〕楼适夷《从答辩听声音》，《观察》第2卷第4期，1947年3月22日。

灵及其他在李健吾的“嚣张气焰”面前的沉默与冷漠，提出批评：

当李健吾在文艺界为他的《女人与和平》叫嚷一声之后，我想，反响是一定有的，但有的人为了面子，也就算了，有的人觉得虽应该批评批评一下，但一想到当前的情形，也同样算了，有的人虽写了批评和时论的文章却被编辑想息事便不准备发表了。

…………

所以，我希望要安心检讨文艺界这种风气的话，也用不着等待下一次，就从这次李健吾这件事做起，好好地深刻地检讨一下，彻底检讨做出这种作风的根源在哪里。彻底的检讨是建立新的阵容之前所必要的，不然，所谓今后应该怎样做，也不过是一个愿望罢了。〔1〕

所以，安尼在3月16日又发表了《警觉与清除小丑》一文，对自己之前的沉默做出了这样的解释：

当李健吾先生的《从剧评听声音》发排以前，感谢笔会编者的好意，问我要不要同时来个“答辩”，我婉谢了。朋友们都为我不平，见面时问我为什么示弱？我笑了笑，没有表示任何意见。后来读到王戎、适夷、许幸之、许杰、荒野诸先生的仗义执言，私幸意料中的是非黑白并未曾被人颠倒扭曲，李先生的见机而做，自然不愧为识时务的英雄，至于我的原意以沉默代替冷漠，似乎并不是无原则的示弱。然而，却被李先生目为可欺。〔2〕

在这次论争中，我们可以看到，左翼批评家对他的围攻，既与

〔1〕荒野《一团和气》，《观察》第2卷第4期，1947年3月22日。
〔2〕安尼《警觉与清除小丑》，《文汇报》副刊，1947年3月16日。

李健吾作为京派作家和左翼文学界之间由来已久、根深蒂固的文学主张、文学观念的分歧有关（如前文所引李健吾与徐光燊、田汉之间关于戏剧问题的讨论，可见一斑），也与抗战期间各自的境遇及战后不同的文坛地位有关。李健吾一开始并没有意识到左翼阵营对他的批评，并不是针对一部作品、一个问题的批评，而是对一种文学倾向、一个文学阵营的批判。正如上文所引荒野所说，这是在历史转折之际，左翼建立新的文学阵容之前必要的清理与划分。

李健吾在左翼阵营严厉的批评面前，终于意识到这个问题不再是纯学理的辩论，他于是软化了。这都怪他是个“书呆子”，不识时务。他一肚子的愤懑和委屈只能窝在心里，但这沉默与他在楼适夷面前表白的谦卑一样虚假，连他的对手也看清了：

> 如果我们不安心受骗或安心装聋装瞎的话，李健吾给适夷的“敬答”，就是真正接受了他的批评吗？老实说，以李健吾以前在批评他的人的前面的嚣张一世、气焰万丈来看，要得到这一问题的解决，不是那样容易的。所谓一经指点便明白了，未免明白得太快，在他的这一作法，还不是以“沉默做答复”的另一市侩作风。我想：适夷是一定看得出来的。很多的读者也是看得出来的。[1]

这场辩论，使李健吾受创至深。对于向来锋芒外露、傲骨嶙峋的李健吾来说，既不在沉默里爆发，也不在沉默里灭亡，是这个时代教给他不得不接受的一种生存智慧，是命运对他最无情的嘲弄，也是他最喜爱的“喜剧”给予他的人生启迪：“把笑给大家，但是，眼泪最好倒流。”

---

〔1〕荒野《一团和气》,《观察》第2卷第4期，1947年3月22日。

后 记

今年兰州的暑热来得早，在炎热的7月，我终于将书稿的最后一章校改完毕，这项耗时不少的工作，总算可以告一段落了。于是，在8月初，干脆到更酷热的江南去旅行了。中山陵、夫子庙、秦淮河、总统府、黄山，都是旧地重游；但也去了几个未曾去过的地方——南京博物院、栖霞山，安徽的屯溪和绩溪……在绩溪，拜访了胡适故居，算是圆了我多年的一个梦。多年来，我旅行中一项最大的乐趣，是搜寻、探访中国近现代作家的故居，在尘封的遗迹中，探寻他们模糊的身影，以印证从书本上得来的印象。

旅行中往往苦乐相伴，但人生何其不是一段更漫长的旅行！回首走过的路，颇感物是人非，心生无限感慨与感激。

我很庆幸在求学生涯中，遇到三位令人尊敬的导师——西北师范大学的张明廉先生、北京师范大学的郭志刚先生、华东师范大学的陈子善先生。他们的治学风格各异——张明廉先生细致绵密、郭志刚先生抱朴守真、陈子善先生通脱不拘，但都仁厚谦和，执教有方。他们为人治学的境界，我辈虽不能至，但心向往之。回顾自己并不很长的学术生涯，三位先生对我的影响，历历在目。他们的殷殷教诲，铭感于心。本书的部分章节，在写作与发表过程中，曾经三位先生审阅与指正，再表谢忱！

在书稿出版过程中，李晓东、郑勇、徐国强诸位兄长，给予了大力支持，我要向他们表达最真挚的谢意！承蒙三联书店李佳女士担任责任编辑，她细心而专业的编校，为拙作增色不少，我向她表示最诚挚的敬意和谢意！

感谢国家民委“中青年英才培养计划”、西北民族大学学术出版基金和“中国现当代文学”科研创新团队，对该书的写作、出版给予的经费支持。

本书的部分章节，曾在《新文学史料》、《中南大学学报》、《现代中文学刊》、《东亚人文》（美国北卡罗来纳大学）、《传记文学》（台湾）、《社会科学论坛》、《海南师范大学学报》等刊物上发表，感谢以上刊物的编审人员为拙文的审读与编校付出的辛苦！

最后，我要感谢我的父母与家人，长期以来，正是有他们的分担与奉献，才使我能比较安心地从事阅读和写作。正在读小学四年级的女儿，真是童言无忌，她说拙作的缺点，一是缺乏“童稚情趣”，二是书名啰唆。她的“酷评”，让我不寒而栗。学问要做到有情有趣，那是很高的境界，但愿我今后于此能有进境！

张向东

2016年8月22日于兰州